国家社科基金青年项目“跨边界创新网络视域下东北地区
制造产业升级路径研究”（17CJY024）

跨边界创新网络视域下东北地区装备制造产业升级路径研究

尹博◎著

A Research on the Upgrading Path of Equipment Manufacturing Industry in Northeast China from the Perspective of Cross–border Innovation Networks

图书在版编目（CIP）数据

跨边界创新网络视域下东北地区装备制造产业升级路径研究/尹博著 .—北京：经济管理出版社，2024.4

ISBN 978-7-5096-9658-3

Ⅰ.①跨… Ⅱ.①尹… Ⅲ.①装备制造业—产业发展—研究—东北地区 Ⅳ.①F426.4

中国国家版本馆 CIP 数据核字(2024)第 073069 号

组稿编辑：高　娅
责任编辑：高　娅
助理编辑：康国华
责任印制：黄章平

出版发行：经济管理出版社
（北京市海淀区北蜂窝 8 号中雅大厦 A 座 11 层　100038）
网　　址：www. E-mp. com. cn
电　　话：（010） 51915602
印　　刷：唐山玺诚印务有限公司
经　　销：新华书店
开　　本：720mm×1000mm/16
印　　张：15. 5
字　　数：287 千字
版　　次：2024 年 4 月第 1 版　　2024 年 4 月第 1 次印刷
书　　号：ISBN 978-7-5096-9658-3
定　　价：98. 00 元

联系地址：北京市海淀区北蜂窝 8 号中雅大厦 11 层
电话：（010） 68022974　　邮编：100038

前　言

随着新一代信息技术的发展和突破，其不断渗透、解构、重组传统产业的价值创造方式和增值能力，美国、德国等发达国家对数字经济发展形成战略共识，纷纷制定国家战略，推动企业、产业乃至经济社会的数字化变革。装备制造产业作为向其他产业部门供应技术或设备的重要“携带者行业”，是全球产业竞争中极其重要的领域，成为新一代信息技术渗透融合发展的先导产业。全球价值链并没有稳定的高价值环节，价值链形态及供应链关系随着相对竞争优势的动态演变而变化。散布在全球价值链上的众多空间分散、区域集中、分工合作的装备制造产业集群纷纷开展数智化竞争，逐步重塑装备制造产业在全球价值链中的独占性竞争优势及其分布，全球供应链呈现出本土化、区域化和智能化趋势。

中国以产业集群为载体的全球价值链嵌入与产业升级过程，伴随着劳动力、土地等生产要素成本优势的不断弱化和既定技术范式下的技术体系积累与优化升级，实现了产业集群价值环节的升级及一定程度的价值链延伸。受限于发达国家以关键信息、技术和资源为控制力的价值链全球治理，即便是在技术最简单的行业，中国企业仍然较难突破实质性的“合同”壁垒。中国制造业尤其是装备制造产业的生存和发展空间面临多重挤压，集群和数智化对这些技术驱动型行业意义重大。党的二十大报告明确指出，推动战略性新兴产业融合集群发展，构建新一代信息技术、人工智能等一批新的增长引擎。以新一代信息技术为核心的产业集群共融、共生、共创的数字生态竞争，正在重塑全球产业体系的利得分配与价值链形态。

现有关于多集群关系的研究较少，主要聚焦于同质技术空间下的集群关系研究与异地相同产业集群之间的技术溢出效应研究。这类研究大都围绕集群及集群企业的动态能力展开，强调企业依赖动态学习能力不断调整、重构、再造企业及集群的资源与能力，并与外部区域、创新系统乃至全球生产网络互动演化，形成集群内部的信息扩散网络和外部的知识流动现象，产生“本地蜂鸣”和“全球通道”效应。全球生产网络为长距离、跨区域的产业集群提供了一定程度的发展动力。现有关于异质技术空间下本地产业集群关系的研究较少，主要围绕本地资源的竞争关系展开，鲜有研究探讨异质技术空间下不同产业集群技术轨道融合的内在关联与作用机制。事实上，全球经济的成功受到各地区对所拥有资源的使用方式的影响；集群并非孤立存在，成熟稳固的本地关系网络是产业集群发展的重要条件。

基于上述思想，本书以东北地区装备制造产业升级为研究对象，通过对东北地区装备制造产业发展现状和升级困境进行分析，以及美国、德国和中国制造业数字化发展脉络加以梳理，构建跨边界创新网络视域下装备制造产业升级的理论分析框架。通过装备制造产业集群的跨边界创新网络融合，以及核心企业“发起”升级与非核心企业“响应”升级的传导机制，阐释装备制造产业由企业向集群，再向产业升级的数字化、绿色化、系统性蜕变过程与演化升级路径。本书在理论分析基础上形成研究假设，构建自然实验，检验跨边界创新网络效应及其作用机制；探寻东北地区装备制造产业的升级路径，形成促进产业升级的施策方向与政策重点。

数字经济快速发展、数字技术迭代升级，以及跨边界创新网络的深度融合与创新协作，不断拓展着装备制造产业集群网络的关联结构。为加速产业集群的动态演化，需要厘清数字经济形态下装备制造产业技术轨道数字化变迁的演进规律与升级路径，通过数字化、智能化、绿色化、协同化生产创新协作，获得持续的集群生态优势。本书提出了一种分析框架，尽管有待完善，但希望能为破解这一问题提供一种思路。在此，感谢国内外专家的创造性研究。感谢辽宁大学经济学部王伟光教授对本项研究提出的建设性意见。感谢经济管理出版社副社长陈力先生和编辑高娅女士对本书出版的支持与帮助。

尹博
2023 年 11 月

目　录

第一章　绪论

第一节　研究背景与研究价值

一、研究背景

在经济全球化背景下，以中国为代表的新兴经济体的产业升级过程，伴随着劳动力、土地等生产要素成本优势的不断弱化和以核心关键技术解构为升级方向的全球价值链的延展和攀升。发达国家以关键信息、技术和资源为控制力的价值链全球治理和系统效率（Kaplinsky，2004），受到了新兴经济体价值竞争的挑战，引发了价值链风险。随着新一代信息技术革新逐步渗透、解构、重组价值创造方式和增值能力（宋怡茹等，2017），工业化、信息化和智能化快速深度融合，推动全球要素资源重组、经济结构重塑和全球竞争格局改变。美国信息与通信技术产业的快速升级，以及中国产业在墨西哥价值链上游的迅速增长，促使墨西哥信息与通信技术产业的最终产品价值链由2000年的微笑曲线演变为2014年的“W”形曲线。德国和日本汽车制造业通过数字技术和人工智能技术，实现大规模生产商向大规模定制商的转型，促使德国和日本汽车制造业的最终产品价值链由2000年的微笑曲线演变为2014年的“皱眉”曲线（杜大伟等，2019）。全球价值链并没有稳定的高价值环节，价值链形态随着相对竞争优势的动态演变而变化。全球价值链本质上是基于核心资源形成的利得控制与分配链[①]，是不同国

① 在全球价值链下的国际分工体系中，处于价值链高端的发达国家及跨国公司拥有独占性的核心技术或资源，将低技术、低附加值环节转移到发展中国家，并通过价值链强势地位，对发展中国家进行纵向挤压，获取大部分的分工和贸易利得，因此全球价值链便是利得分配链（张杰等，2009）。

家、不同产业的企业群体的动态独占性竞争优势与利得分配的集合体现。各个国家或产业的价值链升级，本质上就是打破价值链原有的独占性竞争优势及其分布，改变竞争的相对状态，重塑利得分配和价值链形态。随着信息技术革新创造新的价值竞争形式、领域和方向，本国产业空心化和对新兴经济体复杂依赖深化的发达国家纷纷实施“高端制造业回归”战略。作为低层次竞争优势的廉价劳动力本质上并不稳定（Gereffi and Korzeniewicz，1994）。劳动力成本对传统工业产业跨国转移的影响进一步弱化，国际间传统的雁阵式跨国产业转移正在悄然改变。2020 年，新冠疫情对全球供应链精细化管理产生了重大冲击和扩散效应，引发了全球供应链风险。基于全球价值竞争和供应链风险，发达国家纷纷开展“绕开中国”的多元化全球采购（贺俊，2020），全球供应链呈现出本土化、区域化和智能化趋势（黄群慧和倪红福，2021）。

面对发达国家制造业“高端回流”和发展中国家“中低端分流”的双向挤压，中国传统劳动密集型和资源密集型产业的出口，具有相对较高的国内附加值；技术密集型产业出口的国内附加值含量较低；高科技产业中的交通运输设备制造业、电器机械和器材制造业等制造业出口的国内附加值含量较低（刘志彪和吴福象，2018）。制造业尤其是装备制造产业的生存和发展空间遭遇多重挤压。随着信息技术不断渗透、解构、重组价值创造方式和增值能力（宋怡茹等，2017），美国、德国等发达国家对数字经济发展形成战略共识，纷纷制定国家战略，推动企业、产业乃至经济社会的数字化变革。围绕制造业数字化展开的价值竞争，进一步改变了原有的价值竞争状态，重塑了利得分配和全球价值链形态。以跨国公司为主导的全球产业链出现了停顿与回缩状态（江小涓和孟丽君，2021）。加之国际贸易摩擦等因素的影响，中国经济发展面临需求收缩、供给冲击、预期转弱三重压力（中国社会科学院工业经济研究所课题组，2022）。2020 年 4 月 27 日，习近平主持召开中央全面深化改革委员会第十三次会议并发表重要讲话，指出，“要从体制机制上增强科技创新和应急应变能力，加快构建关键核心技术攻关新型举国体制，补短板、强弱项、堵漏洞，提升科技创新体系化能力。要创新科技成果转化机制，打通产学研创新链、产业链、价值链”。随着我国经济发展向高质量发展阶段转变，绿色发展成为提升经济发展效益、改善生活质量的重要力量（陈昌盛等，2020）。2020 年 9 月，中国明确提出 2030 年“碳达峰”与 2060 年“碳中和”目标。2021 年 9 月 22 日，中共中央、国务院印发的《关于完整准确全面贯彻新发展理念做好碳达峰碳中和工作的意见》指出，“处理好发展和减排、整体和局部、短期和中长期的关系，把碳达峰、碳中和纳入经济社会发展全局，以经济社会发展全面绿色转型为引领，以能源绿色低碳发展为关键，加快形成节约资源和保护环境的产业结构、生产方式、生活方式、空间格局，坚定不移走生态优先、绿色低碳的高质量发展道路，确保如期实现碳达峰、碳中和"。党的十九届五中全会通过的《中共中央关于制定国民经济和社会发展第十四个五年规划和二〇三五年远景目标的建议》提出，"加快构建以国内大循环为主体、国内国际双循环相互促进的新发展格局"。2021 年 12 月 12 日，国务院印发的《"十四五"数字经济发展规划》中指出，数字经济是继农业经济、工业经济之后的主要经济形态，正推动生产方式、生活方式和治理方式深刻变革，成为重组全球要素资源、重塑全球经济结构、改变全球竞争格局的关键力量。发达国家相继制定实施振兴制造业战略，全球实体经济朝着数字化、绿色化、融合化方向发展（中国社会科学院工业经济研究所课题组，2022）。中国经济发展虽然进入工业化后期，但作为发展中国家的国际地位没有改变，制造业在国民经济体系中的重要地位和作用仍未改变（郭克莎，2019）。面对复杂多变的国际形势，如何在新一轮信息技术革新、能源结构转型和全球价值链重构的浪潮中，探寻出中国装备制造业发展与升级的战略路径，提升装备制造业的竞争优势和应急韧性，成为理论界和政策制定者共同关心的重要议题。

东北地区作为我国工业的摇篮，拥有一批关系国民经济命脉和国家安全的战略性产业，是中国经济的重要增长极。2015 年 7 月 17 日，习近平总书记在长春召开部分省区党委主要负责同志座谈会，听取对振兴东北地区等老工业基地和"十三五"时期经济社会发展的意见和建议并发表重要讲话："要把装备制造业做大做强，加快培育战略性新兴产业，大力发展服务业，改造提升传统产业，扩大基础设施建设，积极发展民营经济。要深入实施创新驱动发展战略，把推动发展的着力点更多放在创新上，发挥创新对拉动发展的乘数效应。"2015 年 12 月 17 日，《国务院关于中德（沈阳）高端装备制造产业园建设方案的批复》指出，"创新装备制造业发展模式，创新园区开发建设管理模式，创新对外开放合作模式，加强'中国制造 2025'与'德国工业 4.0'战略的高效对接，实现中国市场与德国技术优势互补，将中德（沈阳）高端装备制造产业园打造成为国际化、智能化、绿色化的高端装备制造业园区，加快培育沈阳经济区新的增长点，为促进辽宁省经济社会发展乃至东北地区老工业基地全面振兴发挥积极作用。"2016 年 4 月 5 日，《国务院关于同意沈大国家高新区建设国家自主创新示范区的批复》指出，"充分发挥沈大地区的区位和创新资源集聚优势，积极开展创新政策先行先试，激发各类创新主体活力，着力培育良好的创新创业环境，深入推进大众创业、万众创新，全面提升区域创新体系整体效能，打造东北亚科技创新创业中心，努力把沈大国家高新区建设成为东北老工业基地高端装备研发制造集聚区、转型升级引领区、创新创业生态区、开放创新先导区。”2016 年 6 月 24 日，《国务院关于沈阳市系统推进全面创新改革试验方案的批复》中指出，“围绕推进新型工业化进程，以实现创新驱动发展转型为目标，以推动科技创新为核心，以破除体制机制障碍为主攻方向，在科技创新、转型升级、产业金融、国企改革、人才支撑、对外开放等重点领域开展先行先试，推动科技创新与经济社会发展深度融合，全力打造具有国际竞争力的先进装备制造基地，引领带动东北老工业基地全面振兴。”2018 年 9 月 28 日，习近平总书记在沈阳深入推进东北振兴座谈会上强调：“东北地区是我国重要的工业和农业基地，维护国家国防安全、粮食安全、生态安全、能源安全、产业安全的战略地位十分重要，关乎国家发展大局。”2021 年 9 月 13 日，《国务院关于东北全面振兴“十四五”实施方案的批复》指出，《东北全面振兴“十四五”实施方案》“统筹发展和安全，从推动形成优势互补高质量发展的区域经济布局出发，着力破解体制机制障碍，着力激发市场主体活力，着力推动产业结构调整优化，着力构建区域动力系统……推动东北全面振兴实现新突破”。具有强产业关联效应的装备制造产业对中国工业经济的带动作用明显（郭克莎，2003①；唐晓华和李绍东，2010），对非装备制造产业具有显著的溢出效应（孙晓华和田晓芳，2011）；在嵌入全球价值链过程中被低端锁定、技术俘获的风险最大（刘志彪和吴福象，2018），是发达国家控制全球价值链背后的独占性资源的集中所在，也是全球产业竞争角逐最核心的领域（Vu，2015）。中央对东北地区的一系列政策部署旨在将新经济与传统优势装备制造产业结合，为东北地区装备制造产业赋予新动能，构建内外循环发展的经济体系，以带动东北地区振兴发展（张强和高柏，2019）。装备制造产业作为东北地区的支柱性产业，在带动东北地区经济发展、维护国家能源安全和产业安全等方面具有重大战略意义，成为东北地区振兴发展的核心与关键。2020 年以来，新冠疫情对东北地区社会经济体系的间歇性影响，让下行压力较大的东北地区经济雪上加霜，体制机制问题凸显，经济增长新旧动能转换的结构性矛盾愈加突出。面对复杂多变的国际政治经济形势，新一轮信息技术革新、绿色能源结构转型和双循环战略等内外环境的变化对东北地区装备制造产业升级提出了新的要求，迫切需

① 郭克莎（2003）认为制造业中兼顾产业升级基本目标和就业增长重要目标的新兴主导产业是电子及通信设备、电气机械及器材、交通运输设备、纺织和服装、普通机械和专用设备制造业。这些产业中大部分隶属装备制造产业，对加强整个制造业发展具有强带动效应。

要东北地区装备制造产业从维护国家“五大安全”的战略使命角度，探索出一条独特的数字化、绿色化装备制造产业体系发展与升级之路，辐射带动东北地区工业经济稳定持续地转换发展动能，实现全面振兴，维护国家安全。

二、研究价值

（一）学术价值

国内外围绕产业升级的相关研究大体从价值链升级和集群升级两方面展开。价值链升级的相关研究是从全球产业链视角，考察中观或宏观维度的要素结构、技术进步对产业价值增值变化及价值链位置转换的影响（Tian et al.，2019；Sanguinet et al.，2022；Gereffi，1999；吕越等，2016；苏杭等，2017），其本质是探讨产业转移与价值链延伸的协同关系。作为中观或宏观维度的研究视角，现有价值链升级研究无法深入剖析价值增值和价值链位置变换背后的深层驱动因素和内在作用机制。集群升级相关研究从产业中观或企业微观视角，围绕单一产业集群及集群企业的动态能力展开，探讨集群的企业动态学习能力、内外资源整合、网络结构、核心企业、产业政策、发展路径依赖等，以及集群核心竞争力发展、升级与演变的规律（Teece and Pisano，1994；Teece et al.，1997；Hu et al.，2021；阮建青等，2014）。在单一集群升级的驱动因素和内在作用机制的研究中，学者多从网络结构的视角，研究“中心—外围”网络结构中核心企业对集群升级的驱动作用。鲜有研究关注具有快速、灵活转换能力的非核心企业的成长和影响。事实上，相比处于结构中心的核心企业的系统性增量创新，非核心企业所表现出的某些创新特征更易于感知技术机会，快速转换、升级技术能力，逆向激励核心企业，甚至强化或不同程度地解构其技术体系。

集群关系的研究主要聚焦于相同产业集群，通过分析发达国家的移民创新者与其出生国的关系，考察发达国家集群与印度、中国等亚洲新兴经济体集群的技术溢出关系（Saxenian，2002；Agrawal et al.，2011；王雷和池巧珍，2014）。尽管假设一个区域仅存在一个产业集群网络是不现实的，但本地集群之间的关系仍鲜有研究讨论（Lu et al.，2016）。少数研究考察了地理邻近集群之间的互惠和竞争效应（Zhang et al.，2009；Lu et al.，2016；施昱年和张秀智，2012；王国新，2010）。这些集群关系的研究或考察同产业、异地集群之间的技术溢出，或考察地理邻近的产业集群对本地资源的整合与分配，鲜有研究探讨本地不同产业集群在技术范式融合中的内在关联与作用机制。

随着信息技术成为新的通用技术，其逐步改变了原有工业经济形态下的产业组织架构、运行模式。数字化成为世界范围内工业经济升级的重要方向，数字经济成为继农业经济、工业经济之后的重要经济形态①。信息技术产业技术范式与装备制造产业技术范式的融合赋能与创新发展成为产业数字化发展和数字经济建设的重中之重。当前，装备制造产业数字化的主导设计仍不清晰，新的技术范式尚未形成。拥有跨产业异质性资源的创新主体的互动互补特征更加明显，产业集群创新合作呈现显著的本地集群互联模式（周灿等，2019）。探讨信息技术产业集群与装备制造产业集群的技术范式融合赋能，促进装备制造产业集群中的核心企业与非核心企业协同升级，形成产业数字生态，对东北地区装备制造产业数字化、绿色化升级具有重要的理论意义和实践参考价值。

综上所述，本书融合产业集群、创新网络等相关理论，透过装备制造产业集群网络与本地信息技术、绿色技术关联产业集群网络的技术范式融合赋能，探讨装备制造产业集群中核心企业与非核心企业协同升级，实现产业数字化、绿色化、系统性升级的内在机制与演化过程，弥补了现有集群网络不同产业集群技术范式融合的内在关联与作用机制，以及核心企业与非核心企业作用关系的相关研究缺口，拓展了集群网络边界、结构及演化研究，对厘清装备制造产业技术轨道数字化变迁的演进规律与升级路径具有重要的学术价值。

（二）应用价值

伴随着中国社会经济 40 多年区域性、阶段性的改革与开放②，中国产业升级依循东部沿海地区产业升级、转移与中西部地区产业承接的雁阵式发展模式，实现了区域制造业增长和生产效率提升的格局变化（蔡昉等，2009）。区域社会经济结构差异，形成了差异化的资源集聚、创造和优势加强效应。头雁地区持续的创新能力和明确的升级方向是雁阵式产业转移、区域协调发展可持续的前提（张

① 2021 年 12 月 12 日，国务院印发《“十四五”数字经济发展规划》，将数字经济界定为继农业经济、工业经济之后的主要经济形态。不同于以往工业经济形态下的传统产业升级过程，数字化升级过程，本质上是改变工业经济形态下原有产业的组织架构、运行模式，构建数字经济形态下新产业、新业态、新模式的发展过程。而除数字化变革之外的其他升级方向，目前来看，并未对产业组织架构和运行模式产生变革性的影响。2021 年 12 月 21 日印发的《“十四五”智能制造发展规划》明确提出，以工艺、设备为核心，以数据为基础，依托制造单元、车间、工厂、供应链等载体，构建虚实融合、知识驱动、动态优化、安全高效、绿色低碳的智能制造系统。绿色低碳被纳入智能制造系统的功能或特征范畴。因此，本研究中将以绿色化为代表的一系列非变革性升级方向和过程都设定在数字经济形态下产业数字化升级的框架下展开。

② 中国的改革开放进程始于 1978 年，1980 年建立深圳等四个经济特区，1984 年设立 14 个沿海开放港口城市，1990 年设立上海浦东经济开发区，由此形成了东南沿海“点—线—面”逐步改革开放的发展进程。1992 年的“南方谈话”和 2001 年中国加入世界贸易组织，成为加速东南沿海地区经济发展的阶段性事件。2003 年，中央出台振兴东北老工业基地的相关政策文件，正式将东北老工业基地推上改革与开放的历史舞台。

其仔，2014）。随着新一代信息技术革新推动中国工业体系的数字化发展，以往区域间产业单项梯度转移和产业结构升级的态势正在转变；电气/电子设备和通用/专用/交通设备制造业向东部沿海地区回流，呈现本地化、智能化升级和市场扩张趋势（孙早和侯玉琳，2021）。东南沿海地区创新能力提升、集聚能力增强，持续加速装备制造产业的本地化、数字化升级。数字经济发展建设下的东南沿海地区，其装备制造产业转移的动力和机会下降。东北地区和中西部地区创新能力不足，集聚能力较弱，产业承接无法持续。区域比较优势变化成为本地产业升级和集群升级的主要原因（阮建青等，2014）。

2014~2016 年，东北地区经济发展相继进入缓慢增长阶段，这是东北地区固有弊端在经济下行时的凸显。长期以来，东北地区装备制造产业缺乏竞争优势、盈利能力弱，对投资、经济周期和政府政策具有较强的依赖性。①东北地区装备制造产业发展呈现国企依赖、产业依赖的发展特征，民营经济发展缓慢，产业体系协同发展能力不足。②东北地区装备制造企业的生产能力特别是高端、核心制造能力几乎完全依赖生产设备引进，多数企业丧失了工艺技术创新的载体和能力。③竞争型而非协作型的管理模式使这些企业几乎扼杀了以中小企业为主体的零部件厂商的技术开发动力和能力（黄群慧和贺俊，2015），本地产业链呈现片段化。④本地软件与信息技术服务业规模小、发展缓慢，服务装备制造产业数字化升级能力不足、合作机制不畅通。在全球制造业数字化升级背景下，美国、德国和日本凭借研究型大学、实验室研发和精益制造等方式形成了独特的制造业发展轨迹和异质性核心能力，不易模仿，难以扩散。美国借助互联网领先优势探索深化工业互联网模式，德国依托工业 4.0 平台形成智能制造与智能服务融合的商业模式，日本基于精益制造构筑“互联工业”。缺乏企业内外创新生态系统支撑的东北地区的装备制造产业、国有企业，没有异质性的资源禀赋和独特的专有优势，难以摆脱价值链低端锁定、增长乏力的窘境。

数字经济形态下，社会经济的生产、生活和治理方式，以及企业、产业的要素组织架构和运行模式发生了深刻变革。以数字平台为基础的系统性创新生态，通过标准化接口和个性化模块的聚合，为生产端和需求端提供了互补共享、价值共创的协作平台（张宝建等，2021），实现了数字平台的信息、知识、资源快速对接与实体产业集群的生产、创新协作不断深化，逐渐改变了企业基于内外资源整合的价值共创、平台生态的动态迭代（Li et al.，2019）和商业生态系统的动态演化（张宝建等，2021）。数字平台生态的动态迭代与产业集群网络的跨边界生产、创新协作，需要不断深化装备制造产业集群网络动态演变，准确把握数字经济形态下装备制造产业技术轨道数字化变迁的演进规律与升级路径，通过数字化、智能化、绿色化、协同化、全球化生产创新协作，获得持续的集群生态优势（朱国军等，2019）。

综上所述，本书通过东北地区装备制造产业发展现状和升级困境的分析，以及美国、德国和中国制造业数字化发展的脉络梳理，构建跨边界创新网络视域下装备制造产业升级的理论分析框架，阐释装备制造产业由企业“智能制造”升级向集群“工业互联网+智能制造”升级、再向产业“数字商业生态”升级的数字化、绿色化、系统性蜕变过程与演化升级路径。本书在理论分析基础上形成研究假设，构建自然实验，检验跨边界创新网络效应及其作用机制；基于装备制造产业升级的理论分析和东北地区跨边界创新网络效应的异质性特征，明确促进产业升级的施策方向与政策重点，具有重要的应用价值。一是有助于东北地区装备制造产业升级。针对东北地区装备制造产业内生动力有限、外生动力匮乏的现状，以及面临的“类资源枯竭型”升级困境，本书通过严谨的理论分析和严格的实证检验，提出构建“跨边界创新网络”外生动力赋能，培育“核心企业—非核心企业”内生动力，实现“企业—集群—产业”阶段式升级的路径及相关政策体系。二是本书的结论与政策体系具有外延性，对类似东北地区的“铁锈地带”产业升级具有借鉴意义。三是论证产业数字化的“先行者劣势”现象及成因，有助于解释企业的行为逻辑，为政策制定者提供有效的施策方向。

第二节　研究内容与研究框架

一、研究内容

第一章，绪论。介绍本书的研究背景、研究价值、研究内容、研究框架、研究方法和创新点。

第二章，文献综述。运用文献计量方法，对装备制造产业和产业升级的相关文献进行全局特征分析，梳理形成包含装备制造产业及产业升级、创新网络、核心企业、非核心企业、数字化和绿色化升级的文献述评分析框架。根据上述领域的国内外相关研究及其与本书研究的理论关联，进行全面分析和述评，为后续研究提供全面、系统的理论支撑。

第三章，东北地区装备制造产业发展现状及升级困境。本书通过东北地区装备制造产业发展的省际比较及国有企业发展现状分析，展现东北地区装备制造产业的发展全貌。第一轮东北振兴政策实施后，东北地区装备制造产业形成了辽宁“龙头企业主导”、吉林“单一产业主导”、黑龙江“国企弱势主导”的国企依赖、产业依赖的发展特征。装备制造产业并未有效协同这一时期中国经济发展方式、产业结构的快速转变，导致民营企业协同弱势、产业链片段化，内生动力有限；第三产业发展滞后、装备制造产业外生动力不足。第二轮东北振兴政策实施后，东北地区装备制造产业发展乏力，面临集群生态弱势和创新生态弱势的“类资源枯竭型”升级困境。

第四章，跨边界创新网络视域下装备制造产业升级理论分析。通过美国、德国制造业数字化发展形态的演变分析和中国制造业数字化发展政策的脉络梳理，形成数字经济形态下装备制造产业升级的基本框架。综合运用产业集群、创新网络和创新生态系统等相关理论，构建跨边界创新网络视域下装备制造产业升级理论分析框架。通过装备制造产业集群的跨边界创新网络融合，以及核心企业“发起”升级与非核心企业“响应”升级的传导机制，阐释装备制造产业由企业“智能制造”升级向集群“工业互联网+智能制造”升级再向产业“数字商业生态”升级的数字化、绿色化、系统性蜕变过程与演化升级路径。

第五章，信息技术产业集群跨边界创新网络效应实证分析。本章以2016年数字化政策冲击构建自然实验，利用2010~2019年上市公司微观数据和各省宏观数据，运用双重差分模型，检验信息技术产业集群跨边界创新网络效应及作用机制。研究发现，①信息技术产业集群网络促进了装备制造产业集群网络企业全要素生产率的提升，即存在跨边界创新网络效应。这一结论在考虑了识别假设条件和一系列干扰估计结果的因素后依然成立。②劳动力成本压力与创新能力是信息技术产业集群跨边界创新网络效应的主要作用机制。③信息技术产业集群跨边界创新网络效应存在显著的区域性差异。东北地区信息技术产业集群跨边界创新网络效应弱于东部地区。

第六章，废弃资源综合利用产业集群跨边界创新网络效应实证分析。本章以2016年数字化政策冲击构建自然实验，利用2010~2019年上市公司微观数据和各省宏观数据，运用双重差分模型，检验废弃资源综合利用产业集群跨边界创新网络效应及作用机制。研究发现，①废弃资源综合利用产业集群促进了本地装备制造产业集群企业联合申请绿色专利的数量，即存在废弃资源综合利用产业集群跨边界创新网络效应。②创新能力是该效应的主要作用机制。政府补助作用机制未得到实证结果支持。③废弃资源综合利用产业集群跨边界创新网络效应存在显著的区域性差异。东北地区废弃资源综合利用产业集群跨边界创新网络效应弱于东部地区。

第七章，研究结论与政策建议。基于东北地区装备制造产业升级的相关理论和东北地区跨边界创新网络效应的异质性特征，结合国外制造业数字化发展的政策措施、实践经验和国内装备制造产业的经验研究与实地调研，依循产业、集群、企业的战略层级，提出“一个主线、双重动能、双重抓手”逐级细化的支撑政策，并配合四个维度的可操作性重点措施，形成促进东北地区本地化、数字化、绿色化先进装备制造产业体系升级的施策方向与支持重点。

本书还包括2个附录，对正文内容进行补充（见图1-1）。其中，附录一实证分析图表是对第五章和第六章稳健性检验的补充。附录二主要国家数字经济政策梳理整理了美国、德国和中国的数字经济相关产业政策，是对第四章数字经济与制造业发展形态演变的补充。

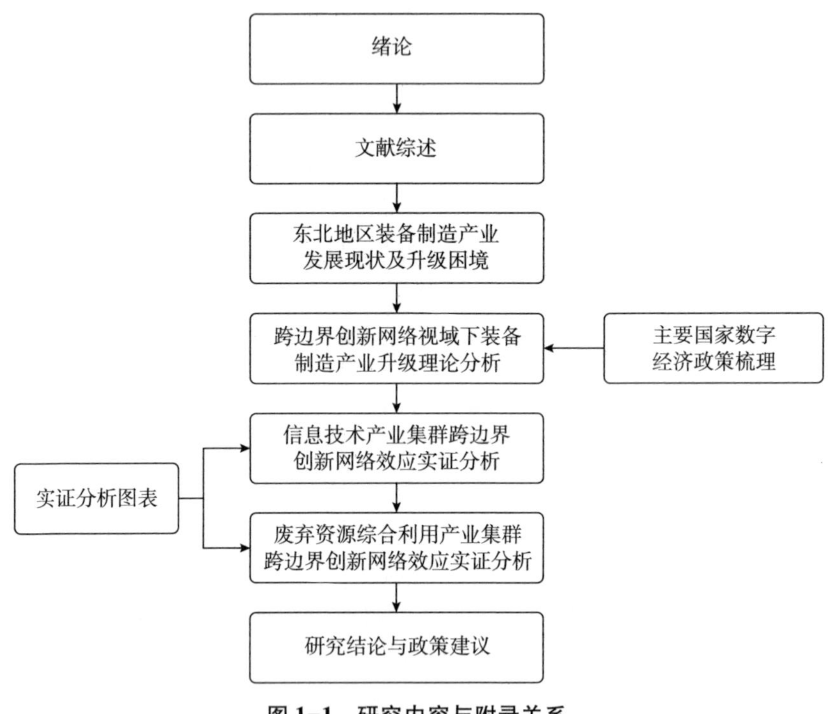

图1-1　研究内容与附录关系

二、研究框架

本书以东北地区装备制造产业升级为研究对象。通过东北地区装备制造产业发展现状和升级困境的分析，以及美国、德国和中国制造业数字化发展脉络的梳理，构建跨边界创新网络视域下装备制造产业升级的理论分析框架。通过装备制造产业集群的跨边界创新融合，以及核心企业“发起”升级与非核心企业“响应”升级的传导机制，阐释装备制造产业由企业“智能制造”升级向集群“工业互联网+智能制造”升级再向产业“数字商业生态”升级的数字化、绿色化、系统性蜕变过程与演化升级路径。本书在理论分析基础上形成研究假设，构建自然实验，检验跨边界创新网络效应及其作用机制；基于装备制造产业升级的相关理论和东北地区跨边界创新网络效应的异质性特征，探寻东北地区装备制造产业升级路径，形成促进产业升级的施策方向与政策重点，如图 1-2 所示。

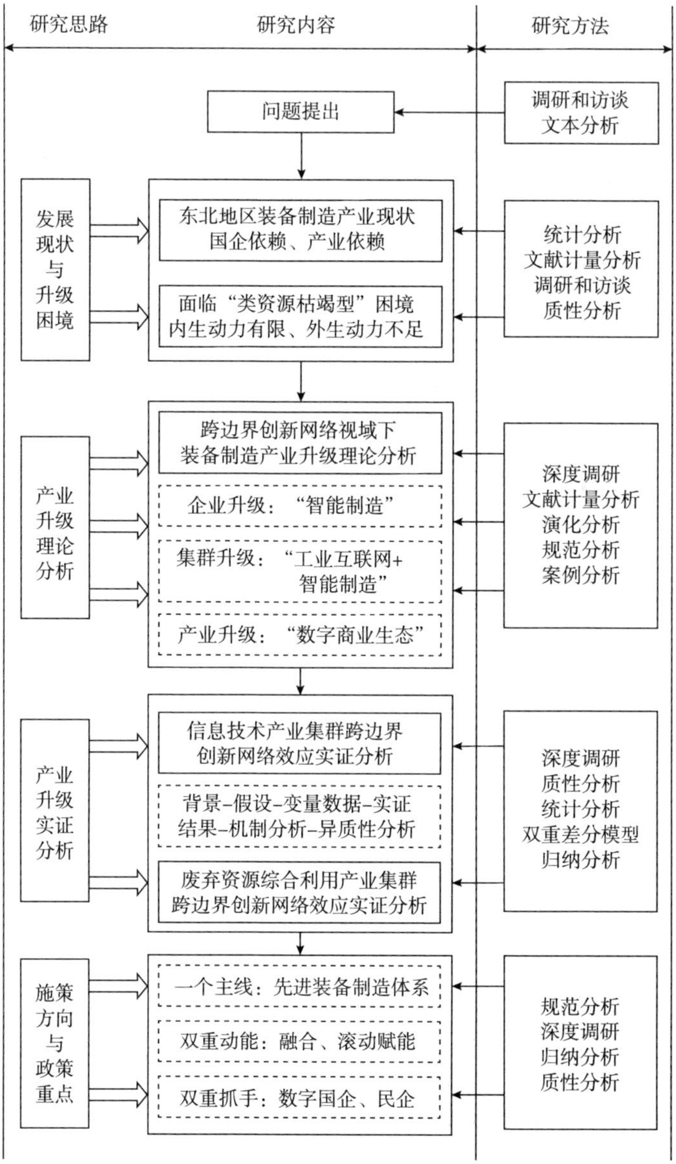

研究思路　研究内容　研究方法

问题提出 ← 调研和访谈 文本分析

发展现状与升级困境
东北地区装备制造产业现状 国企依赖、产业依赖
面临“类资源枯竭型”困境 内生动力有限、外生动力不足
← 统计分析 文献计量分析 调研和访谈 质性分析

产业升级理论分析
跨边界创新网络视域下 装备制造产业升级理论分析
企业升级：“智能制造”
集群升级：“工业互联网+智能制造”
产业升级：“数字商业生态”
← 深度调研 文献计量分析 演化分析 规范分析 案例分析

产业升级实证分析
信息技术产业集群跨边界创新网络效应实证分析
背景-假设-变量数据-实证结果-机制分析-异质性分析
废弃资源综合利用产业集群跨边界创新网络效应实证分析
← 深度调研 质性分析 统计分析 双重差分模型 归纳分析

施策方向与政策重点
一个主线：先进装备制造体系
双重动能：融合、滚动赋能
双重抓手：数字国企、民企
← 规范分析 深度调研 归纳分析 质性分析

图 1-2　研究思路

第三节　研究方法与创新点

一、研究方法

（一）实地调研和深度访谈

依托实地调研和深度访谈收集跨边界创新网络的相关数据及资料，为跨边界创新网络的演化特征机理分析及相关变量的量化提供一手翔实的资料。

（二）文献计量分析

本书在中文社会科学引文索引数据库（CSSCI）和 Web of Science 数据库检索研究相关文献；借助 Citespace 软件，从文献发展视角，运用文献共被引网络分析和关键词共现网络分析，考察装备制造产业升级领域的知识基础和研究前沿，为理论分析和实证研究奠定理论基础。

（三）文本分析

对实地调研和深度访谈的录音进行文字转换，结合调研记录，抽取结构化访谈中的特征词进行量化、编码，为理论分析、模型构建提供支撑。

（四）演化分析

在集成相关研究及调研、访谈资料的基础上，通过装备制造产业集群的跨边界创新网络融合，深入阐释核心企业"发起"升级与非核心企业"响应"升级的交互作用过程和企业、集群乃至产业数字化、绿色化、系统性协同升级的演化机理。

（五）双重差分模型

双重差分模型是基于反事实框架评估自然实验效果的实证方法。为了检验理论模型的研究假设，本书以 2016 年数字化政策冲击构建自然实验，利用 2010~2019 年上市公司微观数据和各省宏观数据，构建双重差分模型，考察信息技术产业集群跨边界创新网络效应和废弃资源综合利用产业集群跨边界创新网络效应。

二、创新点

第一，构建跨边界创新网络视域下装备制造产业升级理论分析框架。通过东北地区装备制造产业发展现状和升级困境的分析，以及美国、德国和中国制造业数字化发展脉络的梳理，综合运用产业集群、创新网络和创新生态系统等相关理论，构建跨边界创新网络视域下装备制造产业升级理论分析模型。通过装备制造产业集群跨边界创新网络融合，以及核心企业“发起”升级与非核心企业“响应”升级的传导机制，阐释以企业升级为起点、以集群升级为载体、以产业升级为目标的集群网络运行机制与演化升级路径。通过构建“跨边界创新网络”外生动力赋能，培育“核心企业—非核心企业”内生动力，实现“企业—集群—产业”阶段式升级的路径，为不同产业、不同技术范式融合情境下的跨产业、集群与组织边界的创新融合赋能装备制造产业升级提供理论分析工具。

第二，揭示装备制造产业升级的“发起—响应”内在传导机制。集群网络作为创造、储存、传递知识、技术和新工艺的制度性安排，是生产关系、创新关系与个人、组织和社会关系的多重嵌套组合。核心企业作为网络结构的主导力量，对非核心企业乃至集群网络的发展至关重要。非核心企业亦可以通过协同、竞争、迭代、优化影响核心企业乃至集群网络的演化。核心企业与非核心企业的生产、创新等多重嵌套关系，构成了核心企业“发起”升级与非核心企业“响应”升级的交互作用传导机制。核心企业与非核心企业的升级策略选择、实现、往复传导、迭代升级与网络结构演化，即是装备制造产业实现由企业向集群再向产业系统性蜕变的演化升级路径。

第三，对不同技术范式的本地产业集群网络关系进行双重差分分析。现有文献或考察同产业、异地集群之间的技术溢出，或考察地理邻近的产业集群对本地资源的整合与分配，鲜有研究探讨本地不同产业集群技术范式融合过程中的内在关联与作用机制。本书运用双重差分模型，从构建自然实验、共同趋势假设检验、安慰剂检验、敏感性检验、机制分析等方面，对可能存在的内生性问题进行严格讨论，严谨地论证了信息技术产业集群跨边界创新网络效应的因果关系和废弃资源综合利用产业集群跨边界创新网络效应的因果关系。

第四，发现产业数字化“先行者劣势”现象。在信息技术产业集群跨边界创新网络效应中，本书论证了产业数字化“先行者劣势”现象的存在及其成因。产业数字化是装备制造产业升级的重要方向，其本质是信息技术产业技术范式与装备制造产业技术范式的融合。当企业的创新能力较强时，通常更可能成为数字化转型升级的“先行者”。在数字化转型的发展初期，存在新旧技术范式转换高成本、高风险的创新效率损失和易被追随或反超等劣势，即存在“先行者劣势”。这一现象解释了产业数字化过程中不同企业创新策略的选择差异，也为政策制定者提供了有效的施策方向。

第五，设计东北地区装备制造产业升级路径的相关政策。基于东北地区装备制造产业升级的相关理论和东北地区跨边界创新网络效应的异质性特征，结合国外制造业数字化发展的政策措施、实践经验和国内装备制造产业的经验研究与实地调研，依循产业、集群、企业的战略层级，提出“一个主线、双重动能、双重抓手”逐级细化的支撑政策，配合四个维度的可操作性重点措施，形成培育外部动力，释放跨边界创新网络效应，深化核心企业—非核心企业传导机制，增强内生动力，促进东北地区本地化、数字化、绿色化先进装备制造产业体系升级的施策方向与政策重点。

第二章　文献综述

第一节　装备制造产业升级文献全局特征分析

一、装备制造产业文献全局特征分析

（一）国内文献共被引网络分析与关键词共现网络分析

借助 Citespace 软件，本书分别运用文献共被引网络分析方法和关键词共现网络分析方法，考察了装备制造业研究领域的知识基础和研究前沿。本书获取了 CSSCI 数据库中 1998~2021 年所有字段为“装备制造”的中文文献共 717 篇①，以此来进行文献共被引网络分析和关键词共现网络分析。

1. 文献共被引网络分析

717 篇文献的共被引网络由 612 个节点、1388 条连线构成，共形成 98 个聚类，其中有 16 个聚类较大。文献共被引网络聚类的 Modularity Q = 0. 6465、Weighted Mean Silhouette = 0. 9298，聚类合理，模块性显著。按照文本挖掘算法，引用每个聚类的施引文献关键词进行命名，16 个聚类的名称分别为生产性服务、随机前沿分析、内外部效应、产业融合、创新能力、产业集群、复杂产品系统、核心企业、STI、颠覆式创新、自主创新、低碳技术创新、电力装备制造业、全要素生产率等，如图 2-1 所示。生产性服务聚类活跃于 2006~2020 年。随机前沿分析聚类活跃于 2004~2017 年。内外部效应聚类活跃于 2004~2018 年。产业融合聚类活跃于 2006~2020 年，引用频次最高的文献依次是綦良群等（2008）、

---

① 在 CSSCI 数据库中，检索所有字段为“装备制造”的文献，并未检索到 1998~1999 年的相关文献。本书分析的是 2000~2021 年的文献。

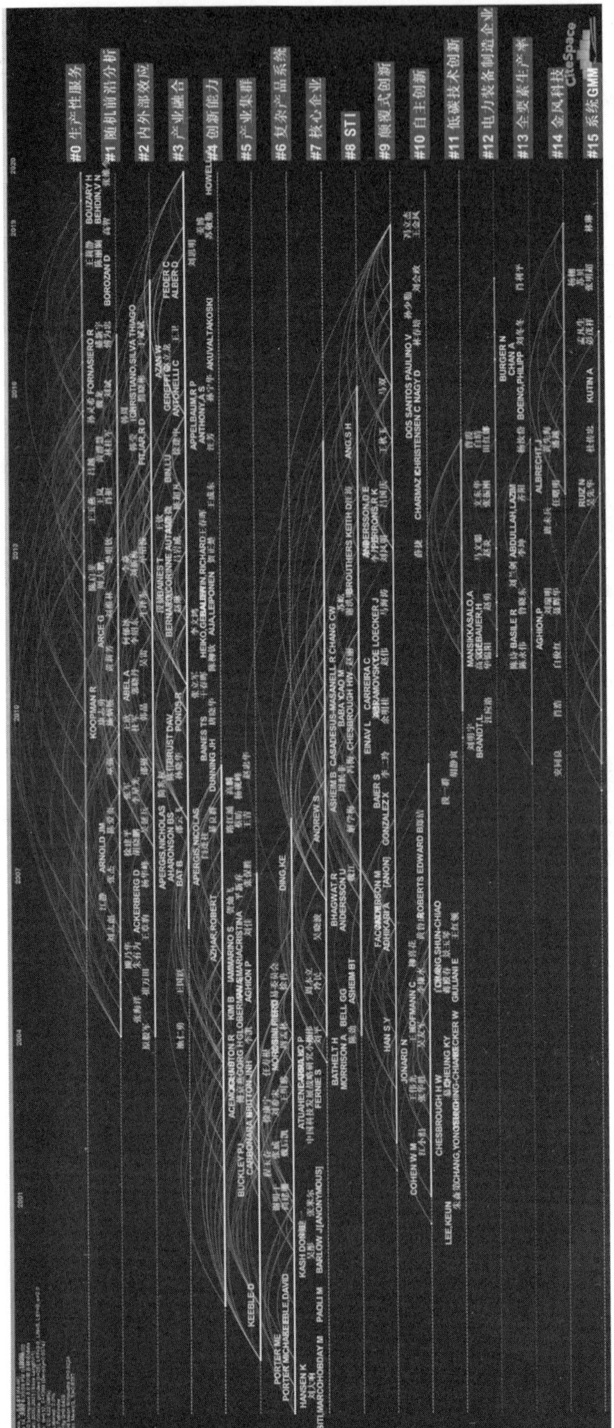

图 2-1　装备制造产业文献共被引网络时间线

唐晓华和李绍东（2010）的研究。创新能力聚类活跃于 1999～2009 年。核心企业聚类活跃于 2004～2015 年。文献共被引网络中突显值排名前 12 的文献如图 2-2 所示。通过文献共被引网络分析可以发现，生产性服务、产业融合、内外部效应和颠覆式创新是国内装备制造产业研究的重要知识基础，上述主题文献活跃的时间从 2004 年一直延续到 2020 年前后，文献共被引网络中突显值较高的文献也都集中于此。产业集群、复杂产品系统聚类活跃于 1998～2009 年，是装备制造产业早期的研究基础。

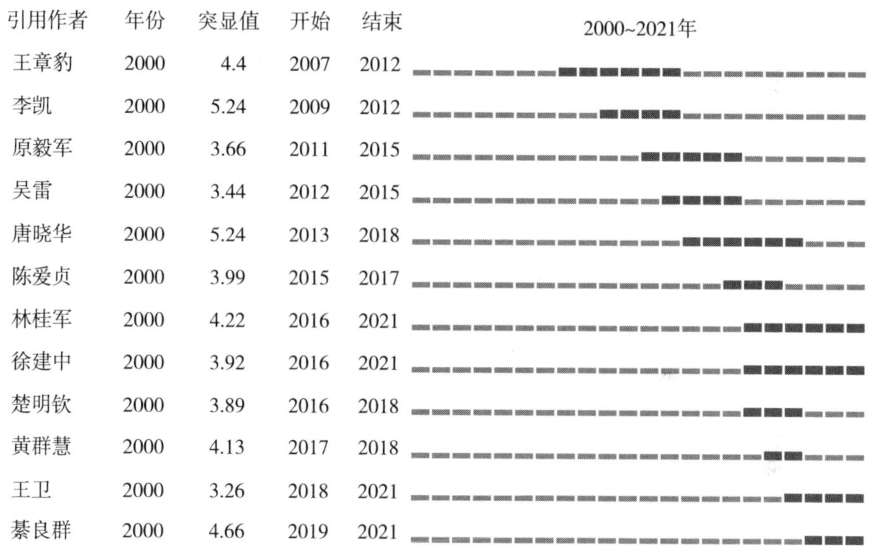

引用作者	年份	突显值	开始	结束	2000~2021年
王章豹	2000	4.4	2007	2012	
李凯	2000	5.24	2009	2012	
原毅军	2000	3.66	2011	2015	
吴雷	2000	3.44	2012	2015	
唐晓华	2000	5.24	2013	2018	
陈爱贞	2000	3.99	2015	2017	
林桂军	2000	4.22	2016	2021	
徐建中	2000	3.92	2016	2021	
楚明钦	2000	3.89	2016	2018	
黄群慧	2000	4.13	2017	2018	
王卫	2000	3.26	2018	2021	
綦良群	2000	4.66	2019	2021	

图 2-2　文献共被引网络中突显值排名前 12 的文献

2. 关键词共现网络分析

717 篇文献的关键词共现网络由 388 个节点、292 条连线构成，Modularity Q=0. 8669、Weighted Mean Silhouette=0. 9763，聚类合理，模块性显著。按照文本挖掘算法，引用每个聚类的施引文献关键词进行命名，8 个较大聚类的名称分别为技术创新、自主创新、产业集群、影响因素、创新、创新网络、创新发展、装备制造（见图 2-3）。如图 2-4 所示，突显值排名前 4 的关键词分别是产业集群、自主创新、创新网络和影响因素。其中，自主创新的突显值最高，产业集群的突显值活跃时间最长。由此可见，装备制造产业的相关研究相对较少，研究焦点围绕自主创新、产业集群、影响因素和创新网络展开。其中，产业集群和自主创新是 2011 年之前的产业研究焦点。2013 年之后，创新网络和影响因素的突显

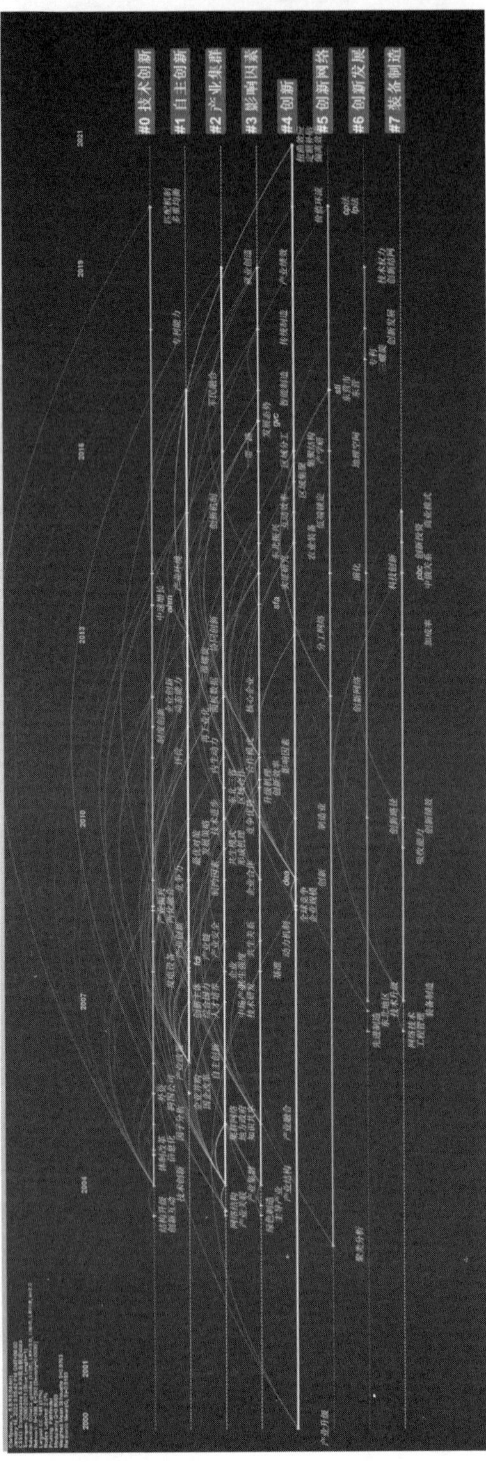

图 2-3　装备制造产业关键词共现网络时间线

值最高，是装备制造产业的研究热点。总体来说，围绕装备制造产业的研究热点一直聚焦于“创新”的研究。结合文献共被引网络分析，产业融合、内外部效应、颠覆式创新、核心企业等相关文献的收集和整理，将为装备制造产业依托跨边界创新网络实现升级提供重要的理论支撑。

图 2-4　装备制造产业高突显值的关键词

（二）国外文献共被引网络分析与关键词共现网络分析

借助 Citespace 软件，本书运用文献共被引网络分析方法和关键词共现网络分析方法，考察了装备制造业研究领域的知识基础和研究概况。本书获取了 Web of Science 数据库 1990～2022 年所有字段为“Equipment Manufacturing Industry”的英文文献 616 篇，以此来进行文献共被引网络分析和关键词共线网络分析。

1. 文献共被引网络分析

616 篇英文文献的共被引网络由 594 个节点、1041 条连线构成，共形成 211 个聚类，其中有 3 个聚类较大。文献共被引网络聚类的 Modularity Q = 0. 9637、Weighted Mean Silhouette = 0. 9857。按照文本挖掘算法，3 个聚类的名称分别为 Benchmarking、Performance Contracts 和 Asset Management，如图 2-5 所示。Benchmarking 聚类活跃于 2007～2015 年。Performance Contracts 聚类活跃于 2010 年左右。Asset Management 聚类活跃于 2007～2010 年，引用频次最高的文献依次是 Oliva 和 Kallenberg（2003）、Miles 等（2013）的研究。文献共被引网络中突显值排名前 12 的文献如图 2-6 所示。总体来看，国外装备制造产业的研究相对较少，研究基础的聚焦程度不高。

2. 关键词共现网络分析

文献的关键词共现网络由 411 个节点、769 条连线构成，Modularity Q = 0. 7908、Weighted Mean Silhouette = 0. 9117。按照文本挖掘算法，引用每个聚类的施引文献关键词进行命名，8 个较大聚类的名称分别为 Organizational Learning、Purchasing、Foreign Direct Investment、New Product Development、Investment、3D

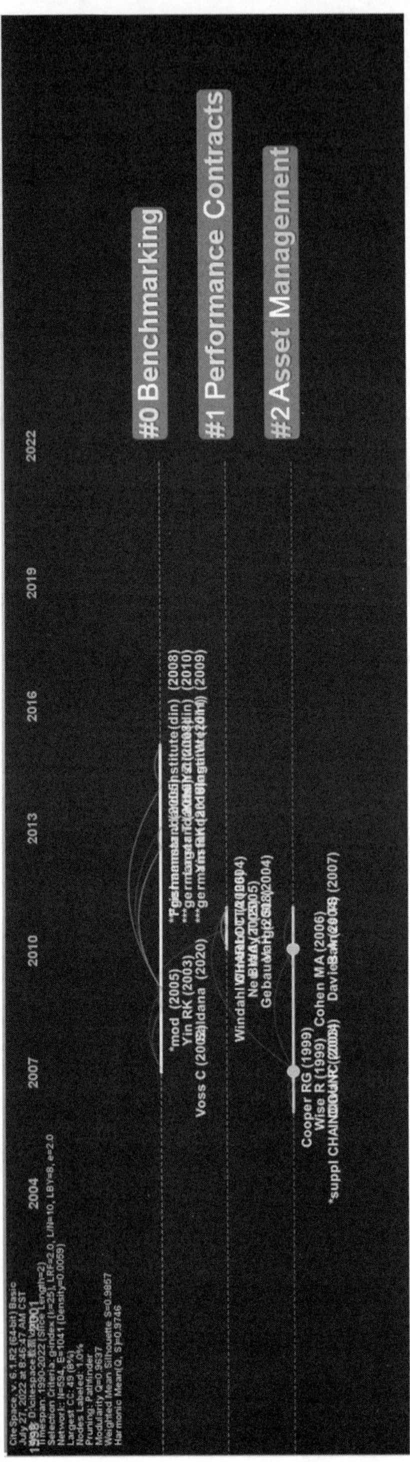

图 2-5 装备制造产业文献共被引网络时间线

引用作者	年份	突显值	开始	结束	1990~2022年
Grindley P.	1990	1.3	1992	1995	
Youssef M.	1990	1.45	1994	2003	
Hutcheson P.	1990	1.3	1994	1997	
Ball D.	1990	1.3	1994	1997	
Swift R.	1990	1.26	2006	2007	
Gebauer H.	1990	1.26	2006	2007	
Lin C.	1990	1.28	2008	2009	
Bahmani-Oskooee M.	1990	1.58	2010	2015	
Anwar S.	1990	1.72	2012	2017	
Chen S.	1990	1.29	2012	2015	
Wang Y.	1990	2.03	2016	2021	
Chen Y.	1990	2.28	2020	2022	

图 2-6　文献共被引网络中突显值排名前 12 的文献

Printing、Lean Manufacturing 等 17 个聚类（见图 2-7）。如图 2-8 所示，突显值排名前 4 的关键词分别是 Implementation、Integration、Optimization 和 Decision Making。其中，Implementation 的突显值最高，Integration、Supply Chain Management 和 Policy 的突显值活跃时间最长。文献研究的焦点围绕 Innovation Ambidexterity 及 Supply Chain Management 等展开。其中，Supply Chain Management 是早期装备制造业的研究重点，Policy 相关研究的延续性较好。总体来说，国外装备制造业的相关研究大都从以跨国公司（或发达国家）为核心驱动的全球化视角展开，早期的研究焦点围绕全球化的支撑服务，即全球化中的战略规划、人力资源管理、技术开发和采购等展开。中期由创新、知识、战略、集聚逐渐转向近期的决策、最优化、精益生产、选择和改进等主题。结合前文文献共被引网络分析结果及中国装备制造产业发展的现实状态，Organizational Learning、New Product Development、Lean Manufacture、Innovation Ambidexterity 及 3D Printing 等数字技术和数字经济方面的研究，将为装备制造产业升级提供重要的理论参考。

二、产业升级文献全局特征分析

（一）国内文献共被引网络分析和关键词共现网络分析

借助 Citespace 软件，本书分别运用文献共被引网络分析方法和关键词共现网络分析方法考察了产业升级研究领域的知识基础和研究前沿。本书获取了 CSSCI 数据库中 1998~2021 年所有字段为“产业升级”的中文文献共 1418 篇，以此来进行文献共被引网络分析和关键词共现网络分析。

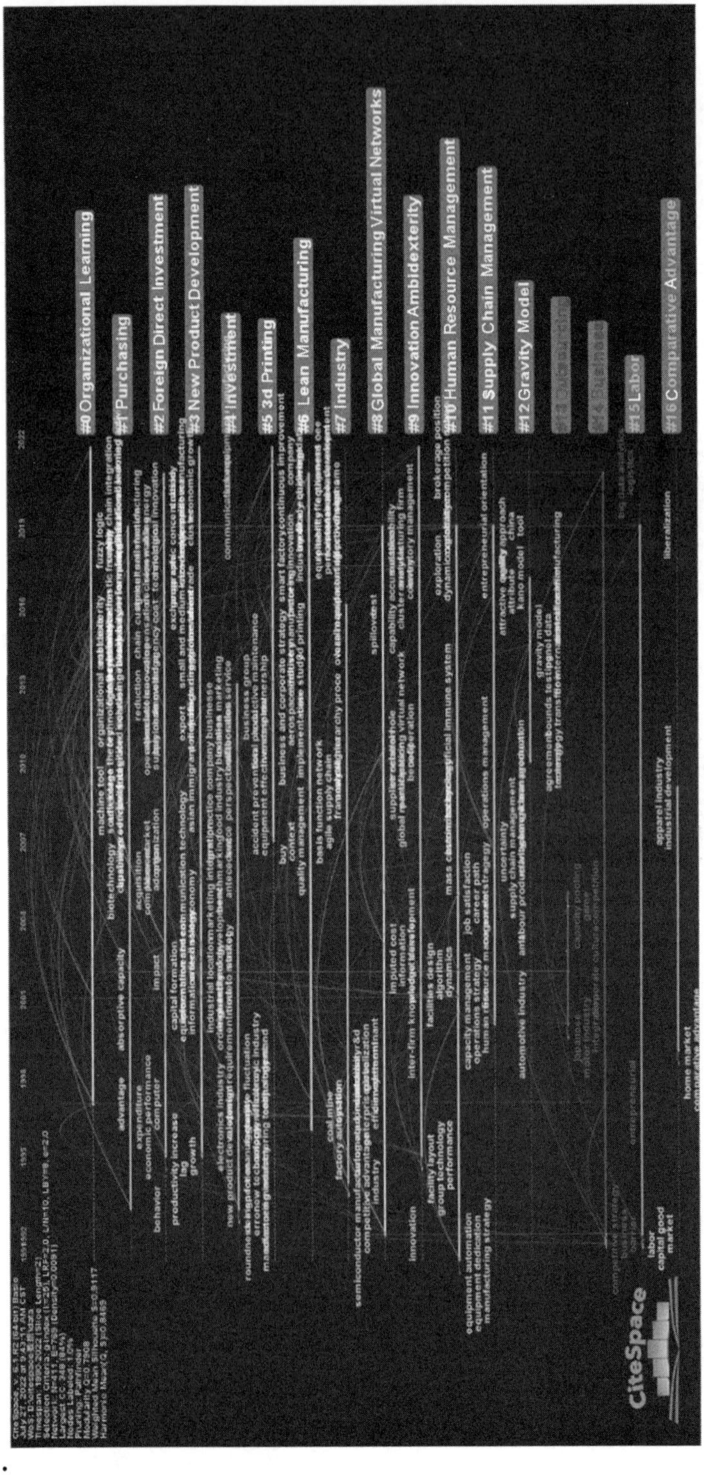

图 2-7　装备制造产业关键词共现网络时间线

关键词	年份	突显值	开始	结束	1990~2022年
Integration	1990	3.68	2006	2015	
Supply Chain Management	1990	2.56	2006	2015	
Management	1990	2.82	2008	2015	
Product	1990	2.55	2008	2011	
Policy	1990	2.86	2010	2019	
Innovation	1990	2.28	2012	2015	
Knowledge	1990	2.88	2014	2017	
Strategy	1990	2.43	2014	2017	
Agglomeration	1990	2.21	2014	2017	
Impact	1990	2.14	2014	2017	
International Trade	1990	2.43	2016	2017	
Implementation	1990	4.48	2018	2021	
Optimization	1990	3.51	2018	2019	
Decision Making	1990	3.05	2018	2019	
Lean Manufacturing	1990	2.53	2018	2022	
Selection	1990	2.53	2018	2022	
Improvement	1990	2.53	2018	2022	

图 2-8 装备制造产业高突显值的关键词

1. 文献共被引网络分析

1418 篇文献的共被引网络由 742 个节点、1986 条连线构成，共形成 66 个聚类，其中有 15 个聚类较大。文献共被引网络聚类的 Modularity Q = 0.7207、Weighted Mean Silhouette = 0.8277，聚类合理，模块性显著。按照 LLR 文本挖掘算法，引用每个聚类的施引文献关键词进行命名，15 个聚类的名称分别为全球价值链、国家价值链、互动关系、制造业、战略性新兴产业、对外直接投资、产业政策、绩效评价、产品空间、竞争格局、低成本创新、产业财政政策、台湾教育、区域创新网络、企业竞争力（见图 2-9）。全球价值链聚类活跃于 1998~2009 年。国家价值链聚类活跃于 1996~2017 年，引用频次最高的文献依次是刘志彪（2000）、张杰和刘东（2006）、江小涓（1998）的研究。互动关系聚类活跃于 2000~2018 年。制造业聚类活跃于 2005~2020 年，引用频次最高的文献依次是戴翔和金碚（2013）、贾妮莎和申晨（2016）、路风（2016）的研究。战略性新兴产业聚类活跃于 1995~2020 年，引用频次最高的文献依次是林毅夫和刘明兴（2004）、王缉慈（1999）、卢锋（2004）、姚洋和郑东雅（2007）的研究。对外直接投资聚类活跃于 2001~2016 年。产业政策聚类活跃于 2008~2017 年。绩效评价聚类活跃于 2001~2019 年。产品空间聚类活跃于 1999~2018 年。其中，突显值最高的 25 篇文献如图 2-10 所示。Humphrey 和 Schmitz（2000）研究的

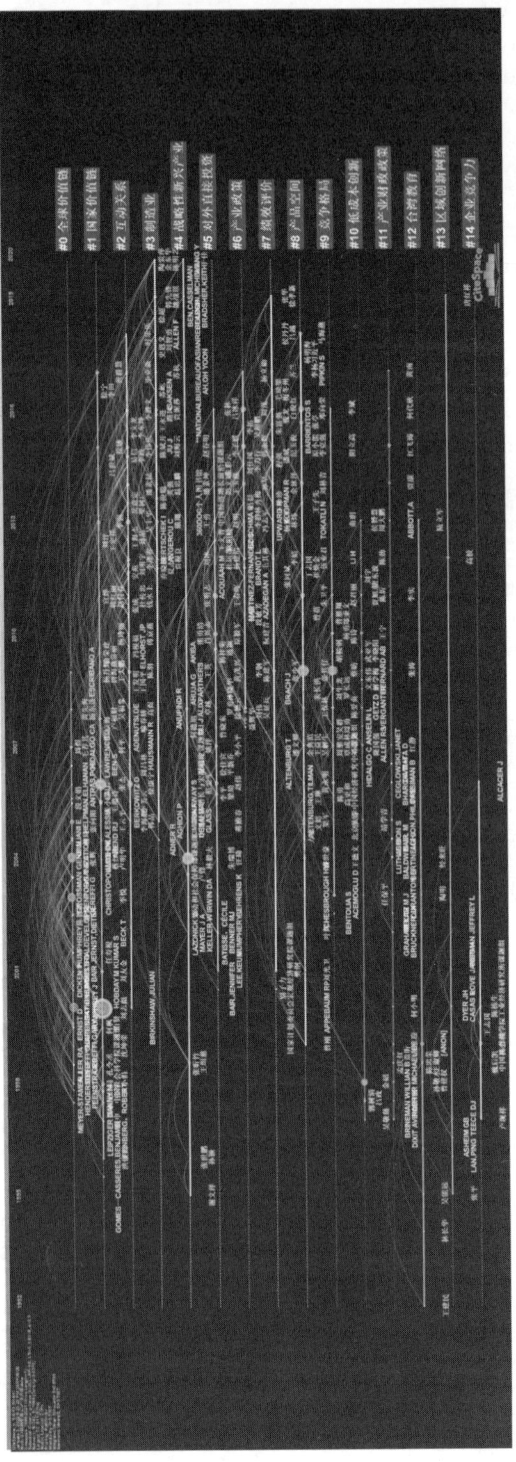

图 2-9　产业升级文献共被引网络时间线

突显值最高，达到 18.27。江小涓（1998）研究的活跃时间最长；Gereffi（1999）、张辉（2004）、刘志彪（2000）、蔡昉等（2009）研究的活跃时间次之，均达到 8 年。周茂等（2016）的研究是活跃于 2021 年突显值最高的文献。通过文献共被引网络分析可以发现，战略性新兴产业和制造业聚类的活跃时间持续到 2020 年，一定程度上表明了产业升级的研究基础和焦点始终围绕产业结构优化和制造业升级展开。国家价值链、互动关系、产业政策、绩效评价和产品空间是产业升级研究的重要知识基础，上述主题文献活跃的时间从 2000 年前后一直延续到 2018 年前后。

引用作者	年份	突显值	开始	结束	1998~2021年
江小涓	1998	5.71	2001	2009	
Humphrey J.	1998	18.27	2004	2010	
Gereffi G.	1998	15.18	2004	2011	
Kaplinslky R.	1998	3.85	2004	2007	
张辉	1998	13.98	2005	2012	
张向阳	1998	6.46	2007	2012	
刘志彪	1998	5.96	2008	2015	
卢锋	1998	4.11	2008	2009	
张小蒂	1998	4.21	2009	2014	
蔡昉	1998	6.96	2010	2017	
赵伟	1998	5.72	2010	2015	
金碚	1998	3.9	2012	2015	
刘明宇	1998	4.32	2013	2017	
李逢春	1998	3.81	2015	2021	
邓向荣	1998	9.14	2017	2019	
干春晖	1998	7.27	2017	2019	
戴翔	1998	5.17	2017	2021	
吴丰华	1998	4.97	2017	2019	
原毅军	1998	4.06	2017	2019	
周茂	1998	9.1	2018	2021	
纪玉俊	1998	5.21	2018	2019	
贾妮莎	1998	4.69	2018	2019	
余泳泽	1998	3.69	2018	2021	
韩永辉	1998	7	2019	2021	
黄群慧	1998	4.73	2019	2021	

图 2-10 文献共被引网络中突显值排名前 25 的文献

2. 文献关键词网络分析

1418 篇文献的关键词共现网络由 773 个节点、1304 条连线构成，Modularity Q=0.6186、Weighted Mean Silhouette=0.9587，聚类合理，模块性显著。按照 LLR 文本挖掘算法，引用每个聚类的施引文献关键词进行命名，12 个较大聚类的名称分别为产业升级、产业结构、创新、产业集群、技术创新、价值链、制造业、经济增长、技术进步、比较优势、科技创新、人力资本（见图 2-11）。如图 2-12 所示，按照时间顺序考察突显强度排名前 16 的关键词发现，产业升级领域的研究热点可分为两个阶段：第一阶段（1998~2013 年）和第二阶段（2013~2021 年）。第一阶段（1998~2013 年）的研究更关注“结构”。其中，结构调整出现时间最早、活跃时间较长、突显值最大。金融危机出现时间最晚、活跃时间最短、突显值仅次于结构调整，此关键词的活跃源于 2008 年全球金融危机的影响。经济发展活跃于 2002~2009 年，活跃时间最长、突显值不高，这表明产业升级相关研究与经济发展密切相关。第二阶段（2013~2021 年）的研究更关注“创新”。第二阶段突显值低于第一阶段，突显值最高的关键词是环境规制，其活跃于 2017~2021 年、突显值为 4.94。创新驱动活跃于 2013~2021 年是此阶段活跃时间最长的关键词。产业升级、产业集群、技术创新、价值链、制造业 5 个聚类持续活跃到 2021 年，始终是产业升级的研究热点。结合前文文献共被引网络分析，国家价值链、互动关系、产业政策、绩效评价的相关理论研究，将为装备制造产业技术创新、产业集群与产业升级研究的开展提供重要的理论参考。

（二）国外文献共被引网络分析和关键词共现网络分析

借助 Citespace 软件，本书分别运用文献共被引网络分析方法和关键词共现网络分析方法考察了产业升级研究领域的知识基础和研究概况。本书获取了 Web of Science 数据库 1990~2022 年所有字段为“Industrial Upgrading”的英文文献共 998 篇，以此来进行文献共被引网络分析和关键词共现网络分析。

1. 文献共被引网络分析

998 篇文献的共被引网络由 692 个节点、1280 条连线构成，形成 11 个较大的聚类。文献共被引网络聚类的 Modularity Q=0.9191、Weighted Mean Silhouette=0.9662。按照 LLR 文本挖掘算法，引用每个聚类的施引文献关键词进行命名，11 个聚类的名称分别为 Globalization、Digitalization、India、European Union、Skill Upgrading、Product Quality、Corporate Governance、Vietnam、Biomass Power Plant Industry、Morocco、China（如图 2-13）。Globalization 聚类活跃于 2004~2012 年。Digitalization 聚类活跃于 2019~2020 年，引用频次最高的文献依次是

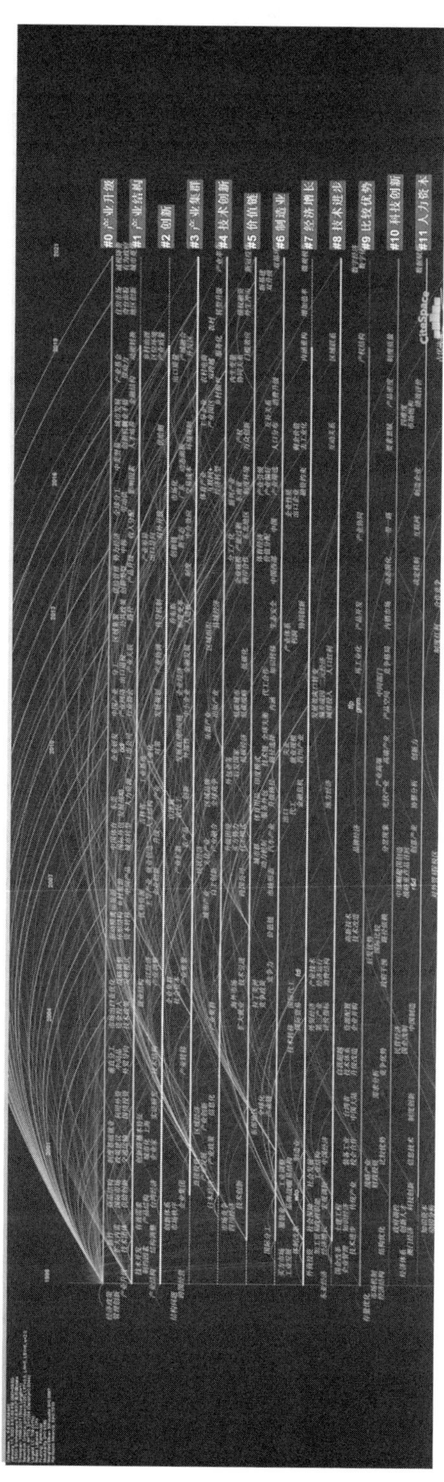

图 2-11 产业升级关键词共现网络时间线

关键词	年份	突显值	开始	结束	1998~2021年
结构调整	1998	6.91	1999	2004	
传统产业	1998	3.4	2000	2003	
产业结构	1998	4.19	2001	2005	
经济发展	1998	3.52	2002	2009	
加工贸易	1998	4.25	2004	2008	
自主创新	1998	5.35	2007	2011	
产业转移	1998	4.26	2008	2013	
汽车产业	1998	4.13	2008	2010	
金融危机	1998	6.37	2009	2010	
创新驱动	1998	3.56	2013	2021	
创新	1998	3.3	2013	2016	
制造业	1998	4.31	2016	2018	
环境规制	1998	4.94	2017	2021	
产品空间	1998	4.65	2017	2019	
中介效应	1998	3.64	2018	2021	
产品密度	1998	3.25	2018	2021	

图 2-12　产业升级高突显值的关键词

Lee 和 Malerba（2017）、Gereffi 和 Lee（2016）、Pipkin 和 Fuentes（2017）的研究（见图 2-14）。Skill Upgrading 聚类活跃于 2010~2020 年。总体来说，国外产业升级的相关研究大都从以跨国公司（或发达国家）为核心驱动的全球价值链、生产网络视角展开。产业升级的研究对象由早期的越南、中国等转向印度和欧盟。Digitalization、Skill Upgrading、Product Quality、Corporate Governance 及绿色低碳相关产业是产业升级研究的知识基础。

2. 关键词共现网络分析

998 篇文献的关键词共现网络由 631 个节点、723 条连线构成。按照 LLR 文本挖掘算法，引用每个聚类的施引文献关键词进行命名，10 个较大聚类的名称分别为 Global Production Networks、Regional Innovation System、Spatial Spillover Effect、Market、Technological Innovation、Wage、Open Innovation、Digital Finance、Democratization、Environmental Pollution（见图 2-15）。Global Production Networks、Regional Innovational System 和 Spatial Spillover Effect 是产业升级研究的主要聚类和焦点。如图 2-16 所示，按照时间顺序考察突显值排名前 14 的关键词发现，Technology Transfer 和 Industrial Cluster 两个关键词活跃于 2008~2017 年，

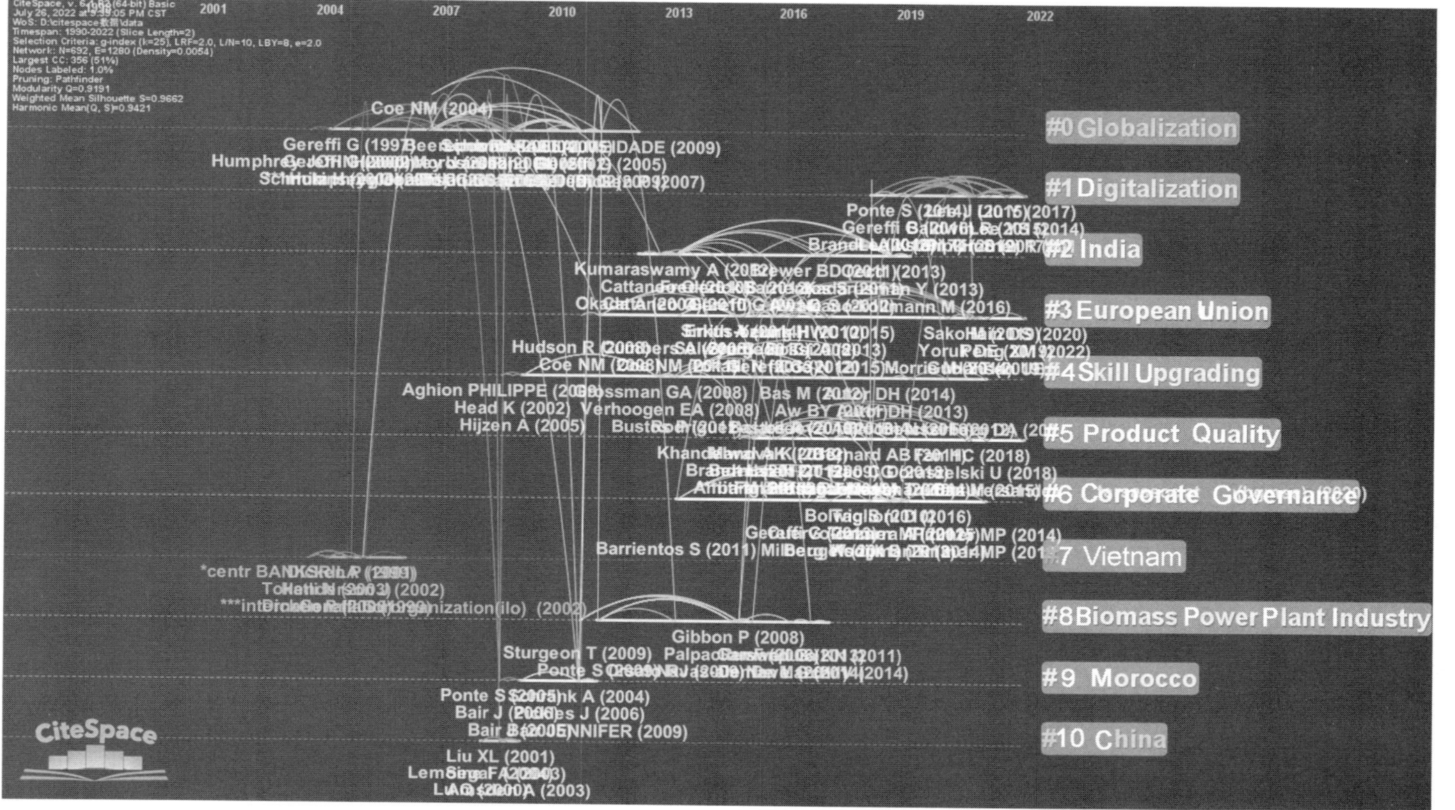

图 2-13 产业升级文献共被引网络时间线

引用作者	年份	突显值	开始	结束	1990~2022年
*World Bank	1990	4.11	1996	2009	
Amsden AH	1990	3.24	1996	2009	
Bair J.	1990	4.64	1998	2015	
*OECD	1990	5.11	2000	2011	
Humphrey J.	1990	6.8	2002	2011	
Ernst D.	1990	4.04	2002	2015	
Gibbon P.	1990	3.12	2002	2011	
Kaplinsky R.	1990	3.92	2004	2011	
Schmitz H.	1990	3.27	2004	2011	
Coe NM	1990	4.47	2006	2019	
Yeung HWC	1990	3.59	2010	2017	
Pickles J.	1990	3.3	2010	2015	
Cattaneo O	1990	3.3	2010	2015	
Tokatli N.	1990	3.28	2010	2019	
Barrientos S.	1990	3.29	2012	2019	
Brandt L.	1990	3.19	2012	2021	
Pavlinek P.	1990	3.26	2014	2019	
Pietrobelli C.	1990	3.24	2014	2019	
Anonymous	1990	8.54	2016	2019	
Lee K	1990	5.62	2018	2021	
Lin BQ	1990	4.76	2020	2022	
Lu Y	1990	4.26	2020	2022	
Song ML	1990	3.91	2020	2022	
Zhang YJ	1990	3.63	2020	2022	
Li K	1990	3.19	2020	2022	

图 2-14 文献共被引网络中突显值排名前 25 的文献

注：* 表示 World Bank 和 OECD 为组织，其余均为个人作者。

Global Production Network 和 Value Chain 活跃于 2010~2019 年，上述四个关键词活跃持续时间最长。Developing Country、Global Production Network、Performance、Technology Transfer 是突显值排名前 4 的关键词。从研究的时间脉络来看，Developing Country、Firm 和 Cluster 是早期产业升级研究的焦点。随着全球价值链和生产网络的快速扩张，Technology Transfer、Industrial Cluster、Capability、Value Chain 等成为 2008~2019 年非常活跃的研究主题。2020 年至今的产业升级研究围绕 Performance、Technology、Investment、Industrial Structure Upgrading 展开。结合前文文献共被引网络分析，围绕产业升级的 Greenization Digitalization 知识基础，以及 Industrial Cluster、Regional Innovational System、Open Innovation、Industrial Structure Upgrading 的关系梳理，对快速发展的中国装备制造产业升级路径探索具有重要理论意义。

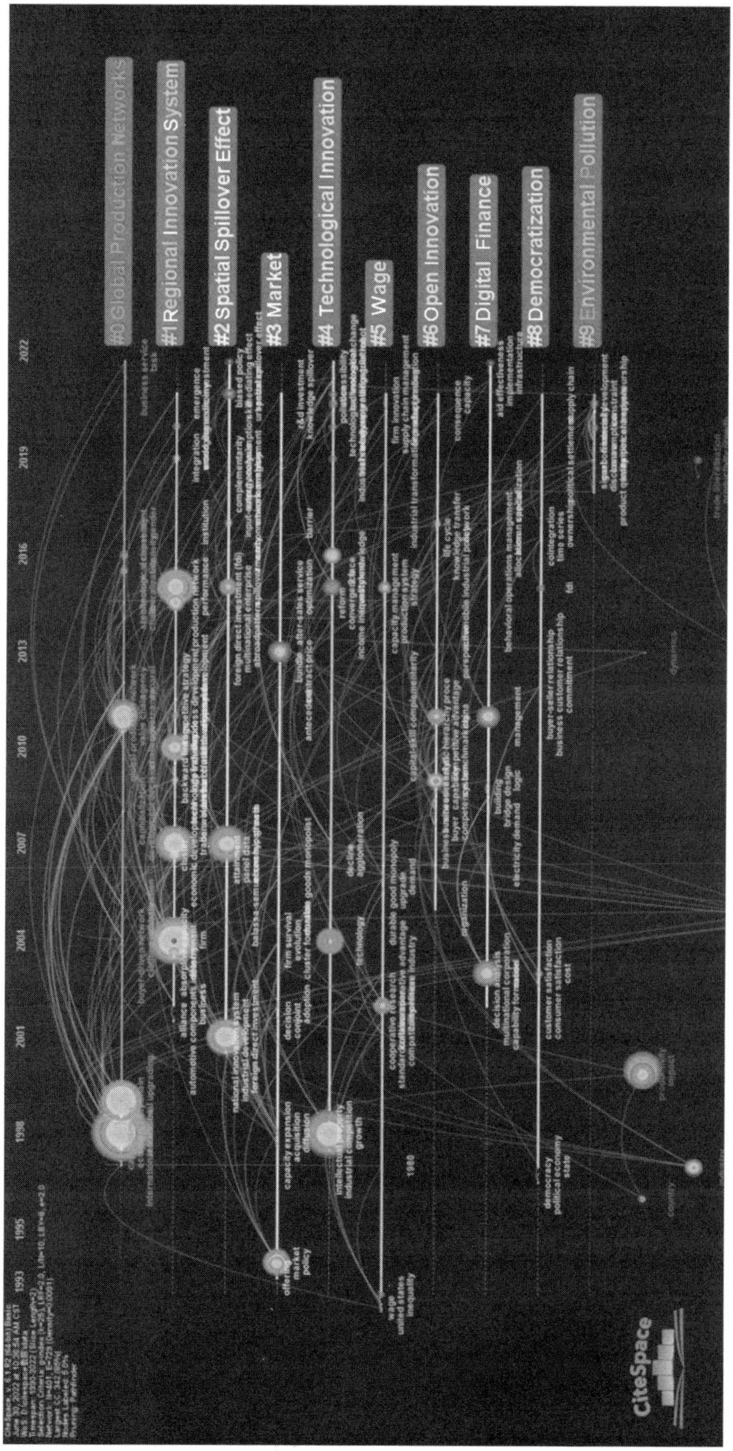

图 2-15 产业升级关键词共现网络时间线

关键词	年份	突显值	开始	结束	1990~2022年
Developing Country	1990	4.9	2004	2013	
Firm	1990	3.24	2006	2013	
Cluster	1990	2.8	2006	2013	
Technology Transfer	1990	3.63	2008	2017	
Industrial Cluster	1990	3.26	2008	2017	
Capability	1990	2.73	2008	2015	
Global Production Network	1990	3.89	2010	2019	
Value Chain	1990	3.56	2010	2019	
Production Network	1990	2.6	2014	2017	
Trade	1990	2.51	2014	2017	
Performance	1990	3.71	2020	2022	
Technology	1990	3.6	2020	2022	
Investment	1990	2.73	2020	2022	
Industrial Structure Upgrading	1990	2.64	2020	2022	

图 2-16　产业升级高突显值的关键词

三、文献述评分析框架

基于装备制造产业和产业升级的全局特征分析，可以通过梳理装备制造产业及产业升级、产业创新网络、核心企业、非核心企业、数字化升级、绿色化升级等相关研究的进展和趋势，为东北地区装备制造产业升级提供全面系统的理论支撑。其中，创新网络相关研究为跨边界创新网络演化分析奠定了坚实的知识基础。装备制造产业升级的文献分析框架如图 2-17 所示。

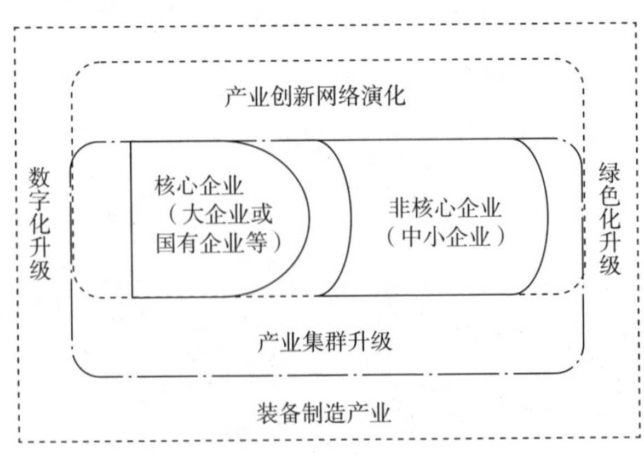

图 2-17　装备制造产业升级文献分析框架

第二节 装备制造产业升级国内外研究述评

装备制造业作为制造业的重要细分行业，不仅为中国工业发展作出了重要贡献，也因其在世界市场中的突出地位，成为世界工业供应链上的重要一环。中国机械设备、电信设备等装备制造产业在全球供应链上的位置十分突出（Vu，2015）。从一定程度上看，中国制造之所以可以享誉全球，很大部分原因是中国装备制造产业的快速发展。尽管缺乏直接面向装备制造产业升级路径与跨边界创新网络演化的相关研究，但是可以通过梳理装备制造产业及产业升级、产业创新网络、国有企业、中小企业、数字化、绿色化创新等相关研究的进展和趋势，为本书提供理论支撑。

一、产业升级的定位、机理与制约因素

每一个国家、地区的社会经济发展绩效与演进轨迹的要素构成与组织背后，都有其发展与变化的独特决定因素（路风和余永定，2012），这些因素可以归结为技术进步及其扩散、企业发展战略与组织结构、经济制度三个主要层面（Nelson，1993）。产业升级作为自由贸易与要素相对价格变化的自然演进过程（林毅夫等，1999），其背后的核心驱动因素无外乎技术、组织与制度。在不同的技术、组织、制度与空间的架构下，产业升级的内涵、定位、机理和因素不尽相同。通过过程升级、产品升级和技能升级来实现技术、市场、价值和效率的全方位提升是产业升级的最终目标（Tian et al.，2019）。现有关于装备制造产业升级的研究有限，有关东北地区装备制造产业升级的研究更是少之又少。通过梳理产业升级的相关研究，能够为东北地区装备制造产业升级的定位、机理与制约因素研究提供重要的理论支撑。产业升级的研究大体可分为产业结构升级、价值链升级、集群升级三类。其中，产业结构升级的研究大多数从主导产业带动制造业升级、比较优势演化、要素结构升级、飞雁式产业转移、自主创新能力提升等角度探讨产业结构的优化问题（洪银兴，2001；郭克莎，2003，2019；张其仔，2008；蔡昉等，2009；吴丰华和刘瑞明，2013；周茂等，2016；苏杭等，2017；毛盛志和张一林，2020），这一主题不在本书的研究范围之内，不进行详细阐述，重点讨论如下两个方面。

（一）价值链升级：产业转移与价值链延伸的协同关系

从价值链视角检视升级问题，这类研究本质上是探讨产业转移与价值链延伸的协同关系。发展中国家承接价值链下游环节的产业转移，这些生产环节虽然附加值低，但为产业发展提供了资本原始积累。随着发展中国家产业资本和技术条件的不断优化，产业发展的要素禀赋更适应产业链上的高附加值和高技术生产环节（Tian et al.，2019）。科技创新作为实现全球价值链地位变动的重要途径（Sanguinet et al.，2022），如何通过适当的外部条件催化，促进价值链的延展或提升，是价值链视角下产业升级研究的焦点。随着全球价值链上的国际分工与贸易体系逐渐形成（Gereffi，1999），越来越多的学者将产业升级与产业在全球价值链中的地位升级关联起来（Huizingh，2017）。全球价值链上的产业升级大多是以产品的价值增值程度为表征价值链延伸的落脚点（张杰等，2013），从形式上可划分为工艺升级、产品升级、功能升级和链条升级四个方面（Humphrey and Schmitz，2000；刘守英和杨继东，2019）。前两种升级强调价值链位置不变，效率和效益改进超越竞争对手，属于产业内升级。产业功能升级强调价值链的高端延伸与环节重组。链条升级侧重于价值链跃迁，通常依赖突破性创新实现，属于产业间升级。这四种升级方式普遍依循从流程升级向链条升级依次演进的发展规律（张辉，2004），这四种价值增值方式转换的背后是企业乃至产业核心独占性资源的动态演变。

改革开放以来，中国“出口导向”的发展战略逐步嵌入全球价值链体系，向产业链、价值链的高端环节渗透（杨高举和黄先海，2013）。刘维林（2012）认为在全球价值链模块动态调整的过程中，产品分工和功能分工双重嵌入可以通过知识扩散、动态能力、价值链治理及租金创造与分配实现升级进程。唐东波（2013）从全球价值链角度重新理解产业升级的内涵，将产业升级界定为企业在整个价值链条上向能够实现更高附加价值的环节转移。杨高举和黄先海（2013）以增加值率和生产率度量国际分工地位，研究表明，除了市场换技术的外部依赖因素，技术进步、要素协同升级与市场化配置是提高中国高技术产业国际分工地位的关键性内部动力，亦是推动产业升级的关键。吕越等（2016）用中间出口品的外国增加值比例来表示一国在全球价值链中的升级趋势，并认为融资约束是影响我国产业在全球价值链嵌入的关键因素。苏杭等（2017）认为在全球价值链分工背景下，发展中国家的制造业升级实质就是要素禀赋升级，是沿着劳动力要素驱动—资本要素驱动—知识要素驱动培育内生动态比较优势的过程，即向全球价值链高端环节攀升，实现制造业产业升级的过程。其中，技术要素是加快我国要素禀赋结构向创造性资产升级，形成动态比较优势的关键。产业升级归根结底是产业内企业结构调整与优化升级。王桂军和卢潇潇（2019）以企业全要素生产率刻画全球价值链分工体系下的企业升级，研究发现，“一带一路”倡议可以同时助推国有企业和民营企业升级，探寻国有企业与民营企业协同合作新模式，是加速中国产业升级和经济增长的有效路径。邵朝对和苏丹妮（2019）考察本地产业集聚对企业在全球价值链中的贸易利得和企业出口国内附加值率的作用关系，指出产业集群可以作为中国企业在全球价值链中升级的本地化路径。苏丹妮（2020）将企业全球价值链分工地位、本地化产业集群与企业生产率纳入统一的分析框架，研究发现，企业在全球价值链中的分工地位越低，越依赖本地化产业集聚提供价值链升级动力，企业的本地外部溢出效应越强；企业在全球价值链中的分工地位越高，核心技术和研发创新的保护机制越容易削弱与本地化产业集群的关联度，企业外部溢出效应越弱。

值得注意的是，行业异质性对融入全球价值链的产业升级模式和升级程度同样具有重要影响（Giuliani et al.，2005）。技术密集型产业升级离不开科技创新；资本密集型产业升级更多依赖资本有机结构优化、成本控制等手段；劳动密集型产业更注重品牌效应的积累和行业话语权。即便是在技术最简单的行业，中国企业仍然存在实质性的“合同”壁垒（Dallas，2014）。陈爱贞等（2008）通过纺织缝制装备制造业的案例分析发现，在全球价值链“买方驱动者”的各项标准制约下，纺织服装企业动态引进国外设备的行为，对上游本土装备制造部门的市场空间产生了挤压和替代效应，严重抑制了本土纺织装备企业的技术升级，更无法实现“研发投入—技术创新—市场份额上升—研发投入增加”的正向循环。制造业在产业链中的特殊位置决定了技术创新与产业升级的依赖关系（Chaoji and Martinsuo，2019）。装备制造业更是如此。中国装备制造产业在全球生产链中占据着重要的市场地位，但由于创新力不足，一直存在大而不强的现象。例如，在创新和成本竞争力方面，中国风力涡轮机制造商获得的国际专利较少，与全球同类产业学习率相比，学习率适中（Lam et al.，2017）。面对技术变革和全球装备制造业的科技竞争，全球价值链在位者应对竞争的反应速度决定了他们在价值链和供应链中的协同关系（Bartnik and Park，2018）。中国装备制造业的发展必须通过技术进步来提升产业创新能力，重塑制造业的商业战略（Smith，2013）。由链中学效应产生的 GVC 高端嵌入路径能够带动装备制造业完成整体转型升级，且对高科技行业的带动效应更强（潘秋晨，2019）。

上述研究以价值链升级表征产业升级，通过价值拆分更加准确地反映产业体系在全球价值链中的位置，从全球价值链视角检视中观或宏观维度的要素结构、技术进步、产业集群等，对企业或产业价值增值变化及价值链位置转换的影响，为本书研究提供有益的借鉴。然而，随着中国经济发展和人口红利的逐渐消失，劳动力工资不断上涨，客观上冲击了中国制造在国际分工中的比较优势地位。事实上，随着产业资本和技术的不断积累，在国际分工的要素禀赋的动态转化中，中国不断完善的基础设施和不断进步的科技水平已经赋予了中国制造业新的优势。例如，广东东莞以地区激励措施，鼓励包括本地化计算机数控机床和工业机器人在内的一系列产业实现生产线自动化转变（Sharif and Huang，2019）。产业内在的技术和人力资本升级成为全球价值链更新演进的根本动力（Landesmann and Stollinger，2019）。科技创新亦成为当前中国制造业转型升级的重要机遇（Ren et al.，2022）。受新冠疫情、中美贸易摩擦和复杂多变的国际形势的影响，全球价值链上的生产活动愈加收敛（杜大伟等，2017），呈现本土化、区域化和智能化特征（黄群慧和倪红福，2021），迫切需要我们在制造业产业体系内部，探寻培育创新发展内生动力的可操作性方法或路径。现有价值链升级的相关研究无法深入剖析价值提升和位置升级背后的深层驱动力量和作用机制，也难以反馈数字化升级对制造业发展的逆全球化、区域化、本土化效应。有关产业集群网络的研究或许可以为解释产业升级的内生动力培育与实现机制提供一种有效尝试和探索。

（二）集群升级：生产能力、创新能力动态协同演化

产业集群作为行业技术学习和工业升级的重要载体和复杂形式（Mehri，2015），深刻影响着产业发展（Sanguinet et al.，2022）。这类研究大都围绕产业集群及集群企业的动态能力（Teece and Pisano，1994）展开，在产业集群及企业内部探寻核心竞争优势的发展与演变的规律；强调产业集群、企业的发展路径或轨迹依赖产业集群、企业的动态学习能力，以及与外部区域、国家创新系统乃至全球价值链网络的互动演化，不断调整、重构、再造其资源的能力（Teece et al.，1997），具有一定的路径依赖效应。产业集群作为发达国家和发展中国家工业化进程中一种普遍的模式或现象，对中国经济发展具有重要的支撑作用。随着产品国际分工与特定环节在区位上的产业集聚两种力量共同推动全球价值链的动态演化（张少军和刘志彪，2009），散布在全球价值链上的众多空间分散、区域集中、分工合作的地方产业集群，在金字塔式的价值空间体系中时刻上演着升级与反升级的激烈竞争（张辉，2005）。东亚地区的快速工业化过程就是以产业集群为载体的（阮建青等，2010）。

随着中国地方产业集群逐步嵌入全球价值链，外部价值增值与跃迁的巨大动力加速了中国地方产业集群的功能升级，以及集群内部价值环节的工艺水平提升和价值链延伸，却难以摆脱低端锁定的困局（黎继子等，2005）。阮建青等（2010）认为产业集群中的地方政府、企业家行为有助于产业集群的质量升级，实现制造业产业升级。尤其是在危机冲击后，政府政策会更好地促进产业集群产品质量的升级（Hu et al.，2021）。徐康宁和冯伟（2010）认为中国产业升级的关键在于企业创新能力培育。刘明宇等（2010）从关系性嵌入生产服务和结构性嵌入生产服务视角，阐释了中国制造产业体系内生产性服务业与制造业的协同演进，是实现产业升级的循环累积因果关系。阮建青等（2014）将产业集群演化模型与产业升级路径理论结合，构建了集群动态演化的三阶段模型，阐释了产业集群由数量扩张向质量提升，再向研发与品牌创新转变的升级过程。其中，区域比较优势变化是集群由二阶段向三阶段转变的主要原因。邓向荣和曹红（2016）从能力积累角度拓展产品空间理论，解释中国产业升级的动态演进路径，指出生产能力累积是引发产业持续跨越式发展与升级的重要原因。中国装备制造产业的核心技术与关键共性技术研发主体缺位，难以形成系统性创新，是产业创新单点式、边缘化的成因（邓向荣和曹红，2016）。对于技术驱动的行业，集群的意义更加不可忽视（Boehme et al.，2021）。技术进步下的知识转移深刻地影响着企业的经营及思维方式，并且可以提高企业的吸收能力（Wu and Hsu，2001）。除此之外，技术合作的作用也应该得到重视。刘志彪和吴福象（2018）认为培育世界级先进制造产业集群，是我国依托“一带一路”倡议构建全球经济治理平台，摆脱单一东向开放模式、全球价值链低端锁定及区域经济发展不平衡困境，重塑双向开放的国内国际双循环价值链和面向全球开放的新经济格局的重要方式或途径。

上述产业集群升级的相关研究从生产能力、系统性创新、集群演化、产业协同、行业属性等视角，深入阐释了以集群为载体的产业升级的内生动力、运行机制和以集群为载体的国内国际双向价值链构建和嵌入的过程，为本书提供重要的理论支撑。同时，展现了中国制造产业集群尤其是装备制造产业集群升级存在的诸多问题。产业集群作为中国企业全球价值链升级的本地化路径（邵朝对和苏丹妮，2019），在嵌入全球价值链低端环节的过程中，能够为核心企业价值链升级提供协同动力。但是随着核心企业的分工地位升级，累积独占技术能力的核心企业与集群的本地化关联逐渐转弱（苏丹妮，2020），某种程度印证了中国装备制造产业集群存在核心技术与关键共性技术研发主体缺位、系统性创新不足（邓向荣和曹红，2016；张强和高柏，2019）、集群非协同演化、产业体系协同性差（刘明宇等，2010）等诸多问题。随着新一轮信息技术革新对传统制造业的渗透、解构与重组，以及能源结构转型的迫切需求，产业集群如何支撑中国装备制造产业向数字化、绿色化转型升级，如何放大系统协同效应，如何支撑产业链、创新链协同发展与同步跃升，如何加快构建起双向开放的国内国际双循环价值链，如何实现全球价值链同步升级，是一个亟须我们从理论和实践进行深入分析和探索的问题。

装备制造产业的平均要素边际产出高，对整个工业经济的带动作用明显，对非装备制造产业具有显著的溢出效应（孙晓华和田晓芳，2011）。产业集群作为产业网络与社会网络连接的重要模式，对装备制造产业和区域经济的发展具有重要的推进作用（李凯和李世杰，2004）。产业集群发展的资源条件、产业基础、技术优势和发展环境等既是装备制造产业发展的有利条件，也是制约因素（刘凤朝等，2005）。资源、信息、关系、技术的联结会影响装备制造企业网络化成长的路径选择（贾晓霞，2016），形成产业空间集聚的特征差异（吕卫国和陈雯，2009）和结构升级的模式差异（王国跃和李海海，2008）。

装备制造产业的研究主题也可划分为全球价值链升级和集群网络升级两个主题。有关全球价值链的研究一般从全球价值链、产业链视角，分析全球价值链的定位（林桂军和何武，2015）、产业结构升级机理（綦良群和李兴杰，2011）、升级制约因素（任曙明等，2012）及制造业服务化（刘斌等，2016；段海燕等，2017）等。装备制造产业集群网络演化（李凯和李世杰，2004；姜博等，2019；祝建辉等，2021）及技术创新效率（刘元才等，2007；王伟光等，2011；徐建中等，2019；王成东等，2021）是产业发展内生动力培育的关键，自始至终都是国内学者关注的焦点。随着微观层面的企业组织创新与发展路径相关案例分析（李坤等，2014；金玮等，2021）的广泛开展，信息技术加速了产业变革和逆全球化趋势，将装备制造产业数字化推向研究焦点。从企业战略层面开展企业数字化创新与组织重构的构成，需要广泛参与、精准匹配的价值共享机制，来实现跨产业的“联动赋能”（刘启雷等，2022），这些研究从多角度分析了装备制造产业发展的要素、结构、动力和机制，为装备制造产业升级提供了研究支撑和发展方向。拥有跨产业异质性资源的创新主体互动互补特征更加明显，产业集群创新合作呈现显著的本地集群互联模式（周灿等，2019）。

有关多集群关系的研究主要聚焦于相同产业集群。这些研究调研了美国的移民科学家或工程师，通过分析移民创新者与出生国家的联系，考察了美国硅谷对印度、中国等亚洲新兴经济体产业集群技术溢出的正效应（Saxenian，2002）。新兴经济体的人才外流削弱了该地区的知识网络，形成了负效应。这种正负效应的叠加被称为创新移民净效应，其中印度的创新移民净效应为正（Agrawal et al.，2011）。王雷和池巧珍（2014）的研究得到了一致的结论。他们发现本地网络联系对集群企业创新绩效具有正向的直接效应和间接效应，而全球网络联系仅有正向的间接效应。尽管假设一个区域仅存在一个产业集群网络是不现实的，但本地集群之间的关系鲜有研究讨论（Lu et al.，2016）。少数研究考察了地理邻近集群之间的互惠和竞争效应（Zhang et al.，2009；Lu et al.，2016；施昱年和张秀智，2012；王国新，2010）。这些多集群关系的研究或考察同产业、异地产业集群之间的技术溢出，或考察地理邻近的产业集群对本地资源的整合与分配，鲜有研究探讨本地不同产业集群在技术轨道融合中的内在关联与作用机制。

装备制造产业升级本质上是产业核心竞争力的内生形成过程（黄群慧和贺俊，2015），需要我们准确把握数字经济形态下装备制造产业集群网络的发展规律和运行机制，通过数字化、智能化、绿色化、协同化、全球化生产创新协作，获得持续的集群生态优势（朱国军等，2019）。已有研究忽略了核心资源或能力的内生、演化过程，尚未明确提出装备制造产业升级的具体路径，产业集群网络的跨边界创新融合与演化或将成为装备制造产业数字化发展的有效实现途径。

二、产业创新网络的结构与演化：产业升级的内在驱动机制

在产业创新网络的现有文献中，鲜有关注装备制造产业升级路径的研究。本书发现东北地区装备制造产业缺乏生产工艺或产品整合的系统性能力，创新网络的研究重点是网络层面系统性能力的内生与演化，创新网络的演化分析或能为装备制造产业升级路径分析提供理论工具。一些学者认为创新网络起源于本地集群网络的地理邻近和社会邻近（吕国庆等，2014）。这与关系经济地理学者提出的全球集群网络论断相吻合（周灿等，2019）。企业创新具有本地化特征，即趋向于一个特定的地理区域，形成空间集聚（克拉克等，2005）。创新网络作为由产业集群静态优势演化而来的动态网络（蔡宁和杨闩柱，2004），将拥有差异化“社会资本”的参与主体纳入创新网络，形成个人关系、组织关系、社会关系的多重嵌套（Granovetter，1985），演化为迎合系统性创新的一种有效的制度性安排（Imai and Baba，1991），成为产业技术创新得以开发、引进、改进和扩散的重要媒介。在创新网络的区域基础和本地化特征基础上，有学者提出本地化网络全球化发展的观点（克拉克等，2005），将制度、体制、区域或国家发展战略等

融入创新网络，形成区域创新网络、国家创新系统乃至全球创新网络等。一个能够创造、储存并传递知识、技术和新工艺的相互联系的制度系统（Metcalfe，1995），为区域、国家乃至全球化发展提出了一个网络层面的诠释。产业创新网络衍生于产业集群，却超越了集群的地理空间边界，汇聚了跨地区、跨产业、跨组织的异质性资源，为系统性创新提供了有效的支撑，成为市场与组织交互渗透的一种制度性安排（Imai and Baba，1991）。

（一）创新网络：一种支持持续多元化创新的机制

在装备制造产业通过技术创新实现加速发展的进程中，创新认知、创新投入与组织文化等多种因素会影响装备制造企业的技术创新意愿和行为（徐建中和曲小瑜，2015），但创新意愿和行为并不等同于装备制造企业具有交互学习、资源集成、创新产出的能力（李随成和姜银浩，2009）。装备制造企业的技术创新效率和作用效果通常受到政府补贴（任曙明和吕镯，2014）、产业环境、集群网络（夏海力等，2016）、创新资金投入和人力资源投入（王成东等，2021）等多种因素的影响。其中，集群创新提升了技术创新效率，但阻碍了技术创新多元化（夏海力等，2016）。一个支持集群持续多元化创新的机制，更有助于装备制造产业集群网络技术创新体系的形成（王伟光等，2011）。通过本地化技术创新培育产业发展的内生动力，是中国高端装备制造产业由“躯干国家”制造向“头脑国家”制造转型的唯一路径（李坤等，2014）。

创新网络是企业之间交互作用的关系结构，其形成和演化通过网络关系的持续交互作用实现（Halinen and Törnroos，1998）。一方面，网络中企业能力与网络之间存在非递归的、累积性的、自我强化的关系。另一方面，创新网络层面的演化受网络异质性的影响，如异质性的文化等。产业集群网络在差异化的参与主体、合作关联、结构和功能的层级嵌套融合下，会形成不同的创新关系结构（Menrad，2004；陈伟等，2012；Arranz and Fdez. de Arroyabe，2012；李志刚等，2020）、关联强度（池仁勇，2007；蔡宁和潘松挺，2008；解学梅和左蕾蕾，2013；刘学元等，2016）、网络惯例（党兴华和孙永磊，2013；魏龙和党兴华，2017）、协同机制（范太胜，2008；刘丹和闫长乐，2013）、开放性（应瑛等，2018；杨震宁等，2021）等结构特征和创新效应（李志刚等，2007）。创新网络衍生于集群网络，却并不局限于集群网络的地理边界。一般认为，创新网络结构的开放性越强，越有助于网络绩效的提升。另外，网络成员的交互关系（Menrad，2004）、适宜的网络结构（Arranz and Fdez de Arroyabe，2012）都是创新网络绩效的重要影响因素。窦红宾和王正斌（2010）通过对西安通信装备制造产业

集群中106家企业的调研访谈与实证研究发现，外部网络强度、网络稳定性、网络密度对集群企业的创新绩效有显著影响，同时还能提高企业自身的吸收能力，更利于获取外部信息和知识资源，促进创新效率的提升。李柏洲和周森（2012）通过对中国航空装备制造企业的研究发现，面对面交流和编码信息共享这两种外部知识获取方式，对组织内部知识共享方式和企业技术能力具有显著正向影响。戚湧和刘军（2017）研究江苏装备制造业创新网络后发现，高校在创新网络中处于核心位置，企业在创新网络中的位置会影响企业的创新潜力。祝建辉等（2021）探索了中国航空装备制造产业专利合作网络的拓扑结构及演化规律，发现企业在专利合作网络中占主导，网络整体松散、合作不够紧密，网络的无标度和小世界特征明显，其中中国商用飞机有限责任公司等重要节点把握着技术合作的大方向；网络节点中北京、上海、广东的核心位置最为稳定，辽宁、山西、江苏的核心地位上升明显。以上研究解释了衍生于集群网络的创新网络作为资源集聚、交互学习、提升创新产出的一种有效机制，对培育装备制造产业内生动力具有重要的参考价值和借鉴意义。上述研究多集中于创新网络的内部结构、关系节点与创新绩效的关系等，尚未突破网络的边界，将跨产业网络融合纳入研究的范围。

（二）中心—外围结构：普遍存在于装备制造产业创新网络

企业的发展阶段、技术实力、合作创新模式、运行机制及产业领域都会影响产业集群创新网络的动态演化（Dantsa and Bell，2011；郑素丽等，2021），其中企业内生力量与企业合作驱动是影响创新网络发展的核心要素（柏晶菁和李俊峰，2021）。核心企业是产业集群创新网络中的主导力量，对非核心企业乃至集群的发展具有至关重要的作用（田茂利等，2012）。在产业集群创新网络中，核心—边缘型网络结构①普遍存在于高新技术产业（王伟光等，2015）、航空制造产业（胡京波等，2018）、轨道交通装备产业（宋娟等，2019；贺正楚和刘亚茹，2019）、汽车制造业（郑秀恋等，2020）、信息通信技术产业（朱国军等，2019；周灿等，2019；郑素丽等，2021）等装备制造产业。处于中心位置的核心企业或小集团②控制着网络的关键资源和关系网络，并在一定程度上承担着网络

① 奇达夫和蔡文彬（2007）在《社会网络与组织》一书中将网络分为目标导向和偶得网络，并提出目标导向网络具有中心领导者作用，表现为核心—边缘的集中化网络；偶得网络不存在领导中心，表现为松散连接的非集中化网络。中心—外围型网络结构在社会网络中普遍存在，内在结构大都由核心、初级圈和次级圈三个层次组成。

② 小集团是指一个群体中的子群体，其成员彼此之间的平均喜爱程度超过了对其子群体外（大群体内）的其他成员的喜爱程度（奇达夫和蔡文彬，2007）。

内的冲突管理和协调功能（尹博，2012；王伟光等，2015；吴松强等，2017；倪渊，2019；顾桂芳等，2020）。核心企业控制力（王伟光等，2015）、差异化的领导风格（谢永平等，2018；李宇等，2021）和治理能力（曹宁等，2017；王建军等，2020）影响创新网络的动态演变和创新效应。处于边缘位置的非核心企业通过知识反哺核心企业（王慧等，2018），更愿意构建共同愿景实践技术创新（王石磊等，2021），通过用户交互、试错学习、快速迭代、跨界整合、单点突破等相互耦合又层层递进的微创新实施（周青等，2020），实现自主技术创新或创新网络嵌入（全裕吉和陈益云，2003）。尽管核心企业控制并影响着创新网络中的非核心企业，但非核心企业的创新成长亦可以逆向激励核心企业，甚至强化或不同程度地解构其技术体系，对核心企业及网络演化产生影响。产业创新网络中不断涌现的企业间合作断链及重连（张卓和魏杉汀，2020）、网络分裂断层（杨毅等，2018）及融合、核心企业裂变创业（李志刚等，2020）与非核心企业逆向突破等都在不断重塑产业创新网络生态，推动创新网络演化。

（三）产业融合：加速跨边界创新网络演化

在生产全球化的背景下，产业和企业的内部特征差异是真正主导产业升级效果和路径的关键因素。李凯和李世杰（2005）将装备制造业集群要素间的经济联系和内在产业关联抽象为制造企业耦合、集群产业耦合及区域社会网络耦合三层结构，深入探讨了集群网络发展的要素耦合机制及影响因素。贾晓霞和赵萌萌（2014）通过对海洋装备制造企业转型的研究发现，垂直供应联结、垂直协调联结、水平竞合联结和水平互补联结与海洋装备制造企业转型升级存在差异化的关联特征。徐建中和曲小瑜（2014）通过对 95 个装备制造企业团队（包含 441 个团队成员）的研究发现，团队跨界行为中的使节行为、协调行为、侦测行为与团队创造力具有显著的正相关关系，知识交易具有中介作用。许多企业同时服务于多个价值链，多链企业比那些主要通过全球价值链出口的企业有更好的升级前景（Navas-Aleman，2011），不同领域的技术融合对创新具有重要意义。另外，服务范围更广的企业抵御风险的能力明显更强。姜博等（2019）研究发现产业融合程度对中国装备制造业创新效率具有先促进后抑制的作用；网络中心性越强，产业融合对装备制造业创新效率的促进作用越强；网络异质性越强，产业融合对装备制造业创新效率的促进作用越弱。产业融合逐渐成为跨边界创新网络演化的方式和趋势。随着以人工智能技术为核心的新一轮科技革命的不断深入和能源结构转型的迫切要求，产业集群创新网络的虚拟化融合趋势逐渐显现。朱国军等（2019）研究发现互联网核心企业同时嵌入本地和超本地的知识网络，在基础数据沉淀、知识权力集成和集群生态迭代三个阶段的开放式交互作用中，不断提高集群知识网络的领导权和复合竞争力，并通过平台架构、数据整合、知识引领、匹配协调促进集群网络的动态演化。朱春阳和曾培伦（2020）通过研究动画产业集群创新网络的结构性变化发现，基于网络平台的“增量改革”模式正在推动我国动画产业集群创新网络由地理集群向虚拟集群转变。以数字平台为基础的系统性创新生态，为生产端和需求端提供了互补共享、价值共创的协作平台（张宝建等，2021），通过模块化技术架构保证了参与方的便利和独立性，同时又通过关系专用性投资强化了参与方对平台的黏性和忠诚，逐渐改变了企业基于内外资源整合的价值共创和平台生态的动态迭代（Li et al.，2019）。数字技术和平台生态通过标准化接口和个性化模块的聚合，以及更多显性知识和隐性知识的流动与快速对接，加速数字化生产生态的系统性演变（张宝建等，2021）。上述研究显示了创新网络跨产业融合的发展方向；在信息技术推动产业变革的情形下，创新网络还显现出了虚实融合的发展方向，这些研究为跨边界创新网络的演化和发展提供了重要的理论参考。随着数字经济的逐步建设和发展，创新网络如何通过跨边界创新融合支撑装备制造企业乃至产业体系数字化转型，成为一个亟待研究和破解的重要议题。

三、作为产业创新网络核心的大企业、国有企业创新

随着科学技术的不断进步，科技创新能力在产业发展中的作用越来越重要。技术进步能够在短时间内大大提高产品的性能（Ramachandran and Krishnan，2008）。对于大企业而言，相比供应链网络对产业升级的重要意义，研发能力是更具决定性的影响因素。尽管研发创新对产业升级的效果会受到多重因素的影响，但研发实验室对企业升级的战略意义毋庸置疑（Martinez-Covarrubias et al.，2017）；跨国公司等大型企业积极的技术研发为产业升级提供了更多的机会（Sass and Szalavetz，2014）。大企业在创新中的主导地位（Bergman et al.，2006）使之更易成为合作伙伴关系网络的中心（Corallo et al.，2008），并影响着小企业、大学、研究机构的关联。以大企业为中心的合作伙伴关系网络是一种有效的创新系统（Corallo et al.，2008），其与区域的国际化水平密切相关（Albino et al.，1998）。这些大企业或核心企业通常具有较强的网络组织和管理能力，能够促进技术创新快速扩散（Cho et al.，2012），并显著增强创新网络中成员的产出绩效（Spralls et al.，2011）。

（一）创新网络中的核心企业形成、发展与升级路径

创新网络作为企业之间交互作用的关系结构，其形成和演化通过网络关系的

持续交互作用实现（Halinen and Törnroos，1998）。竞争关系和合作关系都是促进核心企业创新的影响要素，但竞争关系对核心企业创新的影响存在“由正转负”的作用变化（项后军，2011）。此外，在创新生态中，客户的异质性和稳定性也是影响核心企业创新绩效的重要因素。客户异质性促进了核心企业的创新绩效提升，而客户稳定性抑制了核心企业的创新绩效提升。核心企业的企业年龄与所处的创新环境也是影响客户异质性和稳定性与核心企业创新绩效关系的调节变量（柳卸林等，2018）。创新网络还是企业获得外部关键性创新资源、提升竞争优势的有效平台。内嵌于创新网络中的企业，结合自身差异化的发展战略、创新能力和核心竞争力，会形成特定的网络升级路径和价值获取轨迹（Whitfield et al.，2020）。通常，网络节点的知识存量、知识影响力及节点间的知识匹配程度是影响核心企业形成及形成时间的重要因素（贾卫峰等，2018）。新一代信息技术不断变革装备制造产业的生产体系、组织架构和商业模式，不断演化的创新网络有助于企业获取数据化、协同化、智能化、全球化的竞争优势。朱国军等（2019）研究发现互联网核心企业通过同时嵌入本地知识网络和超本地知识网络来实现基础数据沉淀、知识权力集成和集群生态迭代三个阶段的升级，开放式交互作用中的裂变提升与动态演化可以提高集群知识网络的领导权。其中，平台架构、数据整合、知识引领、匹配协调是互联网核心企业成长的关键要素，有助于形成复合竞争力，构成互联网核心企业成长的要素框架。朱国军和孙军（2021）通过对海尔的“传统制造业企业互联网转型成长”及小米的“互联网企业跨界融合成长”的探索性案例分析发现，以学习、整合、协同能力为能力基础，以开放式数据平台汇聚战略资源，加速创新生态圈与互联网融合，是智能制造核心企业不断提高创新生态位和中心度的一般规律。也有学者认为集群打造多核心企业的新兴技术创新网络结构，能够减少非核心企业的“搭便车”现象（曹兴和马慧，2019）。现有关于集群创新网络中核心企业形成、发展与衰落（被替代）的相关研究较少，上述研究为理解集群生态的迭代升级与持续优势的形成和发展过程提供了重要的理论参考，有助于把握核心企业成长和网络演化的基本规律。

（二）核心企业控制力、发展战略与创新网络演化

1. 核心企业主导的创新网络结构、特征与绩效

大企业的技术集成与创新优势，是中国装备制造产业集群由要素网络连接模式向价值链主导模式转变的重要驱动力量（王国跃和李海海，2008）。这些企业通常是产业创新网络中的核心企业，更是集群发展的主导力量，对非核心企业乃至集群的发展具有至关重要的作用（田茂利等，2012）。国内早期有关核心企业

的研究主要以案例研究的形式开展，围绕产业集群网络的成员、结构及互动行为展开。池仁勇（2005）通过研究浙江省中小企业创新网络发现，该网络存在中心节点、关系固化、区域分块、功能低等问题，提升和改造中心节点的功能是提升创新网络功效的关键。田茂利等（2012）通过吉利创新网络及竞争优势的变化研究发现，集群中的核心企业的网络位移与其网络结构和动态竞争优势有着密切的联系。许强和应翔君（2012）通过对张江生物制药产业集群、中关村电子信息产业集群、柳市低压电器产业集群和顺德家电产业集群四个典型案例进行比较分析，发现传统产业集群与高技术产业集群中的核心企业在协同创新行为、范围与程度上存在显著差异。胡京波等（2014）以 SF 民机转包生产商为研究对象，探讨航空复杂产品创新生态系统演化的特征、原因和核心企业创新的轨迹；研究发现以民机转包生产商为核心企业的复杂产品创新生态系统经历了零部件转包生产、大部件制造和风险合作式研制三个阶段；每个阶段企业所面临的创新挑战呈现不同特征，既包括上游组件供应商低—中—高的创新挑战，也包括来自客户的创新挑战，还包括下游互补方的高水平创新挑战。在创新生态系统中，组件供应商与下游互补方的创新挑战深刻地影响着核心企业的创新轨迹，客户—组件供应商的动态关系推动了航空复杂产品创新生态系统的演化。郑秀恋等（2020）对包括一汽大众在内的创业供应链上下游的四家企业进行探索性分析，发现创业供应链为上下游企业带来了互补资源，其中核心企业识别最终用户市场需求，以利用式和探索式资源整合方式把握机会，为非核心企业带来更多的机会。

企业是技术创新的主体，不同企业的研发创新效率存在企业性质上的显著差异（Chen et al.，2017）。这些企业在利用创新推动产业升级的发展过程中也存在显著的功能差异。在东北地区装备制造产业中，国有企业作为国家政治战略、区域目标的实施载体（Rentsch and Finger，2015），多占据着集群网络的中心位置（王伟光等，2015）。自 20 世纪 90 年代起国有企业就已成为“技术扩散中心”，承担着部分技术公共物品提供者（刘元春，2001）及“创新孵化器”的角色（王伟光等，2015），并通过承担不确定较高的和外部性较高的创新活动，以及相应的外部性传导机制，实现对区域创新效率的促进作用（程强等，2015）。国内外关于国有企业主导的创新网络的研究较少，相关研究停留在国有企业的宏观功能、微观效率及技术创新外部性层面，国有企业主导的集群网络、国有企业知识溢出现象及对其本地集群网络发展的影响尚未引起学术界的广泛关注。

2. 核心企业控制力与创新网络演化

创新资源分布的分散性、创新主体行为的补偿性，以及基于历史或惯例形成的社会结构等因素促使了产业创新网络的形成。产业竞争力离不开创新网络，离不开核心企业，以及与之相伴生的知识溢出效应（王伟光等，2015）。随着创新网络的广泛开展和深入研究，有关核心企业的实证研究广泛开展，其中关于核心企业控制力的相关研究较多。一些学者认为核心企业的网络控制力源自网络知识溢出效应（王伟光等，2015）或知识、技术权利（吴松强等，2017；孙国强等，2017）。也有学者认为网络间的非对称关系结构（吴昀桥，2016；倪渊，2019）是形成影响非核心企业及网络发展权的关键。尽管控制力的来源不同，但产业创新网络中存在的核心企业控制力（王伟光等，2015），且对非核心企业及创新网络关系、绩效、结构演化具有的影响力得到了学者的广泛认同。创新生态系统演化的本质是核心企业推动下的产业链与创新链协同演化的过程（张莹等，2021）。在关于知识、技术控制力的研究中，吴松强等（2017）认为核心企业的知识权、地位权及感召权均会促进网络配套企业的合作行为，其中关系资本正向调节核心企业网络权力与配套企业合作行为之间的关系。孙国强等（2017）认为技术锁定、技术防御、技术扶持与技术标准四种领导行为对创新网络的运行绩效和网络地位具有不同的作用效果。董媛媛等（2018）研究发现核心企业通过增强知识转移意愿和提高自身的知识水平来提升供应链的动态能力及绩效。在非对称关系结构控制力的研究中，吴昀桥（2016）认为非对称性关系结构及企业间“权力”的形成，会推动企业创新网络逐渐演变为模块化组织。倪渊（2019）认为核心企业网络能力对集群企业的探索式和利用式协同创新具有促进作用，其中外部环境动态性和集群企业知识整合能力越强，核心企业网络能力对集群企业协同创新的积极影响越明显。王建军等（2020）研究发现核心企业的规则治理、合同治理和关系治理对模块化网络创新绩效均有显著的正向影响。顾桂芳等（2020）探讨了核心企业强制性权和非强制性权与伙伴企业情感性承诺间的作用关系，研究发现核心企业强制性权与伙伴企业情感性承诺之间呈倒“U”形关系，核心企业非强制性权与伙伴企业情感性承诺正相关。曹宁等（2017）将核心企业治理能力划分为系统设计能力、合作主导能力、关系协调能力和知识重构能力四个维度，四个维度均对模块化组织价值创新具有正向影响，其中系统设计能力对组织价值创新的促进作用最强。核心企业主导发展下的创新网络始终存在“控制悖论”现象。创新网络的结构演化往往从核心企业的内部裂变开始。李志刚等（2020）通过蒙牛及五家“蒙牛系”裂变新创企业的研究，阐释了核心企业内部涌现的裂变创业如何通过价值失衡情境、识别瓶颈机会、催生离职动机、补缺价值结构、丰富价值结构、维系价值主张、内部合法性获取和外部合法性获取等途径重塑商业生

态系统。

3. 核心企业发展战略与创新网络演化

作为具有持续交互作用的关系结构网络（Halinen and Törnroos，1998），核心企业不同的发展战略会形成差异化的领导风格和治理能力，引领集群创新网络走向不同的演化方向。一些学者从领导风格和治理能力视角将核心企业引领集群发展的战略归结为交易型和变革型两种类型，认为交易型领导、变革型领导与集群网络承诺（谢永平等，2018）和集群创新绩效（李宇等，2021）均具有正向关系。谢永平等（2018）发现核心企业的变革型领导风格和交易型领导风格对网络承诺均具有正向影响，网络承诺对网络关系绩效和创新绩效都有积极影响。李宇等（2021）发现核心企业的交易型领导风格、变革型领导风格与集群创新绩效均具有正向关系，对组织间信任和知识权具有正向调节作用。也有学者从其他视角划分核心企业发展战略。丁玲和吴金希（2017）通过对宇通和北汽的研究，提出互利共生和捕食共生两类共生战略，认为互利共生战略能够促使核心企业及其商业生态系统的资源合理配置和高效协作。郑胜华和池仁勇（2017）研究了核心企业的适应、稳定、追求改变三种战略取向对网络协同演化路径的影响，其中适应战略下的协同演化路径呈现倒"U"形，稳定战略下的协同演化路径呈现倒"W"形，追求改变战略下的协同演化路径呈现向上的"S"形。宋娟等（2019）通过中国轨道交通装备制造产业的研究，指出核心企业与创新生态系统成员建立良性耦合关系，更利于突破创新网络的创新"盲点"。张培和张楠（2022）基于价值共创视角探索了核心企业开放式服务创新平台的构建过程，认为核心企业整合上位资源更注重功能契合和资源多样性，易促进渐进式创新绩效的提升；核心企业整合下位资源更注重感知契合和资产专用性，易促进突破式创新绩效的提升。

四、作为产业创新网络中非核心企业的中小企业创新

（一）创新网络促进中小企业创新成长

大企业和中小企业在产业升级过程中承担的角色和实现升级的路径有所不同。基于供应链关系形成的网络关系有助于增强中小企业的创新能力。（Tomlinson and Fai，2013）。对中小企业而言，供应商的动态能力决定了产业升级的状态（Gancarczyk and Gancarczyk，2016）。网络关系纽带对中小企业的国际化作用显著，但这些企业在全球价值链中的不利地位阻碍了业务深度发展和能力建设（Su et al.，2020）。创新网络作为资源集聚、信息共享的一种制度性安排，能够为资

源相对匮乏的中小企业提供更多的技术机会。Bougrain 和 Haudeville（2002）研究发现中小企业内部研发能力能够帮助它们利用外部科学技术知识和创新网络。外部知识搜寻对内部资源不足的科技型中小企业管理创新具有重要意义（张振刚等，2020）。用户交互、试错学习、快速迭代、跨界整合、单点突破等相互耦合又层层递进的微创新实施策略，有助于中小企业微创新实现突破发展（周青等，2020）。网络对企业内部技术能力具有补充作用，有效的创新激励政策能够提升企业内部创新网络水平（陈娟和王文平，2008），促进中小企业内外创新网络协同演化（任宗强等，2011），产生协同而非替代效应（Voudouris et al.，2012）。网络绩效水平取决于新企业技术能力的专业化程度（Häussler et al.，2012），中小企业技术创新深受集群网络中核心企业的影响（Gardet and Mothe，2012）。嵌入产学研深度融合的技术创新体系也是中小企业创新发展的有效路径，中小企业基于现实需求逐渐从封闭式创新转向开放式创新，共同专利为中小企业协同外部主体提升创新能力、获取效益及价值创造了可能（锁箭等，2021）。面对复杂多变的国际环境和高质量发展的战略需求，深陷“盘丝洞”的中小企业更需要培养实物资源利用能力，构建共同愿景实践技术创新（王石磊等，2021）。产学研合作网络也是中小企业创新发展的有效途径。王黎萤等（2021）通过对 ICT 产业及制药产业上市科技型中小企业专利合作数据的研究发现，高广度低深度合作、低广度高深度合作及高广度高深度合作三种专利合作模式均正向影响企业创新绩效。张羽飞等（2022）研究发现我国科技型中小企业产学研融合的广度、深度和频度呈上升趋势，正逐步迈向深度融合阶段，产学研融合的广度和深度对科技型中小企业创新绩效具有正向影响。当然，也有学者持相反的意见，认为网络中的非对称性合作关系有时候也会损害中小企业的利益，这种情况主要由中小企业向合作大企业的战略知识和能力无意识地动态流动造成（Sawers et al.，2008）。上述研究基本延续了中小企业创新的研究视角，更多关注的是这类企业如何依托内部网络、能力从外部网络中获益，以及解释企业内外部网络的协同问题，鲜有研究关注中小企业创新成长对核心企业逆向激励、反控制及网络演化的影响。

（二）非核心企业影响核心企业及创新网络演化

在以往集群网络或创新网络的相关研究中，占据不同网络结构位置的企业之间存在着多重复杂关系，形成了不同类型的核心企业和非核心企业。经过多年的发展，核心企业的相关研究取得了很大进展，极大地促进了集群网络的发展。相比而言，鲜有研究关注具有快速、灵活转换能力的非核心企业的成长和影响。事实上，相比处于结构中心的核心企业的系统性增量创新，非核心企业所表现出的某些创新特征更易于感知技术机会，快速转换、升级技术能力。在集群网络中，核心技术是技术领域的关键技术，通常由占据网络结构中心的大企业或核心企业掌控，并带动技术整体发展，形成技术集群。全裕吉和陈益云（2003）认为中小企业创新应以非核心技术创新为切入点，通过渐进式的顺轨创新和衍生创新形成知识积累和创新提升，以实现自主核心技术创新或创新网络嵌入。王伟光等（2017）通过对沈阳高新技术产业的调研分析，发现在高技术产业创新网络中，核心企业与非核心企业在企业规模、所处行业、技术创新能力与企业发展面临问题等方面存在显著差异，其中技术水平、知识吸收、研发模式、企业控制力及政策环境等均影响着非核心企业技术创新能力的成长。由雷和王伟光（2017）认为为核心企业提供代工和配套加工服务的非核心企业，其异质化的资源禀赋、技术创新能力及独特的优势均为非核心企业的转型发展、产业调整和升级提供了内在动力。王慧等（2018）研究发现处于创新网络边缘位置的非核心企业的学习意识越强，对核心企业的知识反哺作用越显著，其中非核心企业与核心企业的关系质量起到调节作用。张钟元和李腾（2019）从创新价值链（IVC）结构与非核心企业创新组织（IONE）结构视角，分析了非核心企业在不同结构组合中的知识增长效应。田正（2021）发现中小企业的非研发创新对提升全要素生产率具有重要作用，对日本产业链、供应链体系的构建也具有重要作用。上述研究一定程度上丰富了非核心企业对创新网络演化的研究，也为装备制造产业中的非核心企业升级及其对核心企业及网络演化迭代的影响研究奠定了重要的理论基础。

五、数字化、绿色化与装备制造产业升级

（一）数字化与装备制造产业升级

创新对产业升级和国家间竞争并不具有显著的异质性。对于欠发达地区的产业发展，创新和市场定位是企业和决策者可采用的战略和政策（Sturgeon，2019）；对于发达地区的产业发展，产业升级则更加依赖科技创新（Lee and Malerba，2017）。这种创新往往具有预见性、实验性质及改变游戏规则的潜力，技术创新的颠覆性意义更强（Malanowski et al.，2021）。客户定制是大型装备制造业的重要特点，这意味着对产品配置有效化和智能化的投资是工业设备制造企业乃至装备制造产业发展面临的特殊挑战。面对大规模定制情况，数字化制造能够将传统物流、数字化制造和用户运营结合起来，形成更好的混合解决方案，对装备制造业的发展具有战略意义（Holmstrom and Partanen，2014）。随着信息技术的快速发展，数据要素赋能制造业发展并不是简单地从业务层面或其他单一层面

引发的数字化与信息化过程，而是从企业战略层面引发的企业数字化创新与颠覆。这一过程建立在精准数字要素联动的基础上，需要广泛参与、精准匹配和价值共享机制实现“联动赋能”（刘启雷等，2022）。智能制造成为全球制造业发展方向。夏海力等（2016）通过分析苏州装备制造企业技术创新效率的影响因素及作用效果发现，集群创新提升了技术创新效率，却阻碍了技术创新多元化；在巩固集群技术创新优势的基础上，加速“互联网+研发制造”深度融合，推动多元化、自由化创新，是江苏装备制造产业集群创新升级的关键。孟凡生等（2019）通过对新能源装备制造企业的调查研究发现，创新柔性能够显著促进企业智能化转型。企业的数据采集分析水平、平台化水平、生产过程数字化水平和转型成本对数字化转型博弈双方的策略演化具有显著影响。邓晰隆和易加斌（2020）通过问卷调查研究了中小企业应用云计算技术推进企业数字化转型的问题，研究发现云计算技术的相对收益、技术安全性和技术可移植性对中小企业技术采纳与应用具有正向影响；高层支持和领导者知识素质、外部压力和政府政策对中小企业云计算技术采纳与应用具有显著的正向影响；中小企业云计算技术采纳与应用对技术创新能力具有显著的正向影响。魏津瑜和李翔（2020）通过制造资源需求方、供给方与工业互联网平台三者的价值共创过程模型，探索了基于工业互联网平台的装备制造企业的价值共创机理。刘启雷等（2022）选择徐州工程机械集团和陕汽集团两个典型的智能制造案例，深入分析数字化赋能的产生条件和作用机制，剖析数据要素赋能企业产品迭代，装备制造企业数字化赋能创造企业、员工和用户价值的理论逻辑。尽管围绕装备制造产业数字化升级的研究极为有限，并且大都以案例形式展开，但上述观点从侧面体现了装备制造产业数字化发展由创新柔性向平台赋能及价值共创发展演变的过程。

随着信息技术变革推动新产业、新技术、新业态、新模式快速发展，中国信息系统由自动化、集成化的探索模仿向数据化、数字化融合提升与创新发展转变（陈国青等，2022）。在数字经济形态下，社会经济的生产、生活和治理方式，以及企业、产业的要素组织架构和运行模式发生了深刻变革。东北地区存在大量核心—外围型结构的装备制造产业集群，这些装备制造产业集群正在努力探索大企业或核心企业的数字化变革，以及基于数字平台的产业体系数字化升级的模式、标准和方向，实现了产业系统数字化、体系化的快速响应与用户需求的快速对接。产业集群中的大企业或核心企业的数字化变革正经历着组织架构、管理体系、生产工序环节的分解数字化和整体数字化的协同升级过程。尽管围绕装备制造产业数字化的研究有限，但围绕管理数字化（谢小云等，2021；刘淑春等，

2021）、创新数字化（刘启雷等，2022）和企业数字化（焦豪等，2021）等各类数字化主题的研究不断涌现，渐渐形成了两条相对清晰的研究主线。一是通过以工业互联网为核心的数字平台的柔性架构，整合企业内外部资源，实现价值创造和竞争优势升级（吕文晶等，2019；马永开等，2020；冯军政等，2022）。这里的平台架构主要通过工业互联网等平台的结构互联、行动互联和主体互联来实现价值共创的发展与演化（马永开等，2020）。垂直互联网平台不同于综合互联网平台“快速做大”的发展战略，往往存在组织身份差异，平台的发展需要通过身份聚焦和强化，获得多边主体认同和平台嵌入，实现规模化成长（王节祥等，2021）。因此，平台生态架构的兼容性、通用性和扩展性就显得尤为重要（冯军政等，2022）。但是平台经济和共享经济并不意味着更成功，失败的平台领导也会导致互动系统结构缺陷、平台商业生态系统失调等问题（肖红军，2020）。二是企业商业模式逐渐向建立在工业互联网平台基础上的数字商业生态架构体系转变，通过数字化价值主张、价值创造与价值获取来实现数字化升级（丁玲和吴金希，2017；胡海波和卢海涛，2018；谭智佳等，2019；姜尚荣等，2020；钱雨和孙新波，2021；韩炜等，2021）。在数字商业生态系统下，工业互联网平台通过组织赋能、结构赋能和场域赋能，促进数字资源集聚、数字能力形成和创新生态与价值的实现（孙新波等，2022）。商业生态系统中每一个新创企业应对在位企业的不同反应过程，都会引发商业生态系统的演化形成（韩炜等，2021）。其中，核心企业互利共生的发展战略会促使商业生态系统的资源更加合理配置和高效协作（丁玲和吴金希，2017）。但是这一过程往往存在较高的探索试错成本，如小米选择的智能硬件生态链发展方式，经过一系列探索试错，最终获得了巨大的规模、网络和裂变价值（谭智佳等，2019）。尽管数字化理论研究逐渐形成了两条清晰的研究脉络，但现实制造业中大企业的数字化模式、方向、标准仍在艰难的实践探索中，以数字化平台为基础的供应链、产业链的数字化、绿色化、系统化协同发展与演变，仍面临诸多现实的技术困难。上述研究从不同视角逐步拓展了装备制造产业数字化研究的深度和广度，但尚需一个完整的研究框架来更加系统地阐释企业协同数字化转型升级与产业系统数字化转型升级的内在机理。

（二）绿色化与装备制造产业升级

在新能源产业中，发达工业化国家通过全球生产网络，促使嵌入网络内部的国家纷纷参与绿色产业政策竞争，从而实现能源技术政策目标的交易升级（Meckling and Nahm，2019）。欠发达国家和地区在经济和科技创新实力上都与发达工业化国家和地区有着不小的差距，这决定了欠发达国家和地区的绿色产业升级往往在发达工业化国家和地区主导的技术框架下，以模仿创新的形式开展。事实上，处于价值链中游的企业服务和经营策略，受到全球供应链网络和所处位置的影响，已经开始注重绿色制造和物流的实践（Lo，2014）。例如，欧洲对电气产品制造业实施了严格的环保规定，直接导致美国和日本的电气产品产业的销售额急剧下降（Fujii and Managi，2012）。绿色生产作为未来全球制造业的发展方向，必然会引发装备制造业绿色化转型升级的发展阵痛。加大绿色技术研发是突破发展困境，实现可持续竞争的关键。围绕绿色技术和绿色经济的相关研究大体分为如下几个方面。

一是城市异质性与绿色经济、技术发展关系的研究。李江龙和徐斌（2018）认为资源丰裕的城市由于经济发展的路径依赖效应，在实现绿色经济增长方面处于劣势。城市财富会筛选绿色技术，并产生绿色技术自选择效应，呈现自我强化特征（董直庆和王辉，2021）。制度供给导致不同城市的高质量专利在数量和结构方面呈现空间分化，创新要素培育与配置成为制度供给影响城市创新质量的重要机制（金培振等，2019）。其中，低碳城市的试点政策能够在一定程度上诱发企业层面的绿色技术创新。企业的绿色技术创新效应主要体现在能源节约和替代能源生产两类专利的申请上，试点政策对高碳行业、非国有企业绿色技术创新的诱发作用更为显著（徐佳和崔静波，2020）。谢乔昕（2021）认为环境规制对企业技术创新具有促进作用，这种促进作用在强融资约束的企业中表现相对较弱。邵帅等（2022）认为省际竞争效应、示范效应及经济关联效应的存在，使碳排放绩效表现出了正向空间溢出效应。赵莉和张玲（2020）从媒体环境治理角度展开研究，发现媒体关注对绿色技术创新具有促进作用。

二是制造业绿色化升级的评价指标体系。王昀和孙晓华（2017）从工业增加值水平提升、能源消耗减少和污染排放降低三个层面重新界定了传统产业升级的内涵。潘为华等（2019）从质量效益、创新能力、信息技术和绿色发展四个维度构建了制造业转型升级综合评价指标体系。潘秋晨（2019）从创新、协调、绿色、开放、共享五个维度测度了装备制造产业转型升级指数，研究了中国装备制造业全球价值链嵌入对产业转型升级的影响机制，结果显示低技术装备制造行业依赖竞争效应升级，中间品效应和链中学效应对高技术行业的升级带动效应更强。罗序斌和黄亮（2020）构建了包含数字化、网络化、智能化和绿色化四个维度的中国制造业高质量转型升级评价指标体系。能源结构调整、技术进步及生产效率提升是中国碳减排取得成功的关键因素（杨莉莎等，2019）。上述两类研究主要探讨了城市异质性因素与绿色经济、绿色技术发展的关系，以及围绕绿色低

碳的产业升级评价指标的优化，有助于从中观层面把握绿色技术、绿色经济的发展状态、影响因素和转变过程。

三是企业层面的绿色技术创新。基于企业层面的绿色技术创新研究较为有限。徐建中等（2018）从低碳技术创新视角研究了装备制造产业能源消耗结构与升级的关系，发现低碳技术创新显著促进了装备制造企业的绩效，低碳技术创新政策显著促进了企业低碳技术创新意愿和创新绩效。杨浩昌等（2020）发现高技术产业集群通过技术溢出效应和规模经济效应，显著促进了绿色技术创新绩效。解学梅和朱琪玮（2021）研究发现绿色工艺创新和绿色产品创新均能促进企业可持续发展绩效，其中绿色工艺创新更能提升企业社会责任绩效，绿色产品创新更能提升企业财务绩效。方先明和那晋领（2020）研究发现绿色专利申请和授权量有益于提高公司股票超额收益率。唐晓华和迟子茗（2022）研究了智能化与绿色化升级的关系，认为工业智能化通过绿色技术创新和优化能源使用效率两条途径，驱动了工业绿色化发展效率的提升。与信息技术快速发展并实现规模化、产业化不同，绿色技术及技术群的发展模式、标准和方向尚未形成，创新实践大都零散分布在不同产业的企业微观工艺、产品、流程和能源结构调整的探索实践之中。上述研究为以产业集群为载体的装备制造产业的绿色化升级提供了重要的启示和参考，衍生于集群网络的跨边界创新网络更易于释放技术溢出效应，在集群规模经济效应的作用下，加速了中国装备制造产业的绿色化升级进程。

第三章　东北地区装备制造产业发展现状及升级困境*

第一节　东北地区装备制造产业发展特点

本节通过装备制造产业的投入、产出与效率等指标的横向比较，考察了东北三省装备制造产业的发展现状及特点。其中，投入指标包括装备制造产业细分行业的从业人员数量、固定资产；产出指标包括主营业务收入、营业收入。主营业务收入、营业收入是所在省份工业品出厂价格指数平减后的实际值。固定资产是固定资产投资价格指数平减后的实际值。产业效率指标是运用 TFE-SFA 模型（Belotti and Ilardi，2018）计算的全要素生产率，具体测度方法参见第五章。数据来自各省统计年鉴中规模以上工业企业的主要指标，以及中国研究数据服务平台。部分数据存在缺失情况，主要源于两方面。一是部分省份 2016 年之后开始报告营业收入指标，不再报告主营业务收入。鉴于主营业务收入与营业收入的统计口径存在差异，本章在计算全要素生产率时，并未用营业收入替代缺失的主营业务收入，故部分省份数据在 2016 年后存在缺失。二是国民经济行业分类的调整。《国民经济行业分类》（GB/T 4754—2011）将汽车制造业与铁路、船舶、航空航天和其他运输设备制造业调整为大类，2011 年之前汽车制造业与铁路、船舶、航空航天和其他运输设备制造业的细分数据无法获得，存在缺失。

---

* 装备制造业包括八个细分行业。东北三省发展的主导行业并非只有装备制造业，为体现辽吉黑主导产业与竞争优势的差异，在做比较分析时，做了制造业全产业分析。作图时为更好地展现东北地区装备制造产业的发展状态、水平和位置，对比制造业发展中 75%、50%、25%分位数产业，节选全部装备制造产业和部分重点行业。

一、装备制造产业是辽宁的主导产业，龙头企业影响力大

在第一轮东北振兴政策驱动下，辽宁装备制造产业迅速发展，主营业务收入、固定资产原值快速增长，TFP 在波动中逐渐增长。2003 年，党中央作出实施东北地区等老工业基地振兴战略的重大决策。2004~2013 年，辽宁装备制造产业迅猛发展，主营业务收入增长了 445.31%，固定资产增长了 297.30%。装备制造、能源和原材料产业是辽宁制造业的主导产业。2013 年，辽宁装备制造产业主营业务收入在制造业中的占比达到 34.48%，固定资产占比达到 32.44%，从业人员数量占比达到 41.87%。

2004~2013 年，通用设备制造业成为发展最快的装备制造产业之一，其主营业务收入一度超过石油加工、炼焦和核燃料加工业，仅次于黑色金属冶炼和压延加工业，排在辽宁第二位（见图 3-1）。计算机、通信和其他电子设备制造业、仪器仪表制造业增长缓慢。除仪器仪表制造业外，所有装备制造产业的主营业务

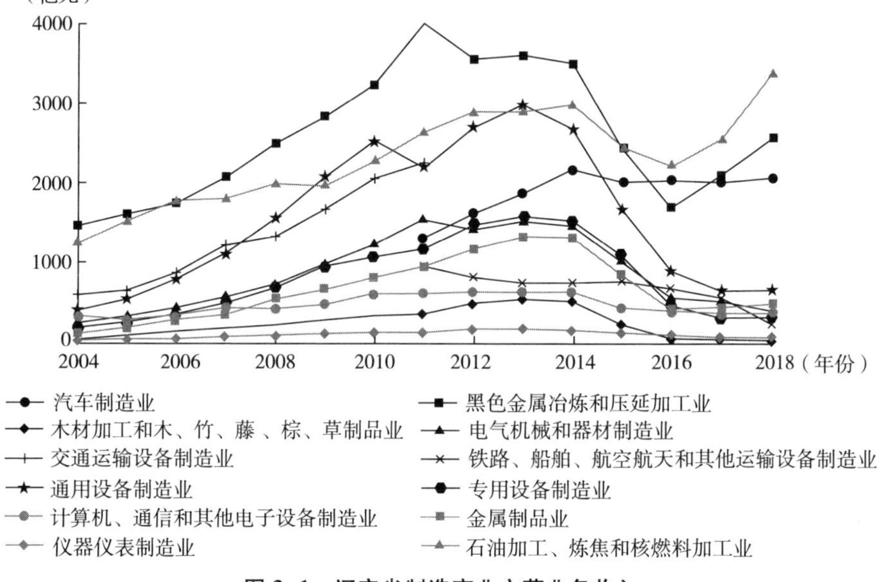

图 3-1　辽宁省制造产业主营业务收入

注：专用设备制造业，木材加工和木、竹、藤、棕、草制品业，仪器仪表制造业分别是 2013 年辽宁省制造业主营业务收入 75%、50%、25%分位数产业。2011 年之前统计年鉴行业划分，参照《国民经济行业分类（GB/T 4754—2002）》标准，行业划分为交通运输设备制造业。2012 年之后采用《国民经济行业分类（GB/T 4754—2011）》标准，将原交通运输设备制造业改为“铁路、船舶、航空航天和其他运输设备制造业和汽车制造业”。图中，交通运输设备制造业数据年限为 2004~2011 年；铁路、船舶、航空航天和其他运输设备制造业及汽车制造业数据年限为 2012~2018/2019 年。本书所有行业名称及数据均依据官方年鉴及平台摘录整理，未作任何更改。

资料来源：2005~2019 年《辽宁统计年鉴》、中国研究数据服务平台。

收入均高于中位数。从固定资产来看，2007~2013 年辽宁装备制造产业的固定资产增长速度加快，2013 年通用设备制造业的固定资产超过石油加工、炼焦和核燃料加工业，位居辽宁第二位（见图 3-2）。从从业人员数量来看，2004~2013 年辽宁装备制造产业的从业人员规模相对稳定，增长幅度不大。从 TFP（全要素生产率）指标来看，2004~2012 年，电气机械和器材制造业、交通运输设备制造业、通用设备制造业、专用设备制造业、仪器仪表制造业等产业的 TFP 在波动中逐渐增长；金属制品业与计算机、通信和其他电子设备制造业的 TFP 在剧烈波动中呈现下行趋势（见图 3-3）。2012~2013 年，辽宁制造产业的 TFP 均出现下降。

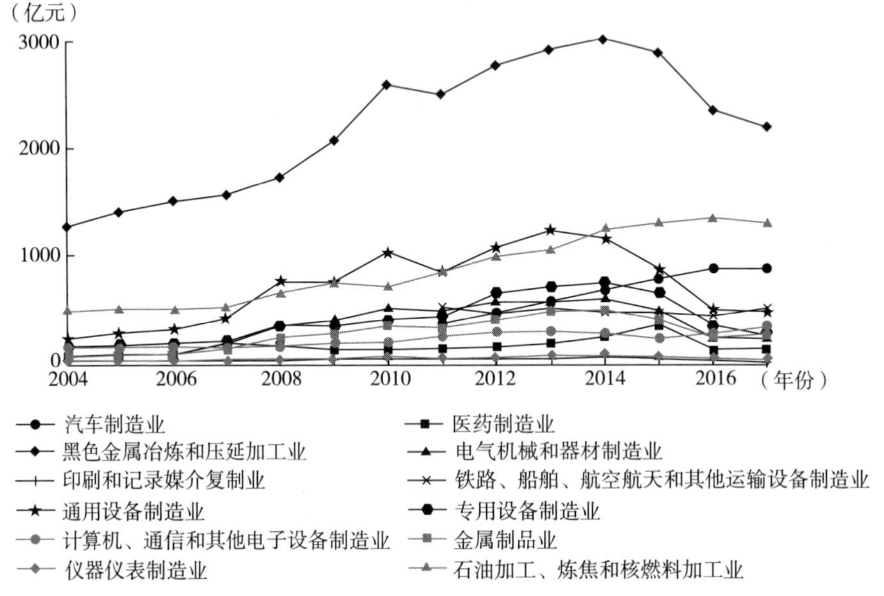

图 3-2　辽宁省装备制造产业固定资产

注：电气机械和器材制造业、医药制品业、印刷和记录媒介复制业分别是 2013 年辽宁省制造业固定资产 75%、50%、25%分位数的产业。

资料来源：2005~2018 年《辽宁统计年鉴》、中国研究数据服务平台。

第二轮东北振兴政策出台，供给侧结构性改革不断推进，辽宁装备制造产业迅速企稳，部分产业的 TFP 有所回升。2014~2016 年，除汽车制造业外，辽宁装备制造产业的主营业务收入和固定资产均出现大幅下降，从业人员数量小幅下降。2013~2016 年，辽宁装备制造产业的主营业务收入增长-48.70%，固定资产增长-33.54%①。这一时期，表现最好的是汽车制造业，其主营业务收入有所下

① 指标下降也与辽宁 GDP“挤水分”有关。

降，固定资产则稳步提升，从业人员数量保持稳定。2016 年，新一轮东北振兴政策出台，供给侧结构性改革不断推进，辽宁制造产业的主营业务收入、固定资产迅速企稳。汽车制造业的主营业务收入恢复到 2014 年的水平，其固定资产逐渐上升。辽宁装备制造产业的 TFP 从 2013 年开始在波动中逐年下降，2016～2017 年部分装备制造产业的 TFP 有所回升（见图 3-3）。装备制造产业各项指标占制造业的比重均较高。2018 年，辽宁装备制造产业的营业收入在制造业中的占比达到 30. 36%，从业人员数量在制造业中的占比达到 47. 47%。2017 年，固定资产在制造业中的占比达到 32. 52%。

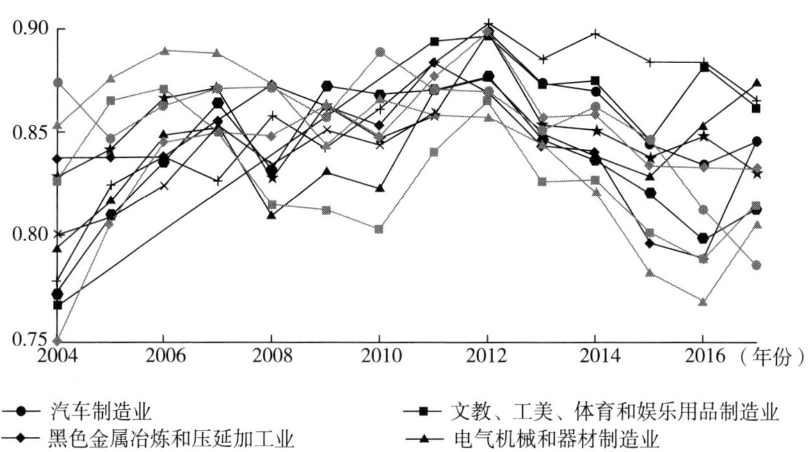

图 3-3　辽宁省装备制造产业 TFP

注：纺织服装、服饰业，文教、工美、体育和娱乐用品制造业，通用设备制造业分别是 2013 年辽宁省制造业固定资产 75%、50%、25%分位数的产业。

资料来源：运用 TFE-SFA 模型（Belotti and Ilardi，2018）计算所得。

辽宁装备制造产业的发展呈现龙头企业数量少、规模大、占比高的特点，龙头企业拥有规模优势和主导地位。2017 年，辽宁汽车制造业的主营业务收入为 2927. 94 亿元。其中，华晨宝马的营业收入为 1080 亿元左右，占比在 30%左右。2018 年，辽宁金属制品业的主营业务收入为 747. 3 亿元。其中，辽宁忠旺集团的主营业务收入为 220. 34 亿元，占比达到 29. 48%①。2018 年，辽宁铁路、船舶、航空航天和其他运输设备制造业的主营业务收入为 362. 5 亿元。其中，大连船舶

① 数据来源于上市公司年报。

重工集团、中国航发黎明的营业收入分别为 227.32 亿元、112.79 亿元。2018 年，辽宁电气机械和器材制造业的主营业务收入为 596.2 亿元。其中，特变电工沈阳变压器集团的营业收入为 51.56 亿元①。2018 年，辽宁通用设备制造业的主营业务收入为 1017.3 亿元。其中，沈阳机床集团、大连重工装备集团的营业收入分别为 64.91 亿元、65.71 亿元。2018 年，辽宁计算机、通信和其他电子设备制造业的主营业务收入为 598.2 亿元。其中，中国华录集团的营业收入为 72.31 亿元②。2018 年，辽宁专用设备制造业主营业务收入为 515.9 亿元。其中，三一重装、东软医疗营业收入分别为 26.49 亿元、19.26 亿元。③ 辽宁装备制造产业普遍存在由龙头企业主导的发展状态。

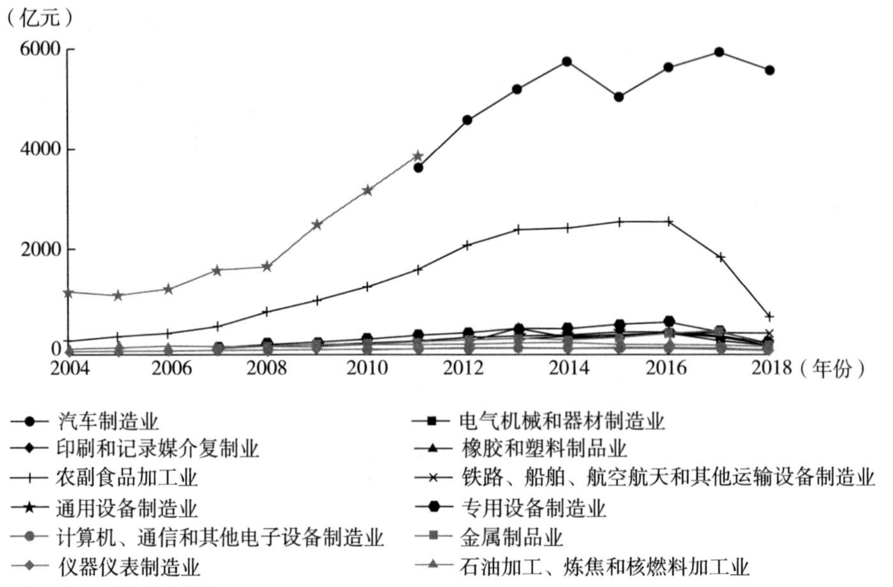

图 3-4 吉林省装备制造产业主营业务收入

注：（1）橡胶和塑料制品业，石油加工、炼焦和核燃料加工业，印刷和记录媒介复制业分别是 2013 年吉林省制造业主营业务收入 75%、50%、25%分位数的产业。农副食品加工业是吉林省制造业中发展规模最大的非装备制造产业。

（2）2011 年交通运输设备制造业的数据为 2011 年汽车制造业与铁路、船舶、航空航天和其他运输设备制造业的数据之和。

资料来源：2005~2019 年《吉林统计年鉴》、中国研究数据服务平台。

① 数据来源于上市公司年报。

② 数据来源于中国华录集团有限公司 2019 年度企业社会责任报告书。

③ 其余数据来自企查查网站。

二、汽车制造业在吉林制造业发展中的主导作用突出

在第一轮东北振兴政策驱动下，吉林制造产业迅速发展，可分为两个阶段：第一阶段效率提升，第二阶段规模提升。2004~2013 年，吉林制造产业快速发展，主营业务收入增长了 433.42%，固定资产增长了 326.13%。第一阶段（2004~2008 年），吉林制造产业的主营业务收入、固定资产缓慢增长，但 TFP 增长快速（见图 3-4、图 3-6）。第二阶段（2009~2013 年），吉林制造产业的主营业务收入、固定资产快速增长，TFP 在原有水平上保持波动（见图 3-5、图 3-6）。在第一轮东北振兴政策中，吉林制造产业实现了效率升级和产业规模扩张。

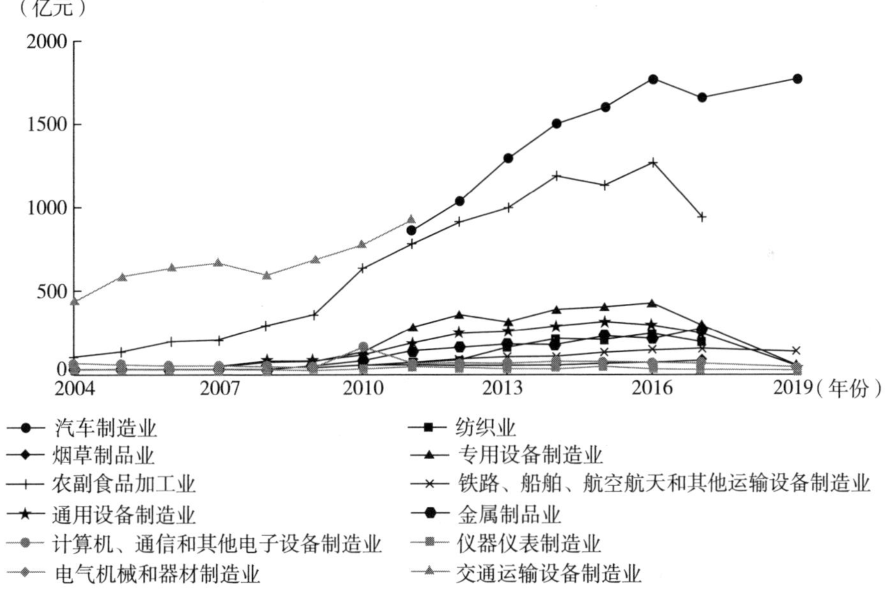

图 3-5　吉林省制造产业固定资产

注：（1）专用设备制造业，纺织服装、服饰业，烟草制品业分别是 2013 年吉林省制造业主营业务收入 75%、50%、25%分位数的产业。农副食品加工业是吉林省制造业中发展规模最大的非装备制造产业。

（2）2011 年交通运输设备制造业的数据为 2011 年汽车制造业与铁路、船舶、航空航天和其他运输设备制造业的数据之和。

资料来源：2005~2021 年《吉林统计年鉴》、中国研究数据服务平台。

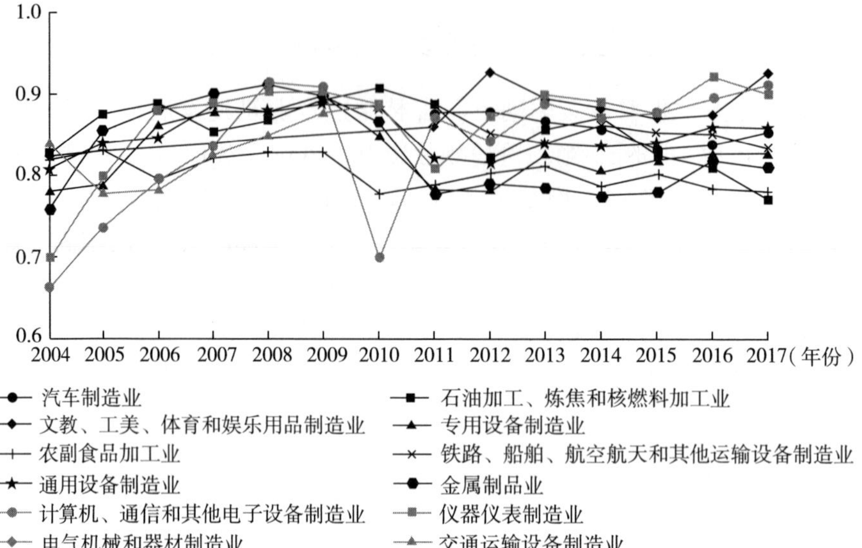

图 3-6　吉林省装备制造产业 TFP

注：文教、工美、体育和娱乐用品制造业，石油加工、炼焦和核燃料加工业，专用设备制造业分别是 2013 年吉林省制造业固定资产 75%、50%、25%分位数的产业。

资料来源：运用 TFE-SFA 模型（Belotti and Ilardi，2018）计算所得。

汽车制造业迅猛发展，是吉林省的主导产业。汽车制造业的发展规模和发展速度远高于排在第二位的农副食品加工业（见图 3-4、图 3-5）。2013 年，装备制造产业的主营业务收入在制造业中的占比达到 42.87%，其中，汽车制造业在制造业中的占比达到 33.21%。2013 年，装备制造产业的固定资产在制造业中的占比达到 30.00%，其中汽车制造业的占比达到 16.84%，位居制造业第一。2013 年，装备制造产业的从业人员数量在制造业中的占比达到 35.38%，其中汽车制造业在制造业中的占比达到 23.27%，位居制造业第一。2011～2013 年，汽车制造业主营业务收入的年增长率达到 19.79%。

除汽车制造业外，其他制造产业的发展规模较小，增长速度小于汽车制造业和农副食品加工业。2013 年，其他制造产业的主营业务收入、固定资产和从业人员数量在制造业中的占比分别为 9.45%、13.16%和 12.11%。2007～2013 年专用设备制造业，通用设备制造业，金属制品业，电气机械和器材制造业，铁路、船舶、航空航天和其他运输设备制造业发展迅速，其中专业设备制造业在 2007～2013 年发展较快。这些产业 2013 年的主营业务收入介于吉林制造业的 50%分位数和 75%分位数。计算机、通信和其他电子设备制造业和仪器仪表制造业发展缓

慢，两个产业 2013 年的主营业务收入和固定资产位于吉林制造业 25%分位数上下。

在第二轮东北振兴中，吉林汽车制造业的主导作用越发突出。2014～2020 年，吉林汽车制造业的主营业务收入、营业收入、固定资产、TFP 在原有水平上有所波动。2014～2016 年，其他装备制造产业的主营业务收入、固定资产保持原有增长速度，TFP 在原有水平上有所波动①。2016～2020 年，除汽车制造业之外的制造业的主营业务收入、营业收入、固定资产在下降后，大多数产业于 2018 年企稳、TFP 一直保持波动。尽管吉林汽车制造业主营业务收入的增速逐年下降，甚至在 2015 年出现大幅下滑，但其产业规模仍保持原有水平（见图 3-7）。从 2018 年开始，汽车制造业的主营业务收入占制造业的比重超过 50%。汽车制造业在吉林产业发展中的主导作用越发突出。

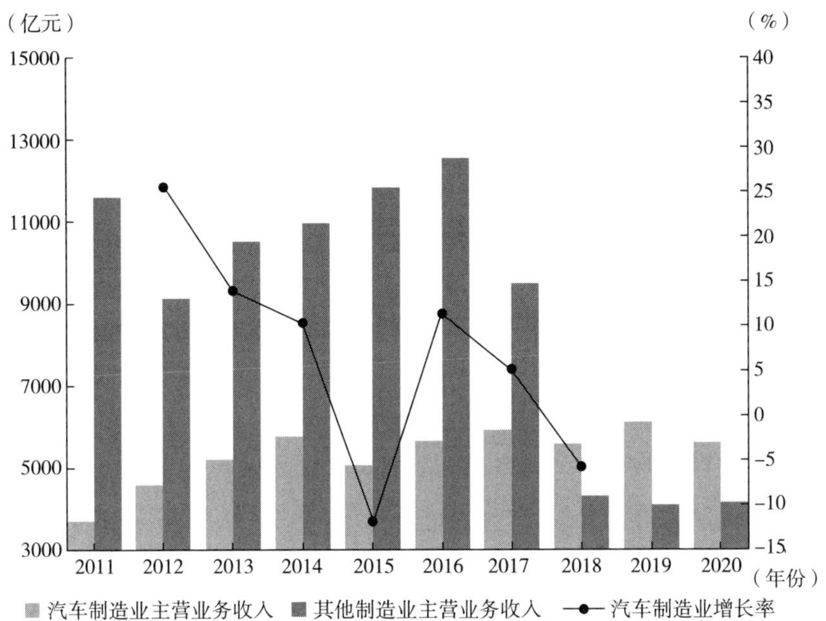

图 3-7　吉林省汽车制造业和其他制造业主营业务收入及汽车制造业增长率

注：2012～2019 年《吉林统计年鉴》仅报告了主营业务收入，2020～2021 年《吉林统计年鉴》仅报告了营业收入。

资料来源：2012～2021 年《吉林统计年鉴》。

① 2020～2021 年《吉林统计年鉴》开始显示营业收入，不再显示主营业务收入。

三、黑龙江装备制造业发展缓慢，占制造业比重低

在第一轮东北振兴中，黑龙江农副食品加工业迅猛发展，图 3-8 显示非装备制造产业的其他制造业迅速增长。在此阶段，黑龙江装备制造产业增长缓慢，甚至出现了负增长。2004~2009 年黑龙江装备制造产业的主营业务收入缓慢增长，2010~2011 年出现负增长，2012~2013 年再次呈正增长（见图 3-9）。2004~2009 年，装备制造产业的固定资产保持在原有水平，TFP 在波动中逐渐增长（见图 3-10）。2010~2013 年，装备制造产业的固定资产逐渐增长，TFP 在波动中下降（见图 3-11）。

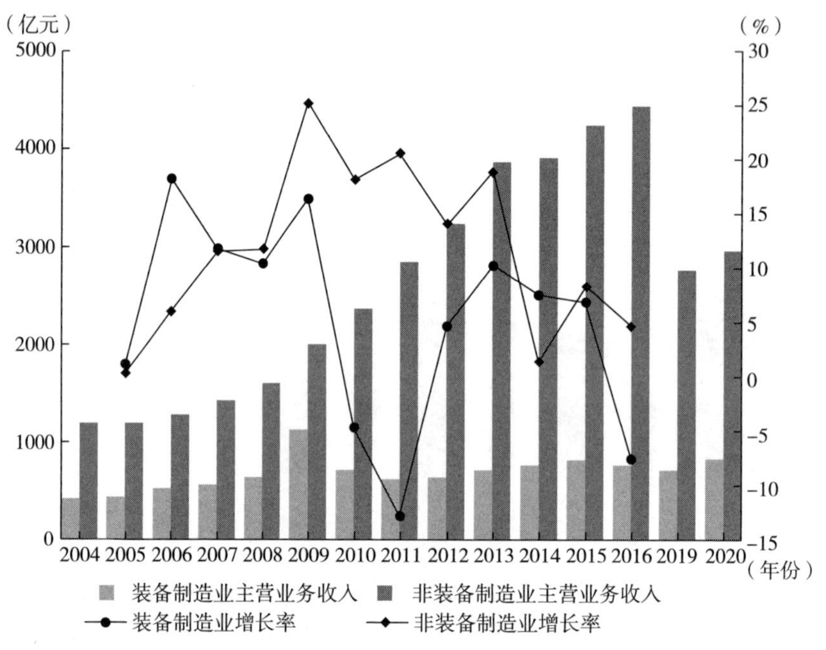

图 3-8　黑龙江省装备制造产业与其他的制造业主营业务收入及其增长率

注：2018~2019 年《黑龙江统计年鉴》未报告主营业务收入和营业收入。2005~2017 年《黑龙江统计年鉴》仅报告了主营业务收入，2020~2021 年《黑龙江统计年鉴》仅报告了营业收入。

资料来源：2005~2021 年《黑龙江统计年鉴》。

2004~2013 年，除农副食品加工业发展快速外，其他制造业均发展缓慢。石油加工、炼焦和核燃料加工业是黑龙江的主导产业，主营业务收入和固定资产均排在省内前两位（见图 3-8 和图 3-9），2004~2016 年其主营业务收入一直保持

原有规模，固定资产增长缓慢。通用设备制造业和专用设备制造业是黑龙江发展较好的装备制造产业。通用设备制造业在 2004～2009 年保持增长态势，但在 2010～2013 年出现下降。专业设备制造业在 2004～2013 年一直保持增长势头，在 2013 年是处于黑龙江制造业主营业务收入 75%分位数的产业。金属制品业从 2006 年开始增长，于 2011～2013 年快速增长，主营业务收入由 25%分位数位置上升到 50%分位数位置。

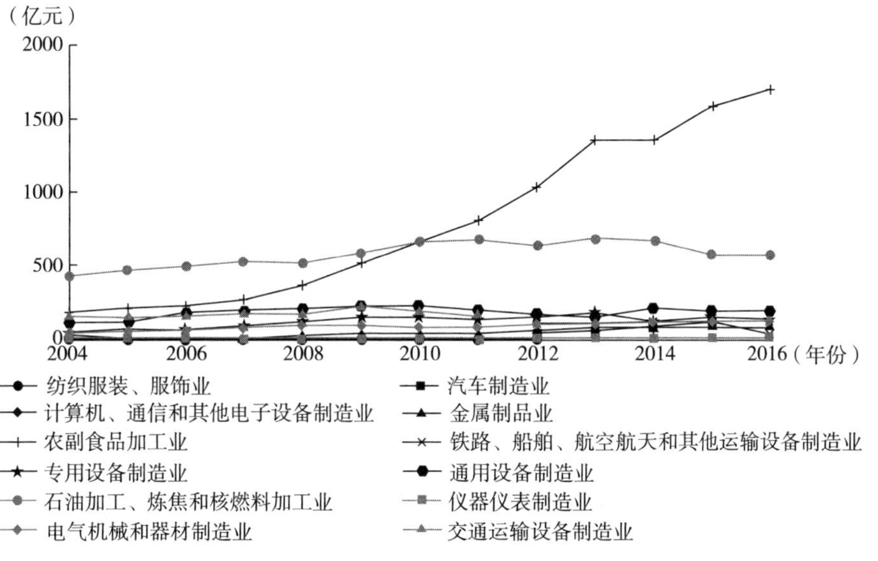

图 3-9　黑龙江省装备制造产业主营业务收入

注：（1）专用设备制造业，汽车制造业，纺织服装、服饰业分别是 2013 年黑龙江省制造业主营业务收入 75%、50%、25%分位数的产业。

（2）2018～2021 年《黑龙江统计年鉴》未报告主营业务收入。

资料来源：2005～2017 年《黑龙江统计年鉴》、中国研究数据服务平台。

2014～2016 年，黑龙江装备制造产业主营业务收入呈下降趋势①，2020 年营业收入再次小幅增长。2014～2019 年，黑龙江制造产业固定资产呈现了先增长后下降的趋势（见图 3-10），从业人员人数呈现下降趋势。这一阶段，黑龙江装备制造产业 TFP 在波动中呈现向上趋势（见图 3-11）。其中，汽车制造业、仪器仪表制造业的 TFP 迅速增长。

① 2018～2019 年《黑龙江统计年鉴》未报告 2017～2018 年主营业务收入。

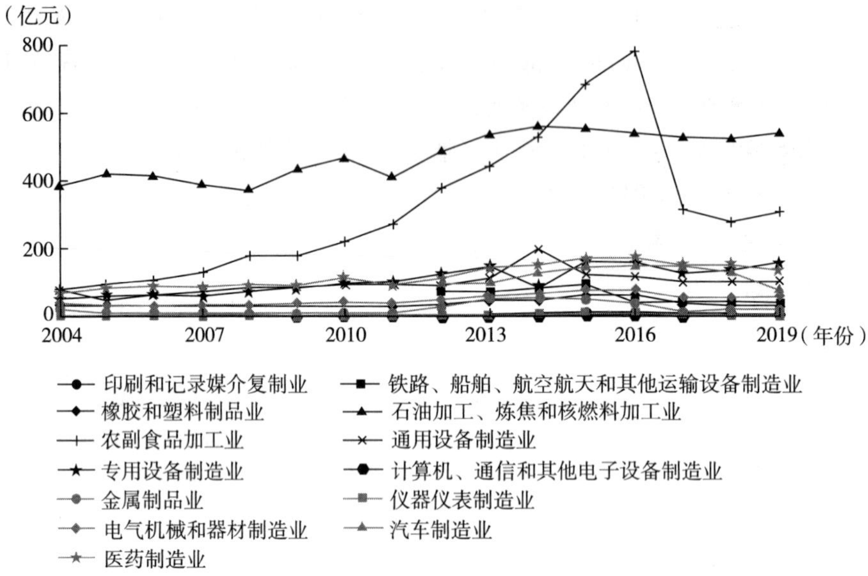

图 3-10 黑龙江省装备制造产业固定资产

注：医药制造业、橡胶和塑料制品业与印刷和记录媒介复制业分别是 2013 年黑龙江省制造业主营业务收入 75%、50%、25%分位数的产业。

资料来源：2005~2021 年《黑龙江统计年鉴》、中国研究数据服务平台。

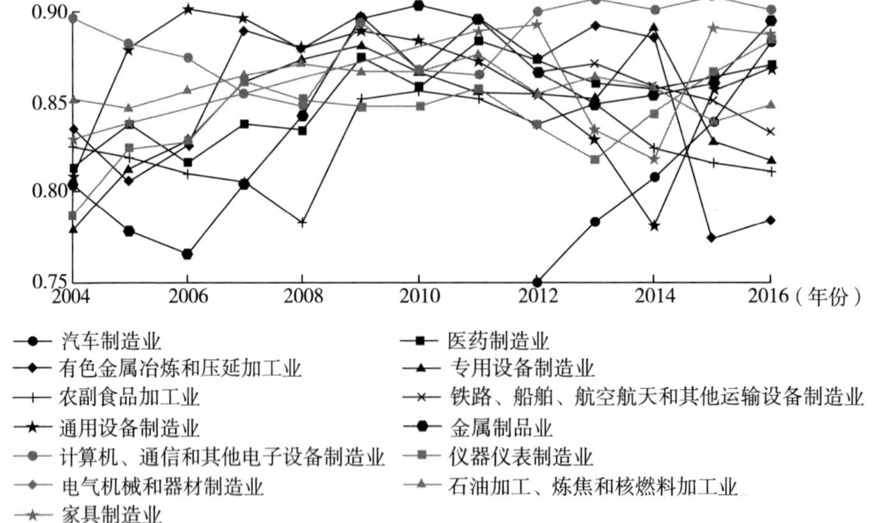

图 3-11 黑龙江省装备制造产业 TFP

注：有色金属冶炼和压延加工业、医药制造业和家具制造业分别是 2013 年黑龙江省制造业固定资产 75%、50%、25%分位数的产业。

资料来源：运用 TFE-SFA 模型（Belotti and Ilardi，2018）计算所得。

与辽宁、吉林装备制造产业在区域经济中占据主导地位不同，黑龙江装备制造产业的占比较低。2016 年，辽宁、吉林装备制造产业的主营业务收入在制造业中的占比分别为 38.31%、42.77%，而黑龙江的占比仅为 14.60%。辽宁装备制造产业作为区域经济的主导产业，其各细分领域内的龙头企业在投入和产出方面均占据产业主导地位。吉林装备制造产业以汽车制造业为主导产业，在区域经济中占据较大份额。与辽宁、吉林相比，黑龙江装备制造产业发展相对缓慢。黑龙江虽然有中国一重集团、哈电集团等龙头企业，但产业规模较小，尚不能成为黑龙江的主导产业。黑龙江的优势集中在粮食、石油、煤炭等“原字号”产业，这些产业发展的重要抓手是推动“油头化尾”“煤头电尾”“煤头化尾”“粮头食尾”“农头工尾”的产业链条延伸。黑龙江装备制造产业的产品体系更多为对“原字号”产业生产及“原字号”产业链延伸提供支撑。哈电集团是中国最大的发电设备制造、成套设备出口基地。一重集团是国际先进的核岛设备供应商和服务商、全球炼油用加氢反应器的最大供货商、冶金企业全流程设备供应商。凯斯纽荷兰工业（哈尔滨）是中国先进农业机械的主要提供商。但是这些具有战略重要性的龙头企业对黑龙江装备制造产业的引领协同作用尚不足以带动产业规模化发展，呈现出了“国企弱势主导”的发展特征。

第二节　东北地区装备制造产业省际比较

本节通过投入、产出与效率等指标的省际比较，考察了东北三省装备制造产业在全国的发展情况。其中，投入指标包括各行业的从业人员数量、固定资产；产出指标为主营业务收入、营业收入。产业效率指标是运用 TFE-SFA 模型（Belotti and Ilardi，2018）计算的全要素生产率。各指标的数据来源和处理方法与本章第一节一致。根据 Lu 等（2016）的研究，本节运用区位熵方法识别各省装备制造产业是否存在产业集群网络，具体测度方法参见第五章。

一、金属制品业：辽宁位居全国中游，黑龙江 TFP 全国领先

广东、江苏、山东三省的金属制品业迅猛发展，位于全国领先水平。2004～2016 年，大多数省份的金属制品业稳步增长。2014～2018 年，广东、江苏、山东的金属制品业主营业务收入、固定资产均稳居全国前列，经济规模和增速均明

显高于其他省份（见图 3-12、图 3-13）。从主营业务收入来看，广东、江苏、山东三省在 2017 年均出现下降，短暂回调后，广东、江苏两省的长期增长趋势并未改变。从固定资产来看，广东、江苏这两个省的固定资产在 2011 年出现小幅下降，2012 年后保持高速增长。山东一直保持高速增长，2016 年成为全国固定资产最高的省份（见图 3-13）。从 TFP 来看，2004~2016 年广东、江苏的 TFP 在波动中保持原有水平，山东在波动中呈现下降趋势（见图 3-14）。

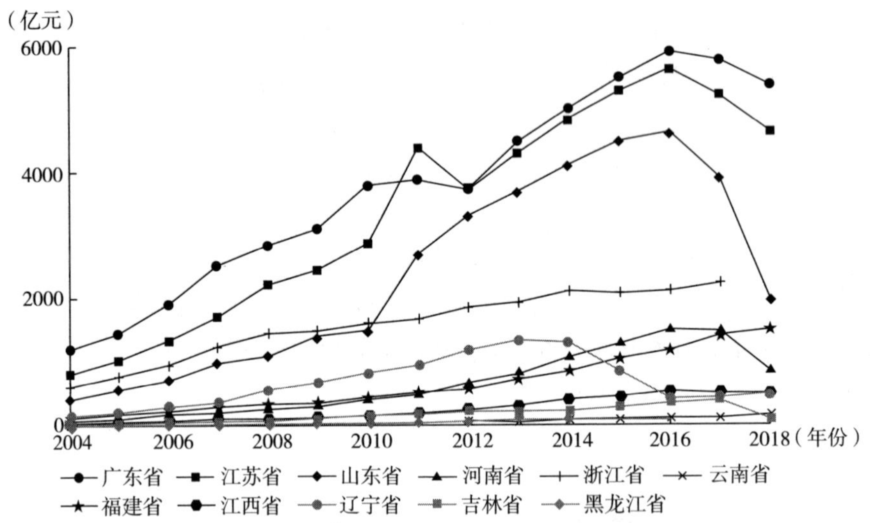

图 3-12　金属制品业主营业务收入省际比较

注：（1）广东、江苏、山东是全国金属制品业发展最快的省份。福建作为 2016 年主营业务收入 75% 分位数的地区，代表着全国上游水平。江西作为 2016 年主营业务收入 50% 分位数的地区，代表着全国中游水平。云南作为 2016 年主营业务收入 25% 分位数的地区，代表着全国下游水平。

（2）2019~2020 年的数据为营业收入。

（3）图中个别数据线不全，为各省份统计年鉴数据个别年份缺失导致。余同。

资料来源：2005~2021 年各省份统计年鉴、中国研究数据服务平台。

2004~2018 年，辽宁、吉林金属制品业的主营业务收入先升后降，黑龙江保持原有水平。辽宁金属制品业的 TFP 在波动中呈现下降趋势；吉林的 TFP 大幅震荡后保持稳定；黑龙江的 TFP 在波动中呈现上升趋势。第一轮东北振兴政策实施后，辽宁金属制品业快速发展。固定资产保持增长势头，处于全国中上游水平。从业人员数量相对稳定，2012 年达到峰值。辽宁是金属制品业起步较晚的地区中发展最快的省份。吉林、黑龙江金属制品业发展缓慢。2013 年，吉林主

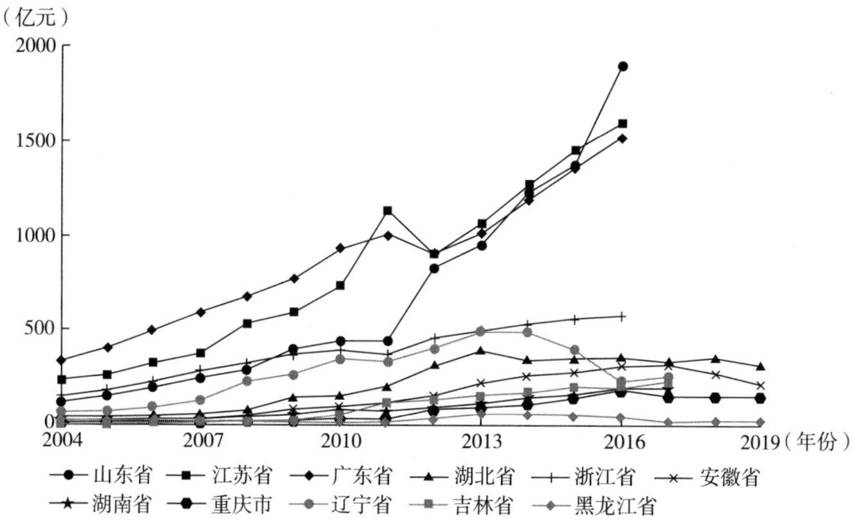

图 3-13　金属制品业固定资产省际比较

注：山东、江苏、广东是全国金属制品业固定资产最高的省份。安徽作为 2016 年固定资产 75%分位数的地区，代表着金属制品业全国上游水平。湖南、重庆作为 2016 年固定资产 50%分位数的地区，代表着全国中游水平。黑龙江作为 2016 年固定资产 25%分位数的地区，代表着全国下游水平。

资料来源：2005~2020 年各省份统计年鉴、中国研究数据服务平台。

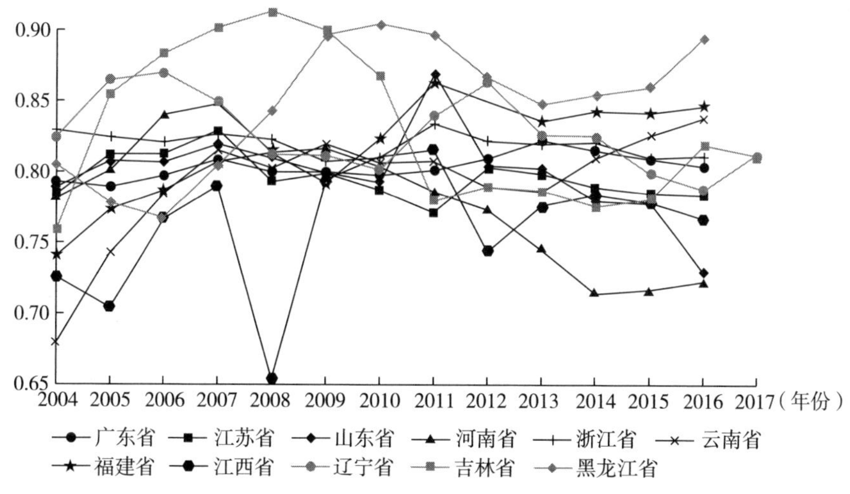

图 3-14　金属制品业 TFP 省际比较

注：福建作为 2016 年主营业务收入 75%分位数的地区，代表着全国上游水平。江西作为 2016 年主营业务收入 50%分位数的地区，代表着全国中游水平。云南作为 2016 年主营业务收入 25%分位数的地区，代表着全国下游水平。

资料来源：运用 TFE-SFA 模型（Belotti and Ilardi，2018）计算所得。

营业务收入居全国第 19 位，黑龙江处于 25%分位数处。第二轮东北振兴政策实施后，辽宁主营业务收入、固定资产有所下降，维持在全国中游水平。吉林主营业务收入缓慢增长，2018 年下降至 25%分位数水平（见图 3-12）。吉林固定资产逐渐稳定增加，处于全国中游水平。黑龙江主营业务收入、固定资产始终处于全国较低水平。吉林和黑龙江从业人员数量一直处于全国下游水平。

本部分根据 Lu 等（2016）的研究，运用区位熵方法识别出 15 个省份拥有金属制造业集群网络，包括上海、云南、北京、天津、宁夏、广东、江苏、河北、浙江、海南、湖南、西藏、辽宁、重庆、青海。东北地区仅辽宁拥有金属制造业集群网络，其金属制品业 TFP 处于全国中游水平。

二、通用设备制造业：辽宁位居全国中游，吉林、黑龙江位居下游

2004~2018 年，江苏通用设备制造业发展迅猛，领跑全国，TFP 保持原有水平。广东、浙江通用设备制造业保持稳步高速增长，位于全国领先水平。2004~2016 年，江苏、山东通用设备制造业发展迅速，主营业务收入、固定资产、从业人员数量均处于全国第一梯队（见图 3-15、图 3-16）。2017 年后，江苏、山

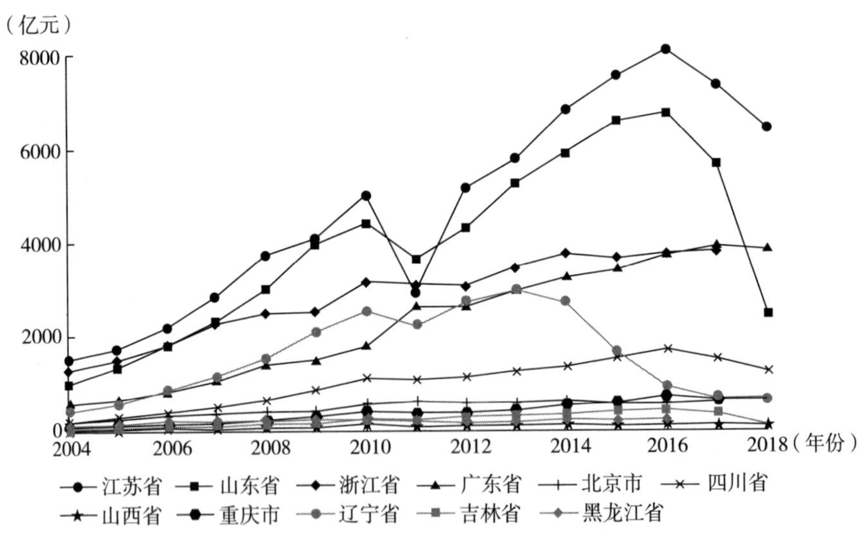

图 3-15　通用设备制造业主营业务收入省际比较

注：江苏、山东、浙江是全国通用设备制造业发展最快的省份。四川作为 2016 年主营业务收入 75%分位数的地区，代表着通用设备制造业全国上游水平。重庆、北京作为 2016 年主营业务收入 50%分位数的地区，代表着全国中游水平。山西作为 2016 年主营业务收入 25%分位数的地区，代表着全国下游水平。

资料来源：2005~2019 年各省份统计年鉴、中国研究数据服务平台。

东主营业务收入、固定资产均呈现大幅下降趋势（见图 3-16）。江苏主营业务收入在短期下降后，于 2020 年再次强劲增长，始终领跑全国①。山东从业人员数量持续下降。广东、浙江主营业务收入、固定资产均保持稳步高速增长，于 2018 年超过山东，位于全国领先水平。2004~2019 年，江苏、山东、浙江的 TFP 均在原有水平上波动；广东的 TFP 在波动中上升（见图 3-17）。

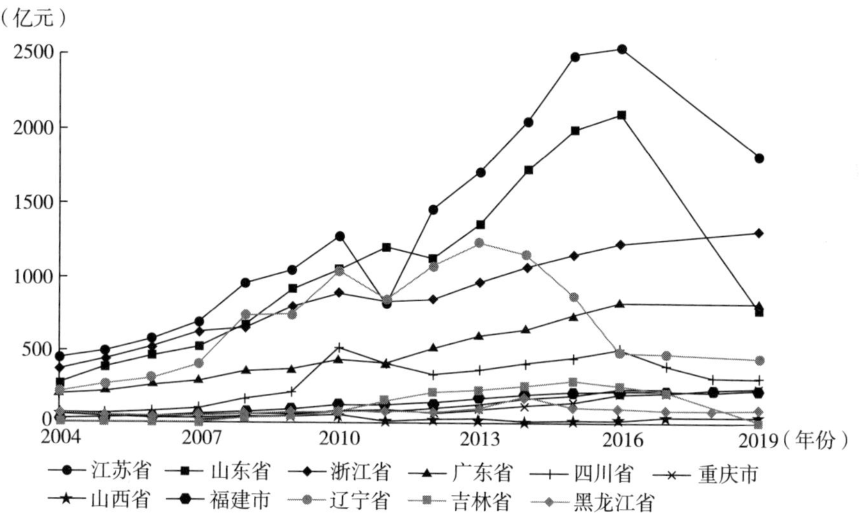

图 3-16　通用设备制造业固定资产省际比较

注：江苏、山东、浙江是全国通用设备制造业固定资产最高的省份。四川作为 2016 年固定资产 75%分位数的地区，代表着通用设备制造业全国上游水平。福建、重庆作为 2016 年固定资产 50%分位数的地区，代表着全国中游水平。山西作为 2016 年固定资产 25%分位数的地区，代表着全国下游水平。

资料来源：2005~2020 年各省份统计年鉴、中国研究数据服务平台。

2004~2018 年，辽宁通用设备制造业迅速发展后快速回落，处于全国中游水平；吉林、黑龙江一直处于全国下游水平。辽宁、吉林、黑龙江三省的 TFP 在原有水平上大幅波动。第一轮东北振兴政策（2004~2013 年）实施后，辽宁通用设备制造业迅速发展。从主营业务收入来看，辽宁、广东、浙江处于全国第二梯队；从固定资产来看，辽宁、江苏、山东处于全国第一梯队，吉林、黑龙江缓慢增长。2014 年之后，处于第二梯队的广东、浙江主营业务收入持续增长，辽宁则大幅下滑，并于 2017 年之后处于全国中游水平。2004~2018 年，吉林主营业

① 由江苏省 2020 年报告的主营业务收入指标计算所得。

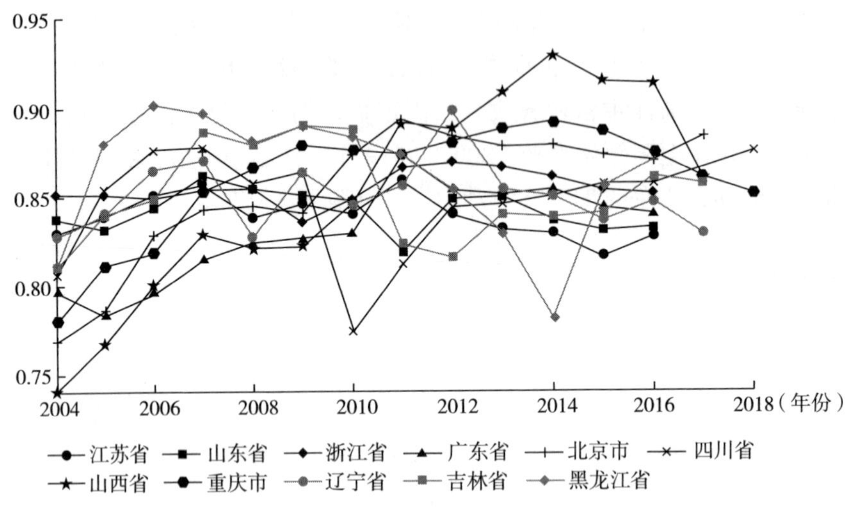

图 3-17　通用设备制造业 TFP 省际比较

注：四川作为 2016 年主营业务收入 75%分位数的地区，代表着通用设备制造业全国上游水平。重庆、北京作为 2016 年主营业务收入 50%分位数的地区，代表着全国中游水平。山西作为 2016 年主营业务收入 25%分位数的地区，代表着全国下游水平。

资料来源：运用 TFE-SFA 模型（Belotti and Ilardi，2018）计算所得。

务收入先增长后下降，于 2016 位于全国中游水平，随后下降至 25%分位数水平。2004~2016 年，黑龙江主营业务收入呈现先增长后下降的趋势，一直处于 25%分位数水平。

本部分根据 Lu 等（2016）的研究，运用区位熵方法识别出 12 个省份拥有通用设备制造业集群网络，包括上海、天津、山东、山西、江苏、河北、河南、浙江、辽宁、重庆、陕西、黑龙江。辽宁通用设备制造业集群位于全国中游水平，黑龙江位于全国下游水平。在辽宁和黑龙江的本地产业集群中，存在一批国有企业，深耕于中国尚不具备比较优势的战略性产业，承担着产业安全和国家战略使命，着力于加强技术积累，突破“卡脖子”技术，打破国际垄断，如辽宁的沈鼓集团、沈阳机床集团，黑龙江的哈电集团。沈鼓集团是中国唯一一家集大型离心压缩机、大型往复压缩机、大型离心泵三大类通用机械产品研发、设计、制造和服务于一体的专业化生产企业，被誉为“国家砝码”。哈电集团是中国最大的发电设备、舰船动力装置、电力驱动设备研究制造基地和成套设备出口基地。哈电集团在提升中国发电设备制造水平和自主创新能力方面发挥了重要作用。

三、汽车制造业：吉林位居全国上游，辽宁位居全国中下游

2012~2018年，上海、广东的汽车制造业发展最好，位于全国领先水平。2016年之前，全国大多数省份的汽车制造业主营业务收入都呈增长趋势。2016年，除上海和广东外，大部分省份的汽车制造业主营业务收入都呈波动下降趋势（见图3-18）。从固定资产来看，2012~2019年上海、江苏和广东一直处于增长态势，并且总体规模位居全国前列（见图3-19）。广东和江苏的汽车制造业从业人员数量一直居于全国前列。从2015年开始，江苏一直位列全国首位。从2017年开始，广东汽车制造业的从业人员数量仅次于江苏和浙江，位居全国第三。在TFP指标方面，上海和江苏总体呈现下降态势，其中江苏的下降速度最快。广东的TFP在2015年之前不断下降，之后呈现波动上升趋势（见图3-20）。

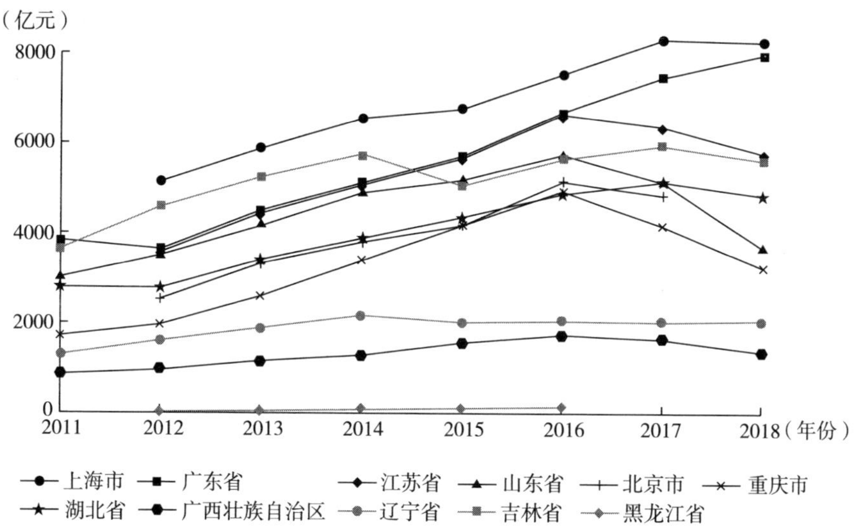

图3-18　汽车制造业主营业务收入省际比较

注：上海、广东是全国汽车制造业发展最快的省份。湖北作为2016年主营业务收入75%分位数的地区，代表着汽车制造业全国上游水平。辽宁、广西作为2016年主营业务收入50%分位数的地区，代表着全国中游水平。黑龙江作为2016年主营业务收入25%分位数的地区，代表着全国下游水平。

资料来源：2012~2019年各省份统计年鉴、中国研究数据服务平台。

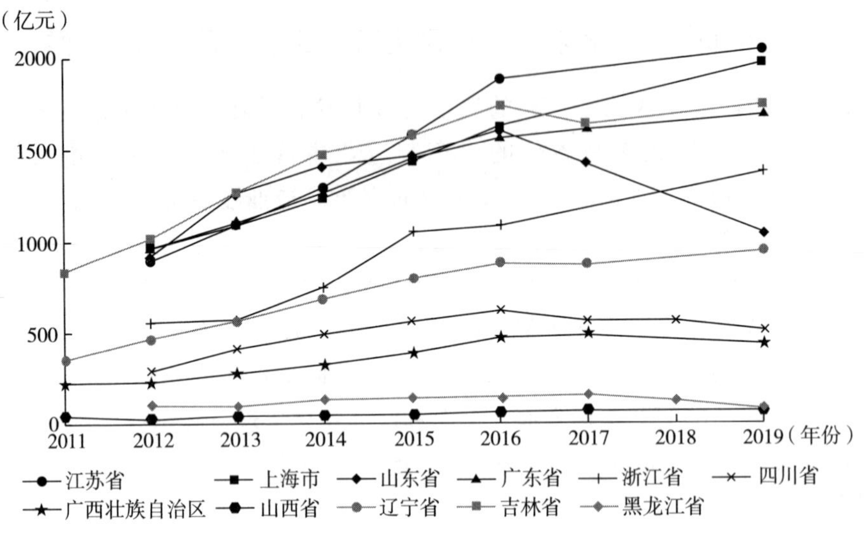

图 3-19　汽车制造业固定资产省际比较

注：吉林、江苏、上海、广东是全国汽车制造业固定资产最高的省份。浙江作为 2016 年固定资产 75%分位数的地区，代表着汽车制造业全国上游水平。四川、广西作为 2016 年固定资产 50%分位数的地区，代表着全国中游水平。山西作为 2016 年固定资产 25%分位数的地区，代表着全国下游水平。

资料来源：2012~2020 年各省份统计年鉴、中国研究数据服务平台。

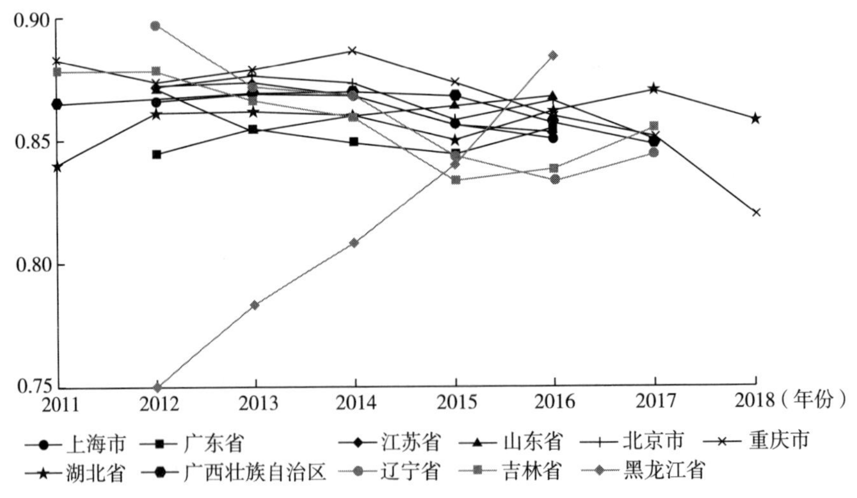

图 3-20　汽车制造业 TFP 省际比较

注：湖北作为 2016 年主营业务收入 75%分位数的地区，代表着汽车制造业全国上游水平。辽宁、广西作为 2016 年主营业务收入 50%分位数的地区，代表着全国中游水平。黑龙江作为 2016 年主营业务收入 25%分位数的地区，代表着全国下游水平。

资料来源：运用 TFE-SFA 模型（Belotti and Ilardi，2018）计算所得。

2011~2018年，吉林汽车制造业发展较好，处于全国上游水平；辽宁和黑龙江则一直处于全国中下游水平。2013年之前，在第一轮东北振兴政策的作用下，吉林和辽宁的汽车制造业发展迅速。其中，吉林汽车制造业主营业务收入在2014年位居全国第二，固定资产位居全国第一，从业人员数量逐年增长。辽宁汽车制造业主营业务收入和固定资产在2011~2014年有较大幅度的提升。在第一轮东北振兴政策实施期间，黑龙江汽车制造业主营业务收入、固定资产增长缓慢，从业人员数量波动不大，但TFP出现大幅度提升。从2016年开始，辽宁、吉林和黑龙江三省的汽车制造业发展放缓。2017年，吉林和辽宁的固定资产甚至出现了下降，于2018年逐渐恢复增长。在从业人员数量方面，吉林汽车制造业从业人员数量在第二轮振兴政策实施期间不断下降，黑龙江和辽宁则变化不大。从TFP来看，2012~2016年黑龙江的TFP始终保持快速增长态势，优于其他省份；辽宁的TFP在2016年由下降转为上升（见图3-18~图3-20）。

本部分根据Lu等（2016）的研究，运用区位熵方法识别出15个省份拥有汽车制造业集群网络，包括上海、北京、吉林、天津、安徽、山东、广西、新疆、江苏、河北、河南、浙江、湖北、贵州、重庆。东北地区仅吉林拥有汽车制造业集群网络。在第二轮东北振兴中，汽车制造业是辽宁主营业务收入、固定资产指标表现最好的制造业，但辽宁汽车制造业中的企业数量少，并未被识别为集群网络，这也体现了辽宁装备制造产业的“龙头企业主导”特征。

四、专用设备制造业：辽宁位居全国中游，吉林、黑龙江位居下游

2010~2018年，江苏是全国专用设备制造业发展最好的省份。2004~2016年，大多数省份的专用设备制造业呈现良好发展态势。在主营业务收入、固定资产、从业人员数量方面，江苏和山东处于全国领先水平。2016年之后，江苏和山东的主营业务收入出现大幅度下滑。广东仅在2017年出现小幅度下降，之后一直保持增长态势（见图3-21）。2016年，江苏、广东和山东的专用设备制造业固定资产出现大幅度下降（见图3-22）。从从业人员数量来看，江苏自2014年以来虽有波动，但变化不大。广东从业人员数量呈现逐年增长态势。山东从业人员数量在2015~2018年出现下降，于2019年恢复增长趋势。从TFP指标来看，2004~2016年江苏逐年波动比较明显，但总体态势稳定。山东从2011年开始下降趋势明显，并从2004年的全国领先水平变为2016年的全国下游水平。广东很长时间以来TFP都比较低，但从2015年开始波动上升趋势明显，逐渐上升至全国中游水平。

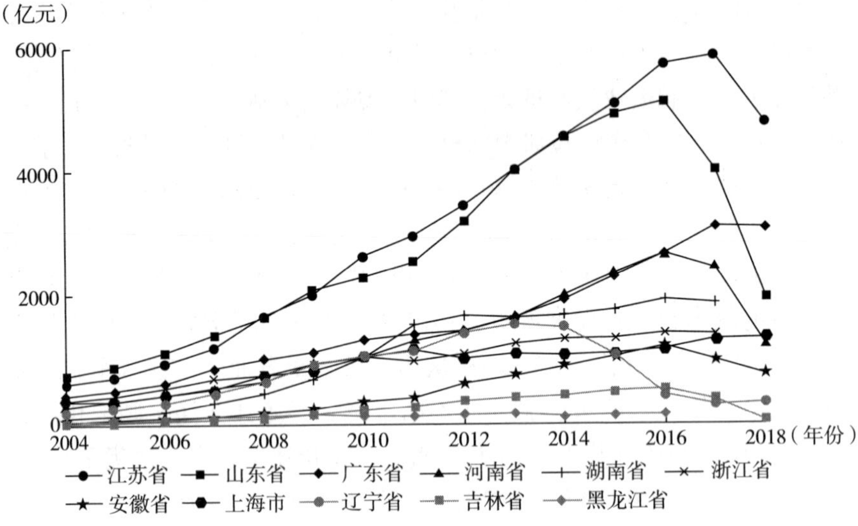

图 3-21　专用设备制造业主营业务收入省际比较

注：江苏是全国专用设备制造业发展最快的省份。上海作为 2016 年主营业务收入 75%分位数的地区，代表着专用设备制造业全国上游水平。吉林、辽宁作为 2016 年主营业务收入 50%分位数的地区，代表着全国中游水平。黑龙江作为 2016 年主营业务收入 25%分位数的地区，代表着全国下游水平。

资料来源：2005~2019 年各省份统计年鉴、中国研究数据服务平台。

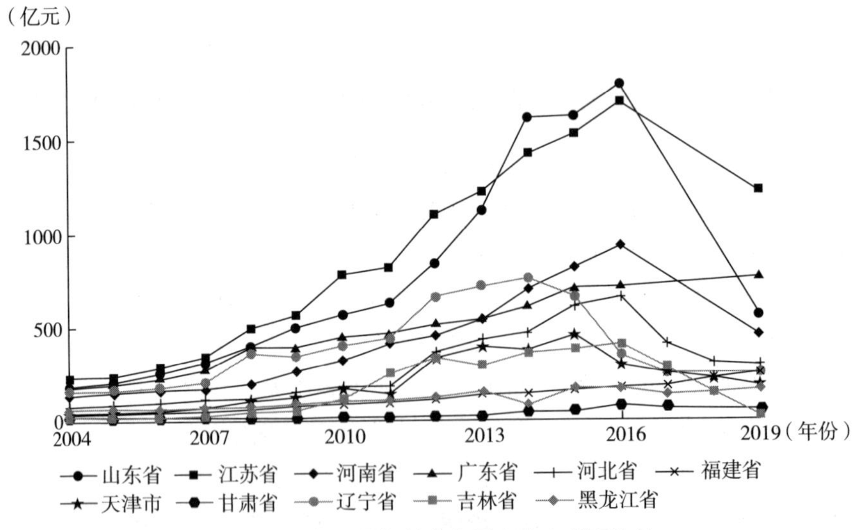

图 3-22　专用设备制造业固定资产省际比较

注：江苏是全国专用设备制造业固定资产最高的省份。安徽作为 2016 年固定资产 75%分位数的地区，代表着专用设备制造业全国上游水平。天津、福建作为 2016 年固定资产 50%分位数的地区，代表着全国中游水平。甘肃作为 2016 年固定资产 25%分位数的地区，代表着全国下游水平。

资料来源：2005~2020 年各省份统计年鉴、中国研究数据服务平台。

2004~2018 年，辽宁专用设备制造业经历了快速上升后又迅速下降的发展过程，处于全国中游水平；吉林和黑龙江的发展比较平缓，一直处于全国下游水平。第一轮振兴政策实施后，辽宁专用设备制造业发展迅速。2013 年，辽宁专用设备制造业主营业务收入居全国第六位；固定资产出现了较为明显的提升，总量处于全国上游水平。辽宁 TFP 在 2004~2016 年虽然波动很大，但总体处于上升态势。吉林与黑龙江专用设备制造业发展缓慢。从主营业务收入来看，2013 年吉林、黑龙江处于全国下游水平。在第一轮振兴政策实施期间，辽宁、吉林与黑龙江三省的专用设备制造业从业人员数量相对平稳，变化不大。从 2016 年开始，辽宁和吉林专用设备制造业的主营业务收入和固定资产出现明显下降。2011~2016 年，吉林的 TFP 提升较为明显，辽宁和黑龙江的 TFP 和从业人员数量呈现下降态势。

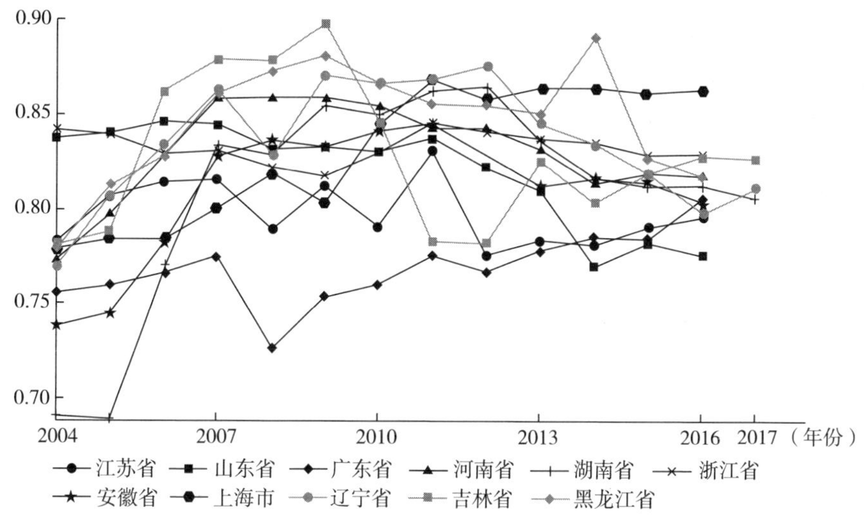

图 3-23 专用设备制造业 TFP 省际比较

注：上海作为 2016 年主营业务收入 75%分位数的地区，代表着专用设备制造业全国上游水平。吉林、辽宁作为 2016 年主营业务收入 50%分位数的地区，代表着全国中游水平。黑龙江作为 2016 年主营业务收入 25%分位数的地区，代表着全国下游水平。

资料来源：运用 TFE-SFA 模型（Belotti and Ilardi，2018）计算所得。

本部分根据 Lu 等（2016）的研究，运用区位熵方法识别出 15 个省份拥有专用设备制造业集群网络，包括上海、北京、吉林、四川、天津、山东、广东、江苏、河北、河南、浙江、湖北、辽宁、陕西、黑龙江。尽管黑龙江专用设备制造业处于全国下游水平，但其集群网络中的龙头企业中国一重集团是中央管理的涉及国家安全和国民经济命脉的国有重要骨干企业。中国一重集团填补国内工业产品技术空白400多项，不仅带动了我国重型机械制造水平的整体提升，而且有力地支撑了国防与国民经济的发展。辽宁专用设备制造业集群中的龙头企业北方重工集团，其自主研发的螺旋立式磨机、盾构机打破了技术垄断，迫使国际同类产品的价格大幅下降。

五、铁路、船舶、航空航天和其他运输设备制造业：东北三省位居全国中下游

2012~2018年，江苏铁路、船舶、航空航天和其他运输设备制造业的产业规模最大，位于全国领先水平。2016年之前，全国大部分省份的铁路、船舶、航空航天和其他运输设备制造业都处于平稳发展时期，其中江苏和山东的固定资产和主营业务收入增长较快。2016年之后，江苏、广东和山东三省的主营业务收入均出现下降，2018年江苏和广东逐步恢复增长态势（见图3-24）。在固定资产方面，江苏、广东从2016年开始一直处于下降趋势（见图3-25）。在从

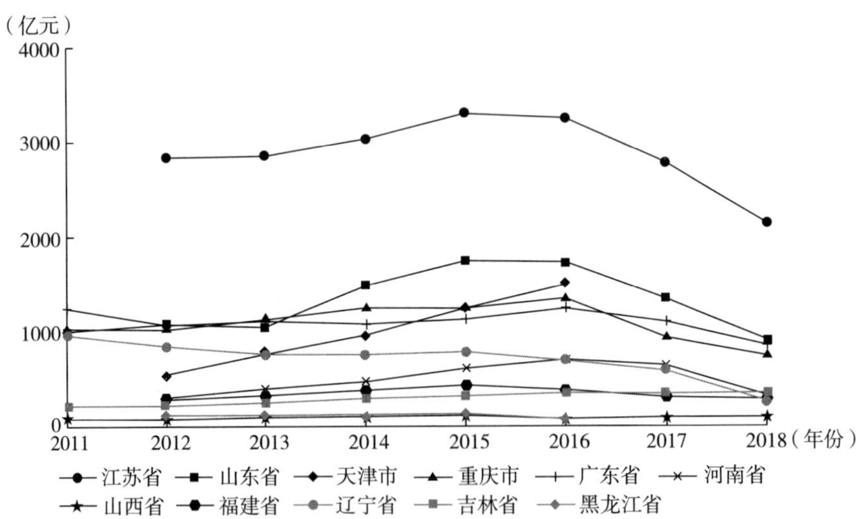

图3-24　铁路、船舶、航空航天和其他运输设备制造业主营业务收入省际比较

注：江苏是全国铁路、船舶、航空航天和其他运输设备制造业发展最快的省份。河南作为2016年主营业务收入75%分位数的地区，代表着铁路、船舶、航空航天和其他运输设备制造业全国上游水平。福建、吉林作为2016年主营业务收入50%分位数的地区，代表着全国中游水平。山西作为2016年主营业务收入25%分位数的地区，代表着全国下游水平。

资料来源：2012~2019年各省份统计年鉴、中国研究数据服务平台。

业人员数量方面，江苏和广东的从业人员数量一直位居全国前两位。近十年，全国大部分省份的铁路、船舶、航空航天和其他运输设备制造业从业人员数量均呈现下降趋势，江苏和广东的下降趋势最为明显但于2019年前后开始回升。从TFP指标来看，2012~2014年江苏和广东的上升趋势明显，2014年之后，两省的TFP呈现下降趋势（见图3-26）。

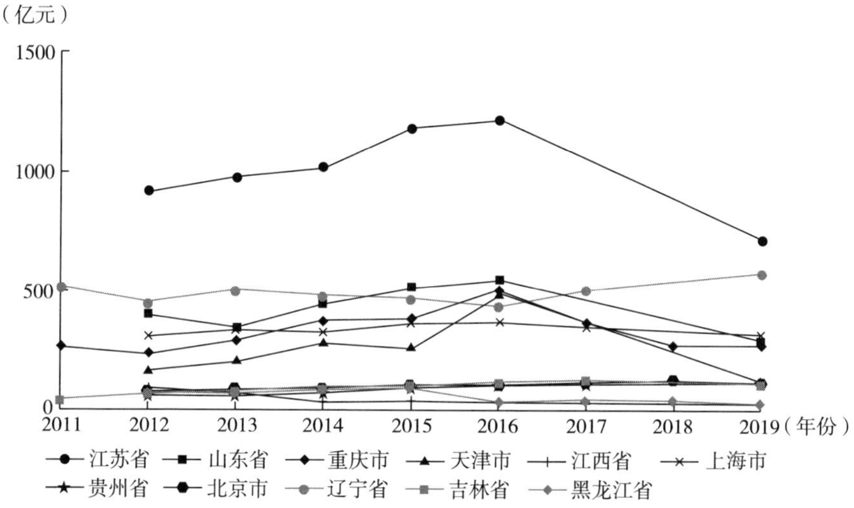

图3-25 铁路、船舶、航空航天和其他运输设备制造业固定资产省际比较

注：江苏是全国铁路、船舶、航空航天和其他运输设备制造业固定资产最高的省份。上海作为2016年固定资产75%分位数的地区，代表着铁路、船舶、航空航天和其他运输设备制造业全国上游水平。北京、贵州作为2016年固定资产50%分位数的地区，代表着全国中游水平。江西作为2016年固定资产25%分位数的地区，代表着全国下游水平。

资料来源：2012~2020年各省份统计年鉴、中国研究数据服务平台。

2016~2018年，辽宁铁路、船舶、航空航天和其他运输设备制造业的主营业务收入呈现下降趋势，吉林与黑龙江一直处于稳定状态。2012~2019年，三省的固定资产波动不大，TFP波动剧烈。2016~2018年，辽宁的主营业务收入呈现下降趋势，从业人员数量仅在2017~2019年短暂增长，其余年份均处于下降状态。2011~2018年，吉林的主营业务收入总体呈上升态势，但上升幅度并不明显，从业人员数量基本平稳。2012~2016年，吉林与辽宁的TFP都经历了先下降后上升的变化趋势。在第一轮东北振兴期间，吉林与黑龙江的TFP总体呈现下降趋势，黑龙江的从业人员数量也有所下降。第二轮东北振兴政策出台后，TFP开始以较快的速度恢复，从业人员数量基本保持平稳。

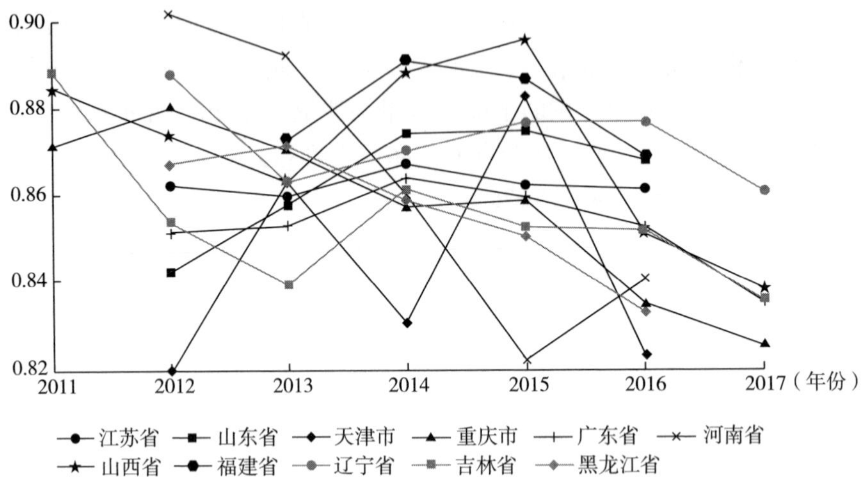

图 3-26 铁路、船舶、航空航天和其他运输设备制造业 TFP 省际比较

注：河南作为 2016 年主营业务收入 75%分位数的地区，代表着铁路、船舶、航空航天和其他运输设备制造业全国上游水平。福建、吉林作为 2016 年主营业务收入 50%分位数的地区，代表着全国中游水平。山西作为 2016 年主营业务收入 25%分位数的地区，代表着全国下游水平。

资料来源：运用 TFE-SFA 模型（Belotti and Ilardi，2018）计算所得。

本部分根据 Lu 等（2016）的研究，运用区位熵方法识别出 16 个省份拥有铁路、船舶、航空航天和其他运输设备制造业集群网络，包括上海、内蒙古、北京、天津、广西、江苏、江西、河北、河南、海南、湖北、湖南、西藏、辽宁、重庆、陕西。辽宁产业集群网络拥有大连船舶重工集团、中国航发黎明、沈阳飞机工业集团等龙头企业。

六、电气机械和器材制造业：东北三省位居全国下游，TFP 全国领先

2004~2018 年，江苏、广东的电气机械和器材制造业发展迅速，处于全国领先水平。从主营业务收入来看，2004~2016 年大部分省份的电气机械和器材制造业都经历了增长期，江苏和广东以绝对优势领先全国，浙江、山东以较快的发展速度位于全国第二梯队（见图 3-27）。从固定资产来看，江苏、广东依然在全国保持领先地位，在 2016 年以前一直保持较快的增长速度（见图 3-28）。在从业人员数量方面，广东、江苏和浙江三省的变化趋势基本相同，在 2008 年之前三省的从业人员数量逐年增长，2009 年下降后虽有短暂回升，但总体呈现波动下

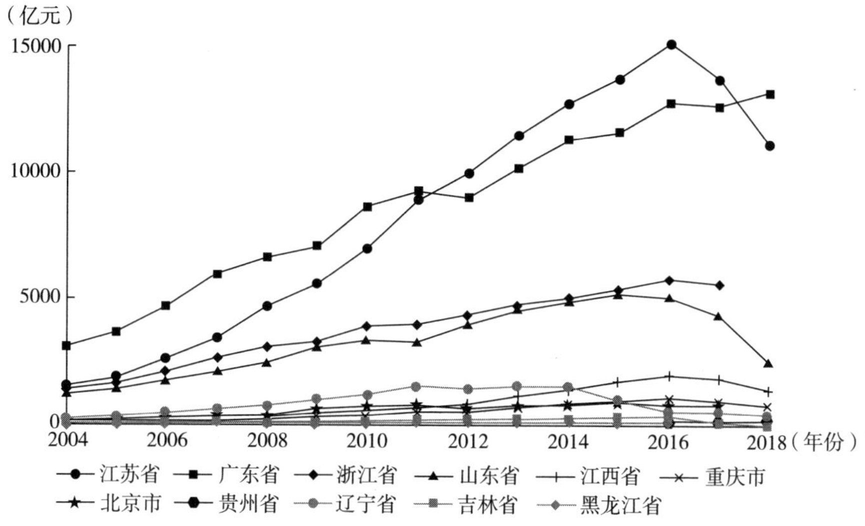

图 3-27　电气机械和器材制造业主营业务收入省际比较

注：江苏、广东是全国电气机械和器材制造业发展最快的省份。河南作为 2016 年主营业务收入 75%分位数的地区，代表着电气机械和器材制造业全国上游水平。重庆、北京作为 2016 年主营业务收入 50%分位数的地区，代表着全国中游水平。贵州作为 2016 年主营业务收入 25%分位数的地区，代表着全国下游水平。

资料来源：2005~2019 年各省份统计年鉴、中国研究数据服务平台。

降趋势。在 TFP 方面，2004~2016 年江苏的 TFP 呈现下降趋势，广东、山东则整体保持稳定[①]（见图 3-29）。2016 年，江苏的主营业务收入和固定资产快速下降，主营业务收入在 2019~2020 年恢复增长，但固定资产一直处于下降的态势。2016~2019 年，浙江和广东的主营业务收入和固定资产仍保持增长趋势。

2004~2018 年，辽宁电气机械和器材制造业的主营业务收入先升后降，黑龙江与吉林整体保持稳定状态。2004~2016 年，辽宁、吉林、黑龙江三省的 TFP 波动幅度较大。在第一轮东北振兴政策实施后，辽宁电气机械和器材制造业的主营业务收入呈现缓慢下降趋势，吉林与黑龙江的主营业务收入变化不明显（见图 3-27）。2004~2018 年，东北三省固定资产的变化趋势与主营业务收入基本一致。从从业人员数量来看，2004~2019 年黑龙江、吉林和辽宁三省的数据基本保持平稳，波动不大。从 TFP 指标来看，黑龙江与辽宁在 2004~2014 年呈现大幅波动。

① 山东省 2011 年 TFP 为异常值，可能是因为来自中国研究数据服务平台的固定资产存在异常值。

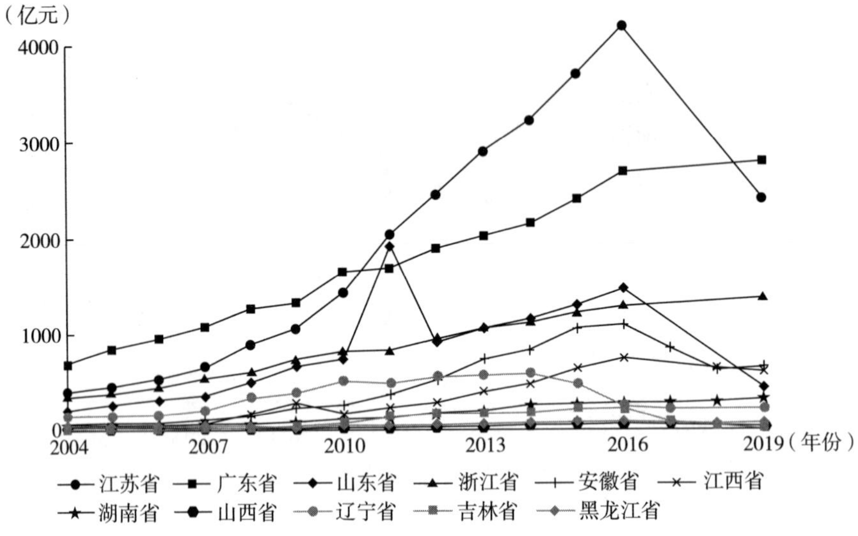

图 3-28 电气机械和器材制造业固定资产省际比较

注：江苏、广东是全国电气机械和器材制造业固定资产最高的省份。河北作为 2016 年固定资产 75%分位数的地区，代表着电气机械和器材制造业全国上游水平。湖南、辽宁作为 2016 年固定资产 50%分位数的地区，代表着全国中游水平。山西作为 2016 年固定资产 25%分位数的地区，代表着全国下游水平。

资料来源：2005~2020 年各省统计年鉴、中国研究数据服务平台。

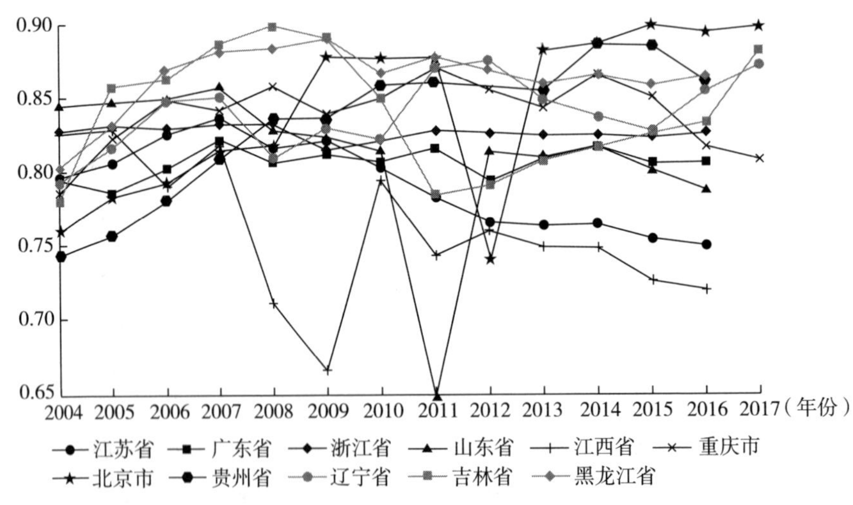

图 3-29 电气机械和器材制造业 TFP 省际比较

注：河南作为 2016 年主营业务收入 75%分位数的地区，代表着电气机械和器材制造业全国上游水平。重庆、北京作为 2016 年主营业务收入 50%分位数的地区，代表着全国中游水平。贵州作为 2016 年主营业务收入 25%分位数的地区，代表着全国下游水平。

资料来源：运用 TFE-SFA 模型（Belotti and Ilardi，2018）计算所得。

吉林的 TFP 在 2004~2008 年迅速增长，并于 2011 年后逐渐上升。2014 年之后，辽宁主营业务收入与固定资产下降趋势明显，降至全国下游水平。2016 年之后，辽宁、吉林和黑龙江的 TFP 处于全国中上水平。

本部分根据 Lu 等（2016）的研究，运用区位熵方法识别出 10 个省份拥有电气机械和器材制造业集群网络，包括上海、北京、天津、山西、广东、江苏、浙江、湖南、辽宁、陕西。

七、计算机、通信和其他电子设备制造业：东北三省位居全国中下游

2004~2018 年，广东、江苏的计算机、通信和其他电子设备制造业发展迅速，处于全国领先水平。从主营业务收入来看，广东计算机、通信和其他电子设备制造业在 2004~2020 年一直稳步增长，体量和发展速度都居全国首位（见图 3-30）。江苏仅次于广东，在 2016 年之前一直保持稳步增长状态，随后短暂下降并再次回升。上海、山东计算机、通信和其他电子设备制造业的发展处于全国第

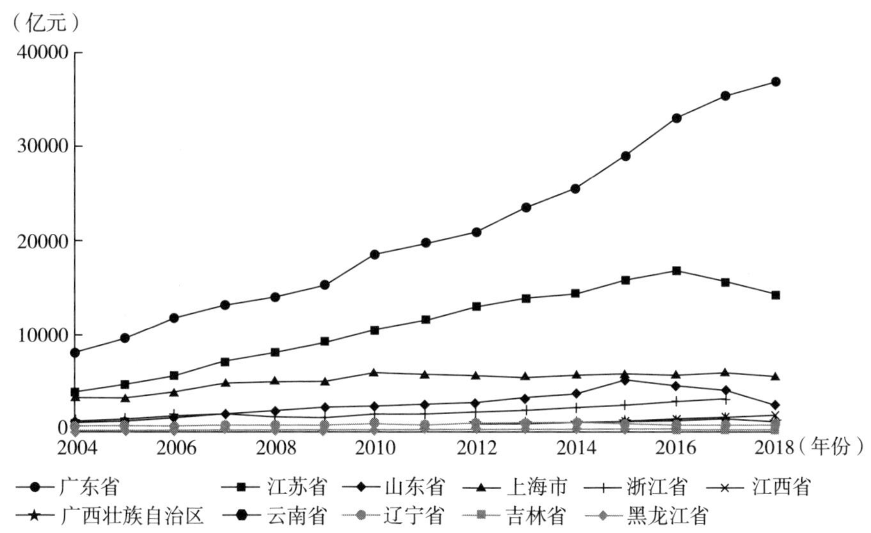

图 3-30　计算机、通信和其他电子设备制造业主营业务收入省际比较

注：广东、江苏是全国计算机、通信和其他电子设备制造业发展最快的省份。浙江作为 2016 年主营业务收入 75%分位数的地区，代表着计算机、通信和其他电子设备制造业全国上游水平。江西、广西作为 2016 年主营业务收入 50%分位数的地区，代表着全国中游水平。云南作为 2016 年主营业务收入 25%分位数的地区，代表着全国下游水平。

资料来源：2005~2019 年各省份统计年鉴、中国研究数据服务平台。

二梯队。2004~2018年，上海主营业务收入稳定，山东逐年增加。从固定资产来看，2004~2019年，广东和江苏增长迅速（见图3-31）。在从业人员数量方面，广东和江苏相较其他省份具有绝对优势，两省从业人员数量的变化趋势相似，2008年之前均快速增长，2009年后在波动中保持总体平稳。在TFP方面，2004~2016年，广东、江苏相较其他省份优势并不明显，江苏的TFP总体呈现下降趋势（见图3-32）。除2010年之外，广东的TFP整体变化较为平缓。2010年，广东的TFP急剧下降，可能是因为2010年广东固定资产的异常值。

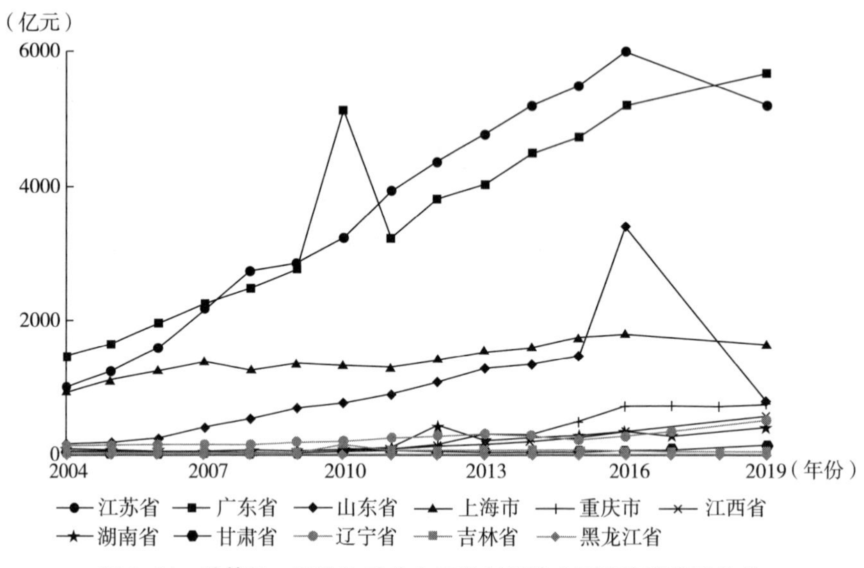

图3-31 计算机、通信和其他电子设备制造业固定资产省际比较

注：江苏、广东是全国计算机、通信和其他电子设备制造业固定资产最高的省份。重庆作为2016年固定资产75%分位数的地区，代表着计算机、通信和其他电子设备制造业全国上游水平。江西、湖南作为2016年固定资产50%分位数的地区，代表着全国中游水平。甘肃作为2016年固定资产25%分位数的地区，代表着全国下游水平。

资料来源：2005~2020年各省份统计年鉴、中国研究数据服务平台。

2004~2018年，辽宁、吉林和黑龙江三省的计算机、通信和其他电子设备制造业发展处于全国中下游水平。从主营业务收入来看，2004~2018年东北三省处于全国中下游水平，辽宁略好于吉林和黑龙江。2004~2013年，辽宁固定资产略有增长，2014年后略有下降，处于全国中游水平；吉林、黑龙江固定资产一直保持在全国下游水平。辽宁、吉林与黑龙江三省的计算机、通信和其他电子设备制造业从业人员数量都比较少，总体波动不明显。

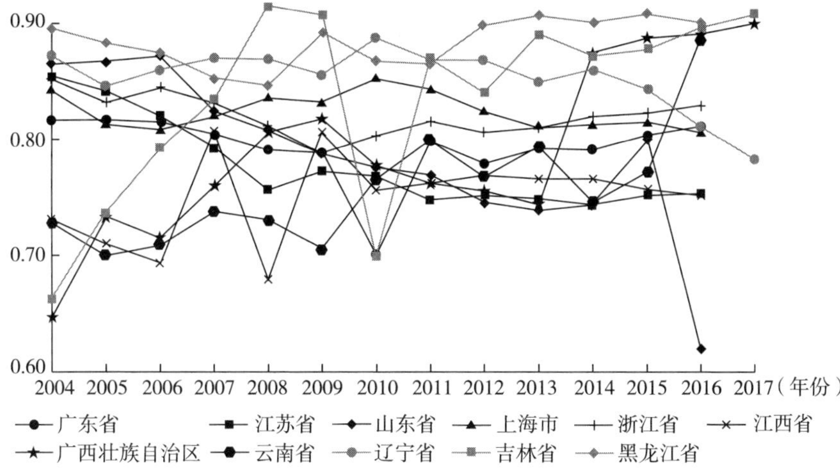

图 3-32 计算机、通信和其他电子设备制造业 TFP 省际比较

注：浙江作为 2016 年主营业务收入 75%分位数的地区，代表着计算机、通信和其他电子设备制造业全国上游水平。江西、广西作为 2016 年主营业务收入 50%分位数的地区，代表着全国中游水平。云南作为 2016 年主营业务收入 25%分位数的地区，代表着全国下游水平。

资料来源：运用 TFE-SFA 模型（Belotti and Ilardi，2018）计算所得。

本部分根据 Lu 等（2016）的研究，运用区位熵方法识别出 6 个省份拥有计算机、通信和其他电子设备制造业集群网络，包括上海、北京、天津、广东、江苏、陕西。东北三省没有形成计算机、通信和其他电子设备制造业集群网络。

八、仪器仪表制造业：辽宁位居全国中游，吉林、黑龙江位居下游

2004~2018 年，江苏、广东的仪器仪表制造业发展迅速，处于全国领先水平。从主营业务收入来看，江苏在 2004~2016 年增长迅速，在 2009 年超过广东，逐渐形成领先优势。尽管在 2016 年大幅度下降，直到 2019 年才逐渐恢复增长态势，但江苏始终保持在全国首位（见图 3-33）。广东在 2010 年之前变化趋势平稳，2011 年出现大幅度下降，随后保持平稳增长态势。2004~2018 年，浙江仪器仪表制造业的主营业务收入一直比较平稳，整体来看有小幅度增长。山东从 2011 年开始快速增长，于 2014 年达到浙江同等水平，于 2017 年达到广东同等水平，于 2018 年出现大幅下降。

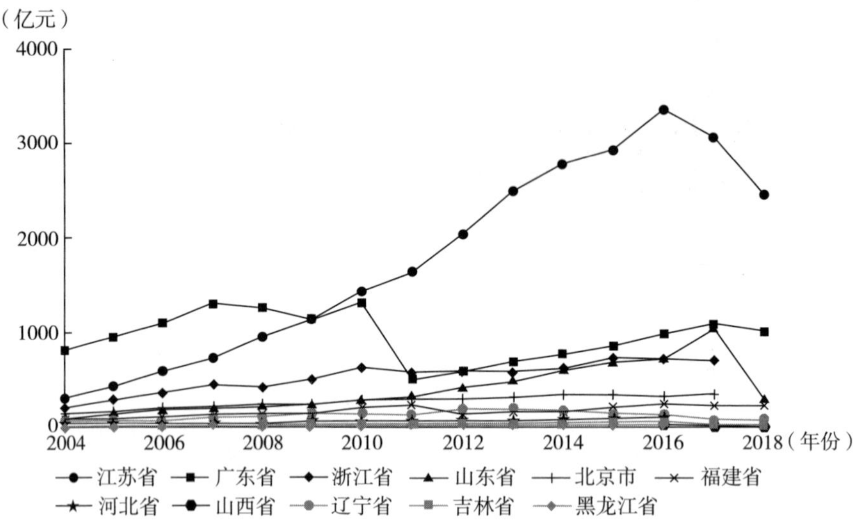

图 3-33　仪器仪表制造业主营业务收入省际比较

注：江苏、广东是全国仪器仪表制造业发展最快的省份。福建作为 2016 年主营业务收入 75%分位数的地区，代表着仪器仪表制造业全国上游水平。辽宁、河北作为 2016 年主营业务收入 50%分位数的地区，代表着全国中游水平。山西作为 2016 年主营业务收入 25%分位数的地区，代表着全国下游水平。

资料来源：2005~2019 年各省份统计年鉴、中国研究数据服务平台。

2004~2018 年，江苏和广东仪器仪表制造业的固定资产具有和主营业务收入类似的变化趋势，江苏经历了先增长后下降的剧烈变化，其固定资产价值在 2016 年达到峰值。广东固定资产从 2010 年开始快速下降，于 2012 年开始缓慢增长（见图 3-34）。在从业人员数量方面，广东、江苏和浙江在 2008 年之前基本处于逐年上升的态势，从 2010 年开始广东和浙江出现明显回落，其中广东的下降幅度最为明显。2010~2019 年，广东和浙江的从业人员数量基本处于稳定状态。江苏除少数年份出现波动外，总体呈现先增后减的变化趋势，2013 年从业人员数量达到峰值。从 TFP 来看，2004~2016 年江苏总体呈现下降趋势，其 TFP 处于全国下游水平。广东除 2011 年波动明显外，整体呈现逐年增长态势，并跻身全国前列。2004~2016 年，浙江的 TFP 相对平稳，处于全国中游水平（见图 3-35）。

2004~2018 年，辽宁仪器仪表制造业处于全国中游水平，吉林和黑龙江仪器仪表制造业的 TFP 较高。在第一轮东北振兴期间，辽宁仪器仪表制造业的主营业务收入和固定资产都有一定程度的提升。辽宁主营业务收入从 2012 年开始逐渐下降，固定资产从 2013 年开始下降。辽宁的 TFP 在 2004~2012 年获得较大提

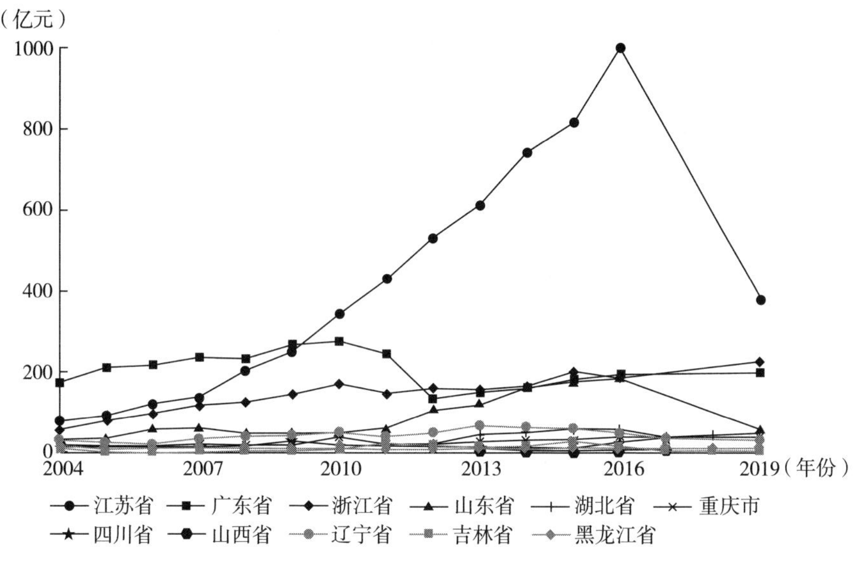

图 3-34 仪器仪表制造业固定资产省际比较

注：江苏是全国仪器仪表制造业固定资产最高的省份。湖北作为 2016 年固定资产 75%分位数的地区，代表着仪器仪表制造业全国上游水平。重庆、四川作为 2016 年固定资产 50%分位数的地区，代表着全国中游水平。山西作为 2016 年固定资产 25%分位数的地区，代表着全国下游水平。

资料来源：2005~2020 年各省份统计年鉴、中国研究数据服务平台。

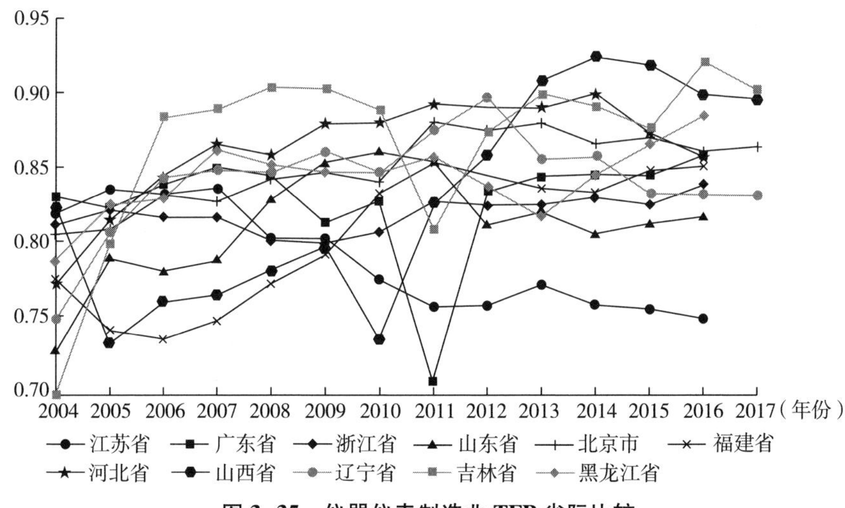

图 3-35 仪器仪表制造业 TFP 省际比较

注：福建作为 2016 年主营业务收入 75%分位数的地区，代表着仪器仪表制造业全国上游水平。辽宁、河北作为 2016 年主营业务收入 50%分位数的地区，代表着全国中游水平。山西作为 2016 年主营业务收入 25%分位数的地区，代表着全国下游水平。

资料来源：运用 TFE-SFA 模型（Belotti and Ilardi，2018）计算所得。

升，2013年开始出现明显下降，处于全国中下游水平。2004~2018年，吉林与黑龙江的主营业务收入和固定资产变化不大，但TFP整体增长幅度较大。黑龙江的TFP在2013年后保持逐年上升趋势。吉林的TFP在2004~2005年快速增长后，达到全国上游水平。相比其他省份，辽宁、吉林与黑龙江三省的从业人员数量较少，从业人员规模比较稳定。

本部分根据Lu等（2016）的研究，运用区位熵方法识别出13个省份拥有仪器仪表制造业集群网络，包括上海、北京、吉林、天津、安徽、山西、广东、江苏、浙江、贵州、辽宁、重庆、陕西。

第三节　东北地区制造产业国有企业发展现状

国有企业对中国工业经济的发展，尤其是东北地区的经济发展具有显著的推动作用。东北地区装备制造产业存在许多以国有企业为核心的集群网络。国有企业对装备制造产业集群发展具有重要的影响力。本节通过对国有企业发展现状的比较分析，进一步展示了东北地区装备制造产业的发展全貌。

一、东北三省国有企业数量少、能力强、本地经济影响力大

（一）东北三省国有企业对本地工业经济发展具有较强影响力

如表3-1所示，黑吉辽三省国有企业占比较高，山东、江苏、广东三省国有企业数量最多。从国有企业数量来看，国有企业分布呈现较大差异。2019年，山东、江苏和广东国有企业数量全国领先，均超过1000家。西藏、海南国有企业数量最少，均未达到100家。在东北三省中，辽宁国有企业数量最多，为681家；黑龙江和吉林国有企业数量较少，分别为492家、330家。从规模以上工业企业数量来看，广东、江苏、浙江的企业数量居前三位。辽宁规模以上工业企业为7610家。黑龙江和吉林数量较少。我国规模以上工业企业中的国有企业占比呈现由东向西阶梯式递增的趋势。东南沿海地区国有企业数量多，规模以上工业企业更多，国有企业占比相对较小。东北地区和西部地区国有企业数量少、占比较高，表明国有企业对东北地区工业经济的影响较大。

表 3-1 2019 年国有企业与规模以上工业企业总量的省际比较

省份	规模以上工业企业			资产			主营业务收入			利润总额		
	国有企业（家）	规模以上工企（家）	国有企业占比（%）	国有企业（亿元）	规模以上工企（亿元）	国有企业占比（%）	国有企业（亿元）	规模以上工企（亿元）	国有企业占比（%）	国有企业（亿元）	规模以上工企（亿元）	国有企业占比（%）
辽宁	681	7610	8.95	19275	41229	46.75	13615	31506	43.21	298	1354	22.01
吉林	330	3042	10.85	9655	16801	57.47	9192	13964	65.83	462	744	62.10
黑龙江	492	3531	13.93	10137	16397	61.82	5111	10057	50.82	122	417	29.26
江苏	1210	46090	2.63	22127	120452	18.37	18117	118485	15.29	1043	6855	15.22
浙江	832	45695	1.82	13859	85415	16.23	11520	76020	15.15	826	5003	16.51
山东	1380	27129	5.09	29156	95643	30.48	21351	83162	25.67	1147	3653	31.40
广东	1181	55394	2.13	28127	137738	20.42	21649	146726	14.75	1343	9141	14.69

资料来源：2020 年《中国统计年鉴》。

黑吉辽三省国有企业资产占比较高，东南沿海地区占比较低。从国有企业资产来看，北京、山东、广东排名靠前。北京国有企业资产总量超过 3 万亿元。辽宁、黑龙江、吉林国有企业资产分列第 10、20、21 位。从规模以上工业企业资产来看，广东、江苏、山东排名靠前。从规模以上工业企业资产总量中国有企业资产占比来看，广东、江苏、浙江等东南沿海地区的比重较小，中西部地区和东北地区的比重较大。浙江、江苏、广东的占比分别为 16.23%、18.37%、20.42%。辽宁、吉林和黑龙江的占比分别为 46.75%、57.47%、61.82%。

辽宁国有企业的主营业务收入较高，黑龙江、吉林国有企业主营业务收入的占比较高。从国有企业主营业务收入来看，东南沿海省份的排名靠前，如广东、山东、江苏。从规模以上工业企业主营业务收入来看，东南沿海省份的排名靠前，如广东、江苏、山东。从规模以上工业企业主营业务收入中国有企业的占比来看，东南沿海地区占比较低，中西部地区占比较高，尤其是甘肃、新疆，超过了 60%。北京国有企业占比较高，超过 50%。吉林、黑龙江、辽宁占比依次降低，分别为 65.83%、50.82%、43.21%。东南沿海省份收入总量排名靠前、占比排名靠后，这表明与其他地区相比，东南沿海地区国有企业具有优势，且民营企业发展快速，生产能力和盈利能力全国领先。东北地区国有企业数量少、规模大，国有企业占比高。

东南沿海地区国有企业利润总额较高，辽宁、黑龙江较低，吉林国有企业盈利能力较强。从国有企业利润总额来看，东南沿海省份排名靠前，如广东、山东、江苏。吉林国有企业数量较少，主营业务收入和利润总额排名居中，盈利能力较强。辽宁国有企业数量居中，主营业务收入领先，利润总额排名靠后，生产能力强、盈利能力较弱。从规模以上工业企业利润总额来看，广东、江苏、浙江、山东排名靠前。从规模以上工业企业利润总额中国有企业的占比来看，中西部省份排名靠前，如贵州、甘肃、吉林，均超过60%；东南沿海省份排序较为靠后，广东、江苏、浙江、山东分别为14.69%、15.22%、16.51%和31.40%；东北三省排名较靠前，吉林、黑龙江、辽宁分别为62.10%、29.26%和22.01%。从总量指标比较来看，西部省份和东北三省国有企业占比较高，东南沿海省份占比较低。东北地区国有企业对本地工业经济发展具有较强影响力。

（二）吉林、辽宁国有企业平均指标达到全国上游水平

吉林、辽宁国有企业的平均指标基本位于全国上游水平，黑龙江位于全国中下游水平（见表3-2）。从国有企业平均指标来看，吉林国有企业平均规模较大，平均生产能力全国最强，平均盈利能力全国领先。辽宁国有企业平均规模较大，平均生产能力全国领先，平均盈利能力较弱。黑龙江国有企业平均规模中等，平均生产能力较弱，平均盈利能力弱。广东国有企业平均规模中上，平均生产能力全国领先，平均盈利能力较强。山东国有企业平均规模中等，平均生产能力全国领先，平均盈利能力中上。江苏国有企业平均规模较小，平均生产能力全国中上，平均盈利能力中上。浙江国有企业平均规模小，平均生产能力全国中等，平均盈利能力较强。国有企业平均规模领先的省份为北京、上海、陕西。

表3-2　2019年分地区国有企业与规模以上工业企业平均指标的省际比较

单位：亿元

省份	平均规模		平均生产能力		平均盈利能力	
	国有企业平均资产总计	规模以上工业企业平均资产总计	国有企业平均主营业务收入	规模以上工业企业平均主营业务收入	国有企业平均利润总额	规模以上工业企业平均利润总额
辽宁	28.304	5.4177	19.9927	0.1779	0.4376	4.1401
吉林	29.2576	5.523	27.8545	0.2446	1.4	4.5904
黑龙江	20.6037	4.6437	10.3882	0.1181	0.248	2.8482
江苏	18.2868	2.6134	14.9727	0.1487	0.862	2.5707
浙江	16.6575	1.8692	13.8462	0.1095	0.9928	1.6636
山东	21.1275	3.5255	15.4717	0.1347	0.8312	3.0654
广东	23.8163	2.4865	18.3311	0.165	1.1372	2.6488

资料来源：2020年《中国统计年鉴》。

吉林、辽宁规模以上工业企业平均指标位于全国中上游水平，黑龙江位于中下游水平。从规模以上工业企业平均指标来看，吉林规模以上工业企业平均规模中上，平均生产能力全国领先，平均盈利能力较强。辽宁规模以上工业企业平均规模中上，平均生产能力全国中下，平均盈利能力较强。黑龙江规模以上工业企业平均规模中等，平均生产能力全国中下，平均盈利能力较弱。山东规模以上工业企业平均规模中下，平均生产能力全国中下，平均盈利能力较弱。广东规模以上工业企业平均规模较小，平均生产能力全国较弱，平均盈利能力中下。江苏规模以上工业企业平均规模较小，平均生产能力全国较弱，平均盈利能力较弱。浙江规模以上工业企业平均规模较小，平均生产能力全国较低，平均盈利能力除青海和西藏外全国较弱。

二、汽车制造业是东北地区国有企业优势装备制造产业

（一）汽车制造业是辽宁、吉林国有企业优势装备制造产业

汽车制造业与铁路、船舶、航空航天和其他运输设备制造业是辽宁国有企业发展极好的装备制造产业。2015 年，辽宁各行业国有企业的主营业务收入可分为三个梯队。第一梯队为石油加工、炼焦及核燃料加工业，超过 2000 亿元。第二梯队均超过 1000 亿元，包括黑色金属冶炼和压延加工业，电力、热力生产和供应业，汽车制造业；第三梯队低于 1000 亿元，为铁路、船舶、航空航天和其他运输设备制造业。2015~2019 年，辽宁各行业主营业务收入和排名情况大致相同。石油加工、炼焦和核燃料加工业与黑色金属冶炼和压延加工业始终处于领先地位，2019 年这两个行业的主营业务收入均超过 3000 亿元。汽车制造业主营业务收入始终保持稳定增长，2019 年汽车制造业主营业务收入超过 1500 亿元，上升至第三位。铁路、船舶、航空航天和其他运输设备制造业的主营业务收入从 2015 开始逐年下降。同年，通用设备制造业主营业务收入增长较快。2019 年，铁路、船舶、航空航天和其他运输设备制造业的主营业务收入重新回归之前的水平。

汽车制造业是吉林国有企业发展最好的装备制造业。根据 2015 年吉林国有企业主营业务收入排名，排名前 5 的行业可分为两个梯队。第一梯队为汽车制造业，主营业务收入超过 4000 亿元。其余各行业为第二梯队，主营业务收入均未超过 1000 亿元。2015~2017 年，国有企业排名前 5 的行业相同，依次为汽车制造业，电力、热力生产和供应业，化学原料和化学制品制造业，非金属矿物制品业，铁路、船舶、航空航天和其他运输设备制造业。2018~2019 年，铁路、船

舶、航空航天和其他运输设备制造业上升至第4位。2019年，汽车制造业主营业务收入突破6000亿元。

黑龙江国有企业装备制造产业发展相对薄弱。黑龙江各行业国有企业的主营业务收入数据不全，只有2015年、2016年和2019年的数据。从2019年的指标来看，排名前10的行业可划分为两个梯队。第一梯队为石油和天然气开采业与电力、热力生产和供应业，主营业务收入均超过1000亿元；其余为第二梯队，主营业务收入均低于1000亿元。

（二）东北三省国有企业优势装备制造业与东南沿海地区存在差异

汽车制造业，铁路、船舶、航空航天和其他运输设备制造业，通用设备制造业是辽宁国有企业发展较好的装备制造产业。根据2019年全国主要地区国有企业指标，在辽宁主营业务收入排名靠前的行业中装备制造产业有汽车制造业，铁路、船舶、航空航天和其他运输设备制造业，通用设备制造业。在辽宁利润总额排名靠前的行业中装备制造产业有汽车制造业，铁路、船舶、航空航天和其他运输设备制造业。在辽宁资产总量排名靠前的行业中装备制造产业有汽车制造业，铁路、船舶、航空航天和其他运输设备制造业，通用设备制造业。

汽车制造业与铁路、船舶、航空航天和其他运输设备制造业是吉林国有企业发展较好的装备制造产业。在吉林主营业务收入排名靠前的行业中装备制造产业有汽车制造业，铁路、船舶、航空航天和其他运输设备制造业。在吉林利润总额排名靠前的行业中装备制造产业有汽车制造业，铁路、船舶、航空航天和其他运输设备制造业，计算机、通信和其他电子设备制造业。在吉林资产总量排名靠前的行业中装备制造产业有汽车制造业与铁路、船舶、航空航天和其他运输设备制造业。

专用设备制造业，通用设备制造业，铁路、船舶、航空航天和其他运输设备制造业是黑龙江国有企业发展较好的装备制造产业。在黑龙江主营业务收入排名靠前的行业中装备制造产业有专用设备制造业与通用设备制造业。在黑龙江利润总额排名靠前的行业中装备制造产业有专用设备制造业、通用设备制造业与铁路、船舶、航空航天和其他运输设备制造业。在黑龙江资产总量排名靠前的行业中装备制造产业有专用设备制造业，通用设备制造业，电气机械和器材制造业。

汽车制造业，通用设备制造业，专用设备制造业是山东国有企业发展较好的装备制造产业。根据2019年全国主要地区国有企业指标，在山东主营业务收入排名靠前的行业中装备制造产业有汽车制造业，通用设备制造业，计算机、通信和其他电子设备制造业。在山东利润总额排名靠前的行业中装备制造

产业有通用设备制造业，汽车制造业，专用设备制造业。在山东资产总量排名靠前的行业中装备制造产业有汽车制造业、通用设备制造业。

汽车制造业，电气机械和器材制造业，专用设备制造业，计算机、通信和其他电子设备制造业是江苏国有企业发展较好的装备制造产业。在江苏主营业务收入排名靠前的行业中装备制造产业有汽车制造业，电气机械和器材制造业，专用设备制造业，计算机，通信和其他电子设备制造业。在江苏利润总额排名靠前的行业中装备制造产业有汽车制造业，电气机械及器材制造业，通用设备制造业。在江苏资产总量排名靠前的行业中装备制造产业有计算机、通信和其他电子设备制造业，汽车制造业，专用设备制造业，铁路、船舶、航空航天和其他运输设备制造业，通用设备制造业。

汽车制造业，计算机、通信和其他电子设备制造业，电气机械及器材制造业是广东国有企业发展较好的装备制造产业。在广东主营业务收入排名靠前的行业中装备制造产业有汽车制造业，计算机、通信和其他电子设备制造业，电气机械和器材制造业。在广东利润总额排名靠前的行业中装备制造产业有汽车制造业，计算机、通信和其他电子设备制造业。在广东资产总量排名靠前的行业中装备制造产业有计算机、通信和其他电子设备制造业，电气机械和器材制造业。

第四节　东北地区装备制造产业升级困境

一、东北地区装备制造产业呈现国企依赖、产业依赖发展特征

自 2003 年国家实施东北地区等老工业基地振兴政策以来，国家针对东北地区出台了若干重大规划和配套政策。如前文所述，2004~2014 年，东北地区装备制造业在改革开放的背景下保持快速增长，发展面貌和水平有了明显改进。但也需清醒地认识到，东北地区重化工业占工业的比重、国有企业占规模以上工业企业的比重、固定资产投资占 GDP 的比重仍然偏高，产业结构不合理、市场竞争力不强、对外开放水平低、创新创业能力弱的现象普遍存在；行政管理效率低、体制机制固化、思想观念落后、营商环境差等问题突出。东北地区装备制造产业的发展乃至地区经济的发展对国有企业的依赖程度较高，一定程度上降低了资源配置效率，抑制了民营企业发展，形成了国有企业自我加强、优势产业强化的发

展路径（李艳和杨汝岱，2018；尹博等，2018）。在阶段性改革与发展进程中，东北地区装备制造产业呈现国企依赖、产业依赖的特征。从20世纪90年代中期开始，国有企业改革推动国有企业“技术红利”释放，辽宁形成了大量的私营企业，促进了辽宁非国有经济的快速发展。随着技术、人才的跨域流动，辽宁本地承接的“技术红利”水平降低，所形成的工业企业多是围绕在国有企业周围、处于价值链低端、从事简单初加工的配套企业。辽宁非国有经济形成对大型国有企业有较强依赖的特征。吉林省各市经济的发展多呈现出产业结构单一的特征，即“单一产业主导”特征明显。相比其他省份，吉林省国有企业数量较少，盈利能力强，生产效率高，地区影响力大。长春市12家国有企业中有6家是汽车相关企业，而汽车制造业较依赖德国的大众集团。吉林市产业主要集中于化工行业。单一城市、单一产业、单一国有企业支撑的地区经济发展模式或成为吉林省社会经济转型发展的掣肘。黑龙江装备制造产业的产品体系更多是为“原字号”产业生产及“原字号”产业链延伸提供支撑。黑龙江装备制造产业中的国有企业数量少、盈利能力弱、生产效率低。尽管存在少数具有战略性的龙头企业，但尚不足以带动产业规模化发展（尹博，2018）。

从全球产业结构调整的周期来看，2004~2014年东北地区乃至中国制造业的高速发展并没有遇到全球范围内的大规模新兴产业的涌现和快速增长，中国制造业的快速增长主要依赖发达工业国家的制造业转移（黄群慧和贺俊，2015）。东南沿海地区在贸易自由化驱动下，实现了城市产业间的资源优化再配置，以及非国有企业相对于国有企业的快速发展和升级（周茂等，2016）。东南沿海地区在这一时期产业结构优化升级，产业规模、生产能力、盈利能力全面领先，要素集聚优势逐步凸显。同时期，东北地区国有经济的自我强化效应和以国有企业为主要推动力所形成的产业发展路径依赖，并未有效协同后工业化时期中国经济发展方式的快速转变、产业结构的快速调整，导致民营经济发展薄弱、第三产业发展滞后、产业体系协同发展能力不足，是东北地区社会经济增长乏力的根源。2014~2016年，从生产能力、盈利能力和从业人员数量的制造业省内比较和装备制造产业省际比较来看，东北地区制造业发展下滑。2016年，新一轮东北振兴政策出台，供给侧结构性改革不断推进，东北地区装备制造产业迅速企稳，但装备制造产业、集群、国有企业相继进入缓慢发展阶段，规模以上工业企业发展相对薄弱，第三产业、数字经济产业发展滞后。东北地区装备制造产业、国有企业自我强化的路径依赖特征，形成了一定程度的发展路径锁定，增加了新旧动能转换的难度，也抑制了经济结构优化的效率和效果。

二、东北地区制造产业面临“类资源枯竭型”转型风险

历经两轮东北振兴政策后，东北地区装备制造产业仍存在高端设备和核心零部件国外依赖，本地配套能力不足，研发设计水平不足等诸多问题。以辽宁机器人产业为例，辽宁拥有全国最大的机器人生产企业，但机器人产业链上的减速器、电机、伺服驱动、激光器系统、先进制造基础零部件、高档机床用轴承钢多依赖国外进口，辽宁本地乃至国内的“自给率”较低，高端设备、关键技术、核心零部件等存在外部控制风险。吉林汽车零部件的本地配套也存在同样问题。此外，龙头企业也面临不同程度的发展困境。沈阳机床集团多次破产重组，北方重工集团、华晨集团也经历了破产重整。黑龙江装备制造产业呈现出了国有企业弱势主导，较难带动产业协同的发展状态。究其原因，是产业集群基础弱势和创新生态弱势无法支撑装备制造产业形成系统协同发展的合力，导致本地产业链片段化和不同程度的外部依赖，使东北地区装备制造产业发展面临“类似资源枯竭型”城市转型发展内生动力不强、要素集聚能力较弱、可持续发展压力较大的困境[①]。

2014 年东北地区制造业发展下滑，2016 年相继进入缓慢发展阶段。东北地区产业发展的路径依赖特征，产业系统协同发展能力不足、政府和社会资本的锁定与流动、文化观念和价值取向固化等因素的累积，不断弱化东北地区的产业发展与要素集聚能力，导致人才、要素流失及优质企业出走。2020 年第七次全国人口普查结果显示，与 2010 年第六次全国人口普查相比，东北地区人口所占比重下降 1. 20 个百分点。自然负增长与迁移负增长的叠加致使东北地区十年流失人口 1101 万人，是全国人口比重下降较严重的地区。在东南沿海地区创新资源集聚和人口虹吸效应下，东北地区资源集聚弱势使本地装备制造产业集群和创新生态更显疲弱，面临“类资源枯竭型”城市的产业发展困境。一方面，区域集群基础弱势，要素集聚能力较弱，集聚层次较低，较难有效缝合片段化的产业链，难以形成牵引带动之势。本部分运用区位熵方法识别集群，辽宁有 6 个装备制造产业集群，吉林有 3 个，黑龙江仅有专用设备制造业与铁路、船舶、航空航天和专用设备制造业 2 个集群。大多数本地装备制造业企业创新活力不足，具有

① 2013 年国务院印发《全国资源型城市可持续发展规划（2013—2020 年）》的通知中指出，“资源枯竭城市历史遗留问题依然严重，转型发展内生动力不强……现代制造业、高技术产业等处于起步阶段。人才、资金等要素集聚能力弱，创新水平低”。东北地区装备制造产业发展面临和资源枯竭型城市转型发展类似的内生动力不强、要素集聚能力较弱、可持续发展压力较大的情况。

预见力的企业家、领军人物、高端人才和复合型人才不足，甚至存在优质企业迁出和高端人才团队出走的风险。引进企业、人才多是依循东部沿海地区产业升级、转移与东北、中西部地区产业承接的雁阵式发展模式（蔡昉等，2009），较难有效缝合片段化的产业链，难以形成牵引带动之势。另一方面，有限的多元化创新主体合作机制不畅通、创新生态弱势，较难支撑产业技术群化发展。东北地区装备制造产业的国有企业，尤其是央企，与本地产业链上下游的企业、高校、科研院所等关联主体的基础性、战略性产学研合作或创新对接不足，政府牵引不足，与地区发展战略乃至国家发展战略对接不足，尚未发挥知识基础和跨专业人才对系统性创新的支撑作用。本地高校和科研院所对接产业发展的学科建设、应用人才培育和实践平台构建尚不完善，创新人才的本地化供给不足，跨区引进结构性短缺等，严重地制约了国有企业竞争力的提升、产业链协同效率的优化和产业系统优势的培育。集群生态和创新生态疲弱的装备制造产业急需寻找一个可持续发展的转型升级突破口。

三、东北地区装备制造产业数字化升级内生动力有限

数字化作为世界范围内装备制造产业升级的战略方向，是东北地区装备制造产业可持续发展的转型升级突破口。东北地区装备制造产业体系受国有企业自我强化效应及资源挤压作用的影响，民营经济发展空间不充分，小微企业比重较低，民营企业大多处在产业链的中低端，管理水平较低，拥有自主知识产权、掌握核心技术、具备国际竞争力的民营企业偏少。尽管总装制造的国有企业等具有一定优势，但处于专精制造领域的民营中小企业发展薄弱，国有企业与民营企业的协同弱势进一步影响到数字化协同升级的开展。以辽宁为例，2019 年辽宁国有企业资产占规模以上工业企业资产总量的 46.75%，主营业务收入占 43.21%，利润总额占 21.98%。规模以上工业企业同样具有盈利能力弱的特点。民营经济发展薄弱、第三产业发展滞后、产业体系协同发展弱势引致经济增长放缓、人口流失，成为东北地区装备制造产业、集群、企业协同升级乏力的根源。

东北地区国有及国有控股企业数量少、体量大，数字化转型面临技术、管理、产业链异地协同等多重困难，在引领行业数字化发展的标准制定、生态协同、集群化发展方面略显功能不足。尽管我国国有企业数字化改革汇集了一些典型案例，但这些央企、国企数字化转型大多依赖国际厂商，面临自主可控方面的问题和困难。即使硬件基础、云平台建设已经初步到位，国有企业基于企业发展

战略和先进技术架构重构商业模式和业务场景的困难依然很大①。大部分国有企业数字化改革成效不显著，尚未形成广泛认同的标准。辽宁国有企业的转型升级形成了沈鼓集团、沈阳新松机器人等数字化转型案例，但智能制造生产模式尚处于起步阶段，由内而外的数字化标准业务架构仍在探索中，尚未形成智能制造体系的战略思维和总体规划。大多数国有企业数字化转型仍面临系统性、阶段性战略不清，制度设计和组织重塑思考不足等问题，致使数字化过程多存在设计分析软件、管理信息系统和平台等工具重复性、冗杂性布局，业务流程改造数字化孤立，底层设备和过程控制难以联通联动，层级复杂、多重领导、反应迟缓的传统组织模式难以突破和转变等问题，尚未实现柔性化、智能化业务架构的系统性转变和商业模式的数字化整合，难以带动供应链生态协同和集群化发展。

东北地区民营企业数量少、规模小，数字化、集群化发展不足，对产业链、供应链协同发展的配套支撑能力不足，尚未形成数字化转型新生态。与以北京、上海、广州、深圳等地的民营大企业、龙头企业为产业链主，示范引领数字化改革不同，东北地区民营经济活力弱，缺乏数字化转型示范的民营大企业，数字化转型面临的问题更加复杂、困难。本书研究发现，①东北地区民营企业自动化基础弱，技术储备和研发能力不足，往往不能转。②传统发展模式和原有路径依赖与转型探索成本高、收益预期不显著的矛盾，导致企业家转型认知不足、动力不足，不想转。③本地装备制造产业链片段化，无法形成供应链、产业链等行业合作伙伴的数字化协同、协作与支持，中小企业数字化转型实践孤立无援，不敢转。④本地数字技术、产业生态发展弱势，创新生态协作与支撑不足，数字化转型方向不清，方式经验推广少。国有企业数字化转型方式、路径难以复制，示范、扩散效应不足，民营企业数字化升级多处于观望状态，装备制造产业数字化转型新生态尚未形成，协同升级效率较低。

四、东北地区信息技术产业薄弱，装备制造产业升级外生动力不足

在新一轮科技革命、产业变革与中国加快转变经济发展方式的历史性交汇期，中国围绕制造业发展进行了一系列战略部署，数字产业化发展不断释放信息技术的经济效力，推动了包含技术、组织和制度在内的产业系统因素的共生演化，加速了原有工业经济形态下产业的组织架构、运行模式向数字经济形态下的

① 《经济日报：国企数字化转型提速》［EB/OL］. 长春市人民政府国有资产监督管理委员会，http：//ccgzw. changchun. gov. cn/gziyw/202206/t20220617_3026943. html，2022-06-17.

新产业、新业态、新模式转变和发展。按 2021 年 5 月国家统计局发布的《数字经济及其核心产业统计分类（2021）》，01 数字产品制造业、02 数字产品服务业、03 数字技术应用业、04 数字要素驱动业为数字产业化部分，是数字经济的核心产业，包括计算机通信和其他电子设备制造业、电信广播电视和卫星传输服务、互联网和相关服务、软件和信息技术服务业等。这些产业是为产业数字化发展提供数字技术、产品、服务、基础设施和解决方案的相关产业。东北地区在计算机通信和其他电子设备制造业（01 数字产品制造业范畴）的省际比较中，仅有辽宁的固定资产指标排名位居全国中等水平，除此之外东北三省的主营业务收入、固定资产、从业人员数量均位于全国较低水平。

作为制造产业数字化的外生核心驱动力，东北三省的信息技术产业发展缓慢。从软件和信息技术服务业（03 数字技术应用业范畴）的省际比较来看，辽宁各项指标排序均位于全国中上水平，吉林位于全国中等水平，黑龙江位于全国中下水平，如表 3-3 所示。但是从总量比较来看，排名第一的广东软件业务收入是辽宁的 7 倍。辽宁软件和信息技术服务业呈现规模小、盈利能力弱、增速缓慢的发展状态。其现存的主要问题，一是工业互联网底层技术被国外垄断，工艺技术研发能力不足，工业控制系统、建模仿真、制造过程管控等相对薄弱。二是现场级工业应用软件服务能力不足，工业模组、终端等相关配套产业落后。三是提供的工业互联网解决方案多是通用型，整体技术架构迭代相对落后，无法满足企业、行业数字化转型的特征需求。同时，东北地区数字经济新业态企业一般规模较小，大多为“轻资产”，研发投入和人员薪酬支出是其主要成本，但目前各类财政资金在支持方向、资金用途及评审标准方面仍沿用传统思路，对解决数字经济新业态企业的痛点、难点问题针对性不强。此外，国内数字化转型需求大，工业互联网服务企业引进竞争激烈，东北地区的数字产业生态基础相对薄弱，引进、培育数字化转型的工业互联网服务企业难度较大。东北地区数字经济核心产业发展能力不强，数字化技术、产品、服务及生态基础薄弱，协同创新生态尚未形成，难以有效支撑东北地区装备制造产业体系的数字化转型与升级需求。

表 3-3　软件和信息技术服务业主要经济指标的分地区比较　单位：亿元

省份	软件业务收入	软件产品收入	信息技术服务收入	信息安全收入	嵌入式系统软件收入
辽宁	1921.82	906.94	868.78	129.96	16.13
吉林	441.34	104.76	271.3	18.52	46.76
黑龙江	46.2	16.11	26.63	0.13	3.33

续表

省份	软件业务收入	软件产品收入	信息技术服务收入	信息安全收入	嵌入式系统软件收入
江苏	10818.11	2941.6	6219.96	163.58	1492.96
浙江	7037.65	1667.93	4848	28.05	493.67
山东	5911.88	2064.3	2636.55	168.58	1042.44
广东	13630.45	2667.8	8835.95	69.37	2057.33

资料来源：2021 年《中国统计年鉴》。

第四章 跨边界创新网络视域下装备制造产业升级理论分析

第一节 数字经济形态下装备制造产业升级基本框架

一、数字经济与制造业发展形态演变

随着云计算、物联网、大数据等新兴技术的突破，各种形式的信息可转变为可处理的数字信息，交易型互联网平台开始向传统产业渗透，逐步重塑制造业发展的要素构成、生产体系和商业模式。2011 年 4 月，德国政府在汉诺威工业博览会上首次提出“工业 4.0”的概念。11 月，德国政府将“工业 4.0”纳入《高科技战略 2020》。2012 年，美国通用电气公司（GE）发布《工业互联网：突破智慧与机器的界限》，首次提出“工业互联网”的概念，旨在通过先进的传感网络、大数据分析和软件的智能交互，建立智能工业网络。全球迎来了以德国“工业 4.0”和美国“工业互联网”为代表的信息技术革新与实体经济融合的高潮。世界各国围绕数字产业化和产业数字化的融合发展开展了大量的理论研究和数字经济实践，但尚未明晰处于探索中的数字产业化和产业数字化融合发展的技术标准、发展轨迹及未来方向。通过梳理德国、美国及中国等主要国家的企业、产业乃至国家层面的重点政策和战略布局，有助于从整体了解和把握企业和政府联合推动的制造业数字化的阶段性特点和发展方向的变化，为数字经济形态下中国装备制造产业数字化发展的路径或方向提供理论和实践支持。

（一）德国工业 4.0 战略：提升硬制造的软能力

德国作为传统制造业强国，其装备制造产业的全球竞争优势尤为突出，不仅

拥有西门子等大型跨国公司，还拥有一批专精特新全球隐形冠军。围绕“智能制造”，德国先后发布“工业 4.0 平台”、《数字化战略 2025》、《国家工业战略 2030》等一系列政策，重点扶持人工智能、纳米和生物技术等领域，以保持德国工业在欧洲乃至全球的竞争力，如图 4-1 所示。德国“工业 4.0”的战略核心是智能化、网络化，即通过建设全球性的物理信息系统（CPS），实现价值网络的横向集成；通过建设贯穿整个价值链的端到端工程数字化集成，实现纵向集成，完成网络化制造系统（李金华，2015）。德国在互联网技术创新与应用方面落后于美国，在人工智能、数据分析和管理软件等关键领域依赖美国互联网巨头企业。因此，德国“工业 4.0”战略是在传统制造业中融入人工智能和信息通信技术等，实现智能制造、智慧服务的“制造业+互联网”发展模式，提升硬制造的软能力（杨帅，2015）。

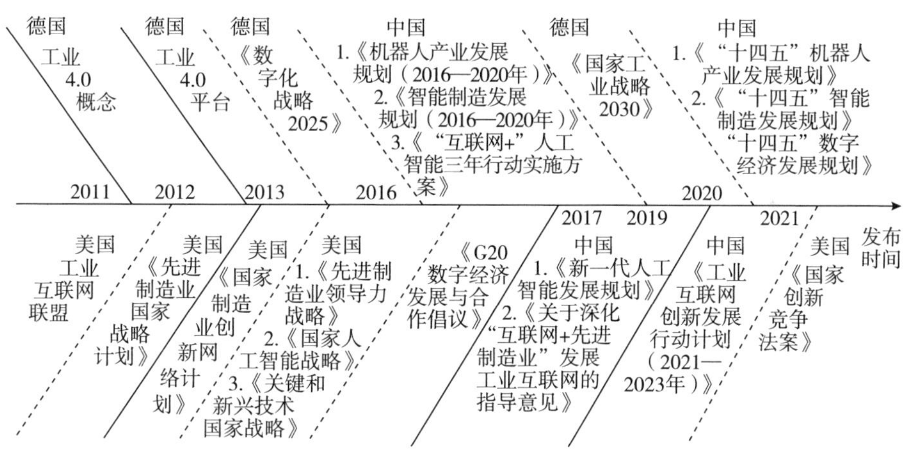

图 4-1　德国、美国和中国主要数字经济政策

注：同一年份多个国家均出台政策用相同“线型”表示。

资料来源：中国政策依据中国政府网国务院政策文件库和北大法宝检索的政策文件；美国和德国政策依据中国信息通信研究院发布的《主要国家和地区推动制造业数字化转型的政策研究报告》和相关文献。

（二）美国工业互联网模式：软实力赋能硬制造

在全球化进程中，美国制造业由大规模生产转向高价值生产，依靠关键信息、技能和资源控制着全球生产网络的有效运作。美国制造业外端较多，但在信息通信、新能源、新材料等领域拥有全球领先的创新实力和比较优势。围绕“工业互联网”发展，先后形成和发布了《先进制造业国家战略计划》（2012 年）、

《国家制造业创新网络计划》（2013 年）、工业互联网联盟（2014 年）、《先进制造业领导力战略》（2016 年）、《国家人工智能战略》（2016 年）、《关键和新兴技术国家战略》（2016 年）、《国家创新竞争法案》（2021 年）等一系列政策和联盟组织，重点发展了数字制造、新材料、制造业网络安全、机器人等关键领域，引领和带动了美国工业体系整体的数字化、智能化发展，如图 4-1 所示。美国的工业互联网模式是借助互联网领先优势向传统产业渗透的“互联网+制造业”发展模式，强调“软”实力的渗透带动作用，激活传统产业，重塑竞争优势（杨帅，2015）。以德国为代表的智能制造与智能服务融合的商业模式和以美国为代表的工业互联网发展模式（朱国军等，2020），体现了全球范围内信息技术革新与实体经济融合的战略布局和重点的差异。

（三）中国智能制造模式：战略布局、系统赋能

在新一轮科技革命、产业变革与我国加快转变经济发展方式形成历史性交汇的特殊时期，国际产业分工格局正在重塑。中国政府围绕制造业发展进行了一系列战略部署。中国制造业的数字化战略开始于具备完善的产业基础，但仍存在较大差距的机器人产业。2013 年 12 月，工业和信息化部发布《关于推进工业机器人产业发展的指导意见》。机器人产业隶属于装备制造产业中的通用设备制造业，是先进制造业发展的关键支撑装备产业，是中国政府打造制造业新优势，加速推动自动化、柔性化、智能化转型升级的重要抓手，被列为重点培育和发展的产业。但是仅仅发展机器人产业不足以支撑传统产业体系的数字化变革。2016 年，世界上许多国家和地区将发展数字经济作为优先事项，纷纷出台相关战略。其中，美国发布了《先进制造业领导力战略》等三项国家战略；德国发布了《数字化战略 2025》；G20 杭州峰会通过《G20 数字经济发展与合作倡议》。中国政府出台了《机器人产业发展规划（2016—2020 年）》《智能制造发展规划（2016—2020 年）》《“互联网+”人工智能三年行动实施方案》三项政策文件，2016 年成为中国制造业数字化、网络化、智能化全面开展的起点。随后，围绕机器人产业、智能制造、新一代人工智能、工业互联网等领域，中国政府又先后发布了《关于深化“互联网+先进制造业”发展工业互联网的指导意见》（2017 年）、《新一代人工智能发展规划》（2017 年）、《工业互联网发展行动计划（2018—2020 年）》（2018 年）、《工业互联网创新发展行动计划（2021—2023 年）》（2020 年）、《数字经济及其核心产业统计分类（2021）》（2021 年）、《“十四五”数字经济发展规划》（2021 年）、《“十四五”智能制造发展规划》（2021 年）和《“十四五”机器人产业发展规划》（2021 年）等一系列政策文件，如

图 4-1 所示。这些政策从机器人产业、人工智能、工业互联网、智能制造等不同维度，全面推动了新一代信息通信技术与工业体系的渗透融合，逐步激活了经济社会系统中的关键性节点，产生了不可预见的涟漪效应，乃至系统性的、变革性的影响，为中国产业体系变革和数字经济发展积蓄了巨大的能量。

（四）智能制造与平台生态互动发展的未来趋势

从德国工业 4.0 到美国工业互联网，再到世界各国的数字经济发展共识，从推进工业机器人产业发展、智能制造发展、新一代人工智能产业发展，到深化“互联网+先进制造业”发展，乃至确立数字经济形态及数字经济发展规划等，新一代信息技术对世界经济体系产生了全面深刻的社会变革。德国工业 4.0 模式与美国工业互联网模式对传统制造产业体系的变革，将从以企业价值增值为核心的产品、流程、商业模式和组织结构变革延伸至产业链、产业体系乃至经济社会的各个层面，开启了以数字产业化、产业数字化、数字生态、数字政府、数字社会等为核心的数字经济时代。数字化转型的重要作用和制造业在国民经济中的重要地位，使制造业数字化成为各国把握科技革命发展机遇、争夺未来发展制高点、带动经济转型增长的共同战略选择。许多国家和地区都在基于各自的技术体系、标准体系乃至产业系统优势来发展独占性竞争优势，并围绕工业数字化开展竞争，抢占高端价值。欧盟作为全球数字化转型的重要一极，正在全力推进数字化战略。工业 4.0 框架下的智能制造技术和载体，是以新一代人工智能技术赋能制造业实体，实现智能产品、智能生产和智能服务，即工业本体智能化。尽管德国广泛开展国际合作，与美国工业互联网联盟联合发布《数字孪生与资产管理壳概念及其在工业互联网和工业 4.0 中的应用》白皮书；与日本工业互联网联盟共同发布《德国-日本工业 4.0 和工业物联网共同战略》，但在人工智能、数据分析、管理软件等关键领域依然严重依赖美国的互联网巨头企业。① 美国从企业到政府也在全方位、多渠道推进制造业数字化、网络化和智能化发展。不同的是，工业互联网模式以智能制造为核心，除了实现人、机、物的全面互联之外，还呈现制造资源云化、制造业服务化、网络融合化等特征（纪成君和陈迪，2016），

① 《主要国家和地区推动制造业数字化转型的政策研究报告》［EB/OL］. 中国信息通信研究院，http：//www. caict. ac. cn/kxyj/qwfb/ztbg/202205/t20220525_ 401734. htm，2022-5-25.

不断拓展平台应用领域。以工业互联网为核心的数字平台①作为嵌入在业务网络中的分层模块化信息技术架构（冯军政等，2022），通过平台包络战略、柔性架构②、连接协调、创新引领及整合拓展等综合优势，支持更多元用户开放连接（邢小强等，2021），创新产品的基本形态、生产流程、商业模式（刘洋等，2020），转变供应链的数字关联，实现由企业内部数字化到平台赋能的产业链协作（吕铁，2019），加速传统产业的数字化转型，并有机地将科技创新、技术开发、生产体系与商业应用群落衔接起来（张宝建等，2021），衍生为数字平台生态（Li et al.，2019）——一个与物理世界上的商业生态③对应的“虚拟生态”。平台生态作为企业的网络化发展路径，改变了企业与供应商、合作伙伴、用户群体的合作方式与联动机制。平台累积沉淀的互补性资源、互惠关系、专用性资产、复杂且难以转化的知识技术等，都可以透过平台生态创造价值（谭智佳等，2019）。以工业互联网为核心的数字平台生态（Li et al.，2019），通过赋能工业数字要素，实现泛在连接、弹性供给与动态高效配置，促进了数字商业生态系统的构建（孙新波等，2022）。数字资源作为数字创新的重要模块，通过差异化的创新组合，可以同时成为数字商业生态系统中多个价值路径的组成部分（刘洋等，2020）。

二、装备制造产业升级的基本框架

2021 年 3 月发布的《中华人民共和国国民经济和社会发展第十四个五年规

---

① 我国消费端的互联网处于全球领先水平，这些互联网企业逐渐向制造业渗透，通过工业互联网、产业互联网或智能经济等数字平台形式，将各种类型的海量数据转变为可处理、可识别、可使用的数字资源，通过“数据+算力+算法”，帮助企业乃至产业实现资源优化配置和数字化转型（赵剑波，2020）。与消费端互联网“快速做大”“赢者通吃”的网络效应不同，不同产业存在技术诀窍壁垒，会限制综合互联网平台的发展（王节祥等，2021）。在产业数字化发展的初期阶段，无论是制造业巨头（海尔、华为等）建设的数字化平台，还是网络科技平台公司、软件公司等构建的数字化平台，在产业形态、功能定位、架构设计、原理、标准等诸多方面尚处于探索期，在核心功能领域也会有所差异，并且这些平台都具有极强的包络特征和网络效应，目前难以明确区分归类。因此，本书将服务于产业数字化发展的各种类型的互联网平台（包括工业互联网平台）统称为数字平台。

② 平台架构柔性包括架构通用性、兼容性和可扩展性三个层面。其中，架构的通用性是指平台设计采用模块化的软件基础架构，模块的通用性程度高；兼容性指为了促进不同系统之间的高效互联和互操作，平台设计采用普遍接受的标准化接口；可扩展性指平台为支持互补者的开放连接，为企业接入预留的大量应用程序接口，并赋予较大的访问和修改权限（冯军政等，2022）。

③ 1993 年，Moore 首次提出商业生态系统的概念。商业生态系统是指跨产业的企业和组织，以合作和竞争的方式共同进化、持续创新，为客户创造价值。商业生态系统的参与者涵盖生产商、供应商、零售商和用户群体等，这些参与主体围绕核心企业架构系统结构，通常具有中心—外围型结构。系统本身也会经历产生、扩展、迭代或消亡阶段（丁玲和吴金希，2017）。

划和 2035 年远景目标纲要》明确提出，“推进产业数字化转型。实施‘上云用数赋智’行动，推动数据赋能全产业链协同转型。在重点行业和区域建设若干国际水准的工业互联网平台和数字化转型促进中心，深化研发设计、生产制造、经营管理、市场服务等环节的数字化应用，培育发展个性定制、柔性制造等新模式，加快产业园区数字化改造。深入推进服务业数字化转型，培育众包设计、智慧物流、新零售等新增长点”。2021 年 12 月发布的《“十四五”智能制造发展规划》强调，以工艺、装备为核心，以数据为基础，依托制造单元、车间、工厂、供应链等载体，构建虚实融合、知识驱动、动态优化、安全高效、绿色低碳的智能制造系统。到 2025 年，规模以上制造业企业大部分实现数字化网络化，重点行业骨干企业初步应用智能化；到 2035 年，规模以上制造业企业全面普及数字化网络化，重点行业骨干企业基本实现智能化。《“十四五”机器人产业发展规划》强调，机器人核心技术和高端产品取得突破，形成一批领军企业、专精特新“小巨人”，培育产业集群。企业仍然是产业数字化和数字产业化的主体，以企业为核心的产业集群成为推进数字化的主要力量。

中国数字经济发展尚处于探索发展的初级阶段，依据中国智能制造与数字经济建设的相关政策文件和国内外相关研究，本书将数字经济形态下的装备制造产业升级的基本框架界定为如下三个阶段：一是企业升级阶段，即智能制造。这一阶段的产业数字化升级主要展现为企业通过工艺、装备、软件和网络的系统集成与深度融合实现数字化升级。二是集群升级阶段，即工业互联网+智能制造。这一阶段的产业数字化升级主要表现为集群企业数字化协同升级和以工业互联网为核心的平台功能拓展，逐步形成集群数字生态。三是产业升级阶段，即数字商业生态。这一阶段的产业数字化升级主要表现为融合科技创新、技术开发、生产体系与商业应用群落的平台生态迭代和以集群裂变整合为核心的产业生态迭代，交互赋能、共生演化形成数字商业生态的发展过程①，如图 4-2 所示。其中，企业

① 以往的商业生态系统是指跨产业的企业和组织，以合作和竞争的方式共同进化、持续创新，为客户创造价值，是一种对系统整体的描述。商业生态系统的参与者涵盖生产商、供应商、零售商和用户群体等（丁玲和吴金希，2017）。随着互联网平台向工业领域延伸，以工业互联网为核心的数字平台开始形成，逐渐将实体生产生态纳入数字平台生态系统，数字平台的包络性、网络化、融合性特征促使各种类型的互联网数字平台纵横交错、复杂关联，形成平台商业生态。平台商业生态是基于互联网技术的实体商业生态的虚拟映射，但平台商业生态作为实体商业生态通过网络关系实现增长的路径，能够更加快速地发挥汇聚资源、匹配资源、激发创新的链接功能，为实体商业生态的演化和发展进行网络赋能。因此，本书将平台商业生态和实体商业生态作为一个系统整体，统称为数字商业生态。产业升级阶段的特点是数字商业生态，是从产业生产生态数字化的核心视角，看待实体产业生产生态向科技创新、技术开发与商业应用群落扩张、融合和演化的过程。

升级、集群升级与产业升级三个阶段的划分体现了装备制造产业数字化由企业向集群再向产业升级的动态演化过程和阶段性特点。企业智能制造升级是集群数字化协同升级的基础和核心，是集群网络数字化的初始阶段。集群数字生态的平台生态和实体生态通过裂变与整合、衍生和扩张，向科技创新、研究开发、商业应用领域拓展延伸，实现平台生态和产业生态的动态迭代、共生演化，即数字商业生态的形成与发展过程。数字商业生态作为数字经济形态下装备制造产业升级的基本框架和发展目标并非已然形成，而是伴随着装备制造产业点（企业“智能制造”）—线（集群“工业互联网+智能制造”）—面（产业“数字商业生态”）动态发展、逐步升级的过程。基于此，本书跨边界创新网络视域下装备制造产业升级的理论分析，即在数字商业生态目标框架下，以处于产业集群网络内部的核心企业发起升级为触发条件，以集群网络中非核心企业选择性反馈为响应状态，通过“发起—响应”传导机制，阐述跨边界创新网络推动装备制造产业由企业升级向集群升级再向产业数字化、绿色化、系统性升级的动态演化过程。

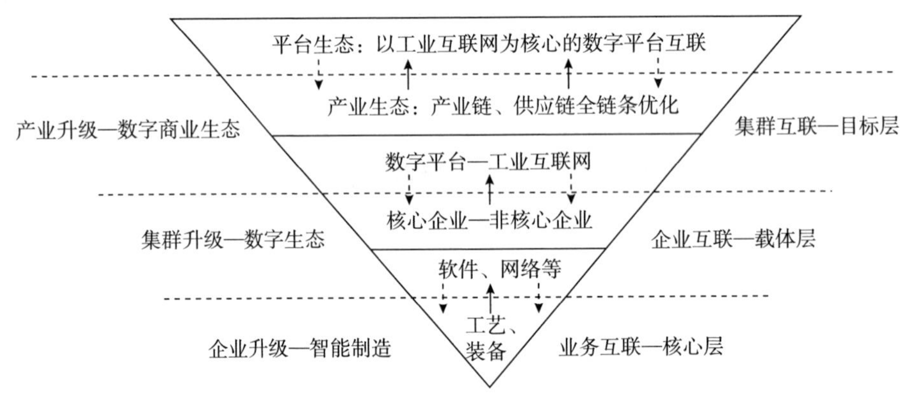

图 4-2　装备制造产业升级的基本框架

围绕装备制造产业升级的基本框架，有以下几个方面需要说明。

首先，从现有理论研究和产业数字化发展实践来看，以工业互联网为核心的平台生态和以产业集群为核心的产业生态交互赋能、共生演化所形成的数字商业生态，是当前产业数字化发展的基本框架。以工业互联网为核心的平台生态能够促进生产端、创新端与需求端的信息、知识、资源快速对接，促进实体产业集群网络的显性知识和隐性知识快速流动与跨界整合（张宝建等，2021），加速装备制造产业数字化生产生态的系统性演变。这种依托虚拟数字平台，将越来越多的数字化实体生产端纳入平台网络，与用户需求和各方协同关联主体进行系统性对接，形成网络化、快速化、虚实交互的数字商业生态，是目前通过理论研究和发展实践归纳梳理出来的产业数字化发展的初级形态。① 在这一初级形态下，每一个环节的新需求、新发展、新升级等变化，都会通过以工业互联网为核心的平台生态和以产业集群为核心的产业生态的连锁、循环反馈，实现平台生态与实体产业生态的交互赋能和共生演化。

其次，数字化和绿色化是装备制造产业正在开展的技术升级与产业发展方向，这两种产业升级方向都在数字经济形态下的装备制造产业发展的基本框架下进行和开展。不同于以往工业经济形态下的传统产业升级过程，装备制造产业的数字化升级过程本质上是改变工业经济形态下原有产业的组织架构、运行模式，构建数字经济形态下新产业、新业态、新模式的发展过程。装备制造产业数字化发展的演进脉络本质上就是数字经济形态下装备制造产业升级基本框架的形成过程。2021 年 12 月 21 日印发的《“十四五”智能制造发展规划》明确提出，以工艺、装备为核心，以数据为基础，依托制造单元、车间、工厂、供应链等载体，构建虚实融合、知识驱动、动态优化、安全高效、绿色低碳的智能制造系统。“绿色低碳”被纳入智能制造系统的功能属性或特征范畴。因此，本章以装备制造产业绿色化升级为非变革性升级方向和过程，在数字经济形态下装备制造产业升级的基本框架下展开实践。

再次，本章以企业升级为起点、以集群升级为载体、以产业升级为目标阐述装备制造产业的系统性升级过程。无论是浙江省门类众多的中小企业产业集群（池仁勇，2005）②，还是汽车制造业（田茂利等，2012；丁玲和吴金希，2017；郑秀恋等，2020），铁路、船舶、航空航天和其他运输设备制造业（胡京波等，

① 当前，信息科技领域涌现人工智能、移动互联网、物联网、量子信息、区块链、3D 打印、大数据等众多颠覆性技术创新。每一项技术都可能会推动社会经济形态产生创造性的发展和系统性的变革。我们无法准确预知数字经济形态下装备制造产业未来发展的无限可能，仅能通过对当下世界各国数字经济发展的政策文件和相关理论研究的梳理，总结凝练形成产业数字化发展的基本形态，并在这一基本形态下，讨论装备制造产业平台生态与集群网络生态的互动演化过程，更好地阐释装备制造产业数字化、绿色化、系统性升级的演化过程。

② 池仁勇（2005）研究认为，浙江省存在门类众多的中小企业产业集群，涉及纺织及化纤制造业，普通机械和专用设备制造业，电器制造业，金属制品业，仪器、仪表、电子通信制造业，交通运输制造业，制药业等行业。这些中小企业集群大多自发形成，政府在培育创新网络过程中发挥了积极引导作用。在浙江省产业集群中，除了宁波服装集群的雅戈尔、杉杉等少数几个企业集团外，大部分集群的核心企业并没有太大规模，集群内部专业化分工比较明显。

2014；宋娟等，2019；贺正楚和刘亚茹，2019），计算机、通信和其他电子设备制造业（许强和应翔君，2012；朱国军等，2019；杨伟等，2020）等全国各地的装备制造产业集群，这些集群大多具有核心—外围型网络结构。集群网络中的核心企业有一些是大企业或企业集团，也有一些是中小企业。东北地区装备制造产业存在大量的核心—外围型装备制造产业集群。在实现由企业向集群再向产业的数字化、绿色化、系统性升级的过程中，核心企业通常更具有升级动力和升级优势①。因此，本章将装备制造产业升级机理中的企业升级起点，界定为处于产业集群网络内部的核心企业。以核心企业发起升级为触发条件，以集群网络中非核心企业的选择性反馈为响应状态。通过“发起—响应”传导机制，阐述装备制造产业由企业升级向集群升级再向产业系统性升级的动态演化过程。

第二节　企业升级：智能制造

装备制造产业的数字化升级过程，即改变工业经济形态下原有产业的组织架构、运行模式，构建数字经济形态下新产业、新业态、新模式的发展过程。装备制造产业的数字化发展脉络本质上就是数字经济形态下装备制造产业升级基本框架的形成过程。现有关于数字经济形态下装备制造产业发展或升级的相关研究，大都围绕商业生态体系中的数字平台及平台生态迭代的过程和影响展开。数字平台作为一种共享型的链接服务和架构（钱雨和孙新波，2021），为企业的价值创造和资源培育提供了一种网络化的成长路径和实现机制，吸引了学者们的极大关注。鲜有研究从企业、集群、产业这些数字化实践主体的系统协同演化视角，探讨实体产业生态与数字平台生态交互赋能、共生演化的过程。数字平台生态的动态迭代与产业集群网络的跨边界生产、创新快速对接和协作实践，不断深化装备制造产业集群网络的关系结构、动态演变乃至产业生态的动态迭代，需要我们准确把握数字经济形态下以集群网络为载体的装备制造产业数字化升级的发展规律和运行机制，通过数字化、绿色化、协作化、全球化生产创新协作，获得持续的集群和产业生态优势（朱国军等，2019）。

① 课题组在东南沿海城市进行企业数字化转型调研过程中发现，很多东南沿海地区的龙头企业或大型骨干企业很早就开始为数字化转型布局，每年都有很大比例的投入。中小企业数字化转型通常面临“不想做、不敢做、不会做”等诸多问题，是政府资金和政策支持的重点。

数字经济形态下装备制造产业升级的基本框架是以“智能制造”企业升级为核心，以“工业互联网+智能制造”集群升级为载体，以“数字商业生态”产业系统升级为目标的动态演化与升级过程。数字经济形态下装备制造产业升级的基本框架也是装备制造产业数字化发展的演进脉络。在这一框架或演化过程中，以工业互联网为核心的平台生态不断将数字化生产端、需求端乃至供应商、研发机构等关联主体纳入平台网络，通过平台的包络特征和网络效应，将装备制造产业生产端、需求端与关联主体的资源、技术、用户信息等汇集沉淀、精准捕捉、快速对接，形成自组织和具有随机价值涌现特征的动态合作关系网络（孙新波等，2022），促进实体产业集群网络的要素、知识、信息等快速流动与跨界整合（张宝建等，2021），形成虚实交互的价值链条和动态演化的价值共谋与共创网络，即数字商业生态。在这一装备制造产业升级的基本框架下，每个价值节点的新发展、新需求或新升级等，都会通过以工业互联网为核心的平台生态和以产业集群为核心的产业生态实现快速传导和循环反馈，依托价值关联实现平台生态和实体产业生态的交互赋能、共生演化。本章在数字经济形态下装备制造产业升级的基本框架下，阐释了装备制造产业通过构建“跨边界创新网络”外生动力赋能，培育“核心企业—非核心企业”内生动力，实现“企业—集群—产业”数字化、绿色化、系统性升级的内在机理。其中，装备制造产业的数字化升级以企业数字化升级为起点，以装备制造产业集群创新网络与信息技术产业集群创新网络的跨边界创新融合为实现方法，以核心企业发起升级、非核心企业响应升级为传导机制，推动产业数字化、系统性升级。装备制造产业的绿色化升级[①]以企业绿色化升级为起点，以装备制造产业集群创新网络与绿色技术相关产业集群创新网络的跨边界创新融合为实现方法，以核心企业发起升级、非核心企业响应升级为传导机制，推动产业绿色化、系统性升级。基于不同价值谋求与共创形成的

① 2021 年 12 月 12 日，国务院印发《“十四五”数字经济发展规划》，将数字经济界定为继农业经济、工业经济之后的主要经济形态，指出“统筹发展和安全、统筹国内和国际，以数据为关键要素，以数字技术与实体经济深度融合为主线，加强数字基础设施建设，完善数字经济治理体系，协同推进数字产业化和产业数字化，赋能传统产业转型升级，培育新产业新业态新模式，不断做强做优做大我国数字经济，为构建数字中国提供有力支撑”。不同于以往工业经济形态下的传统产业升级过程，装备制造产业的数字化升级过程本质上是改变工业经济形态下原有产业的组织架构、运行模式，构建数字经济形态下新产业、新业态、新模式的发展过程。装备制造产业数字化发展的演进脉络本质上就是数字经济形态下装备制造产业升级基本框架的形成过程。除数字化变革之外，其他升级方向并未对产业组织架构和运行模式产生变革性的影响。2021 年 12 月 21 日印发的《“十四五”智能制造发展规划》明确提出，以工艺、装备为核心，以数据为基础，依托制造单元、车间、工厂、供应链等载体，构建虚实融合、知识驱动、动态优化、安全高效、绿色低碳的智能制造系统。绿色低碳被纳入智能制造系统的功能或特征范畴。因此，本章将以绿色化为代表的一系列非变革性升级方向和过程都设定在数字经济形态下装备制造产业升级的基本框架下展开。

跨边界创新网络，为装备制造产业的数字化、绿色化、系统性升级提供了创新支撑。

一、产业发展形态：核心企业主导与非核心企业升级

以人工智能、工业互联网等为核心的数字技术和数字产业快速发展，与社会经济、产业生态、企业管理、用户生活深入融合，促进数据治理、组织模式、管理架构和商业模式变革创新，推动基于数字技术的平台和商业生态数字化发展。以数字技术为基础、以数字化平台为主要媒介、以数字化赋能基础设施为重要支撑的数字经济（韩璐等，2021），正在成为世界范围内的重要经济形态（陈国青等，2021）。以工业互联网为核心的数字平台在工业体系的数字化过程中发挥核心引领作用（朱国军等，2020），通过平台包络战略、柔性架构、连接协调、创新引领及整合拓展等综合优势，打通产业链、供应链、创新链及需求端的各方利益主体和要素资源，将分散的企业或组织在信息空间形成虚拟集聚（左文明和丘心心，2022），交织成独特的价值共谋、共创的数字平台生态。平台生态作为企业通过网络关系实现增长的路径，改变了企业与供应商、合作伙伴、用户群体的合作方式与联动机制，通过赋能工业数字要素，实现泛在连接、弹性供给与动态高效配置，促进了数字商业生态系统的构建（孙新波等，2022）。平台累积沉淀的互补性资源、互惠关系、专用性资产、复杂且难以转化的知识技术等，都可以透过平台生态创造价值（谭智佳等，2019）。数字资源作为数字创新的重要模块，通过差异化的创新组合，可以同时成为数字商业生态系统中多个价值路径的组成部分（刘洋等，2020）。

以工业互联网为核心的数字平台，通常包括以硬件和操作系统等为核心的设备层，以网络传输设施及其标准等为核心的网络层，以功能应用软件等为核心的服务层等（刘洋等，2020）。这些平台涉及数据集成、平台管理、开发工具、微服务框架、建模分析等不同层面的核心关键技术，以及平台在特定产业领域的适配性、可靠性、安全性等方面的探索试验，需要较高的建设成本和探索试错成本。随着平台的成熟和发展，平台的通用性、兼容性和可扩展性要想同步推进并支撑多层次、系统化的平台体系拓展等，需要持续大量的资金投入和较强的平台治理能力。平台生态作为嵌入在业务网络中的分层模块化信息技术架构（冯军政等，2022），由初级架构到平台完善、再到互通互联的发展过程，是以企业智能制造为核心，加速人、机、物的全面互联，实现由企业内部数字化到平台赋能的产业链协作（吕铁，2019）的产业数字化升级过程。

依据《国务院关于深化“互联网+先进制造业”发展工业互联网的指导意见》，承担资源汇聚共享、技术标准测试验证等功能的互联网平台培育，以企业主导、市场选择、动态调整的方式开展，形成跨行业、跨领域、互联互通的平台网络，推动龙头企业积极发展企业级平台，开发满足数字化、网络化、智能化发展需求的多种解决方案。① 《中华人民共和国国民经济和社会发展第十四个五年规划和2035年远景目标纲要》明确指出，“在重点行业和区域建设若干国际水准的工业互联网平台和数字化转型促进中心，深化研发设计、生产制造、经营管理、市场服务等环节的数字化应用，培育发展个性定制、柔性制造等新模式，加快产业园区数字化改造”②。产业集群/园区作为装备制造产业升级的重要载体，为加速企业数字化协同转型，建设“工业互联网+智能制造”的集群生态创造了实践条件。集群网络中的核心企业与非核心企业在网络中承担的角色不同，实现升级的路径也不同。处于集群网络中心的核心/龙头企业，通常在品牌、市场、关键技术乃至商业生态系统中拥有独特资源或差异化的竞争优势和创新能力（丁玲和吴金希，2017），是集群网络发展的主导力量，拥有较强的集群网络控制力（王伟光等，2015）和治理能力（李宇等，2021），对非核心企业乃至集群生态的迭代演化至关重要（田茂利等，2012）。在工业经济形态向数字经济形态快速发展和变革的进程中，这些集群网络中心的核心企业考虑未来数字商业生态系统中的生态站位、关键技术制定和架构标准竞争（丁玲和吴金希，2017）等，往往率先开展数字化升级和工业互联网平台建设，经历了组织架构、管理体系、生产工序环节的分解，数字化和整体数字化的协同升级过程及工业互联网平台的建设和探索阶段。

核心企业数字化升级通常包括以智能制造为目标的企业内部数字化向供应链、产业链网络化、智能化升级，以及以集群、产业、商业生态互通互联为目标的工业互联网平台建设两部分。对于集群网络中的非核心企业而言，接入工业互联网平台的先决条件是数字化。核心企业的数字化和工业互联网建设常常是持续的高投入试验探索过程。数字化较高的投入成本和潜在增量收益不对等，以及商业秘密保护（马永开等，2020）等，难以获得集群中处于弱势地位的中小企业的价值认同，这是集群网络非核心企业“上云用数赋智”数字化升级的关键障碍。

---

① 《国务院关于深化“互联网+先进制造业”发展工业互联网的指导意见》[EB/OL].（2017-11-27）.https：//www.gov.cn/zhengce/zhengceku/2017-11/27/content_5242582.htm.

② 《中华人民共和国国民经济和社会发展第十四个五年规划和2035年远景目标纲要》[EB/OL].（2022-03-13）.https：//www.gov.cn/xinwen/2021-03/13/content_5592681.htm.

因此，当装备制造产业集群网络处于企业智能制造升级的发展阶段时，核心企业发起数字化升级并主导工业互联网平台建设。处于弱势地位的非核心数字化升级往往需要通过融合本地装备制造产业集群创新网络和本地信息技术产业集群创新网络的跨边界创新网络效应，来推动非核心企业工艺、装备、软件和网络的系统集成与深度融合，实现数字化、平台化发展。

二、跨边界创新网络视角下装备制造企业数字化升级分析

当装备制造产业处于企业升级的发展阶段时，通常是装备制造产业技术轨道数字化变迁的初期，数字化方式、方法、标准和模式正在探索之中，产业数字化的主导设计仍不清晰，新的技术范式尚未形成。[①] 信息技术产业和装备制造产业之间存在天然的技术壁垒，信息技术企业人员不懂装备制造生产，装备制造企业人员不具备信息技术知识。装备制造产业原有的技术路径和信息技术发展路径两条并行的技术路线的技术兼容性较低。在这一阶段，率先采取数字化战略的企业存在“先行者劣势”。一方面，在时间上领先竞争对手采取数字化先行战略的企业，会产生高成本、高风险、易失败且容易被跟随者模仿甚至反超等劣势。另一方面，有限资源的创新配置通常会导致原有技术路径和数字化技术路径的双重效率损失，即企业在原有技术路径中保持高投入，会造成数字化转型的创新效率损失；在数字化转型升级中保持高投入，会面临较高的探索、试错成本，会造成原有技术路径的效率损失，直接影响原有产品市场的竞争力及供应链协同效率。数字化转型由自动化向数据化、网络化、智能化的升级过程，也是颠覆、重构企业的生产流程、组织架构和商业模式的过程，路径转换成本和试错成本也会进一步增加。

企业数字化转型升级既存在劳动力成本削减等转型升级动力，也存在技术研发能力等诸多限制因素。当劳动力成本压力较大时，企业通常更具有数字化转型升级的动力。当企业原有技术路径研发成本较高时，通常会面临路径转换的双重效率损失。企业原有技术路径向数字化技术路径的转换与创新融合过程，即数字化探索试错与标准竞争的过程，也是企业数字化向集群协同化再向产业生态数字化系统性演变的过程。面对信息技术革新逐步重组价值创造方式、改变竞争格局

---

① 技术轨道的形成过程是渐成性的，通常是通过新技术—新技术体系—技术范式—技术轨道这一演化过程逐渐形成的。在技术进化过程中，特定的技术范式并不是一成不变的，它会内在地发生新变化。当创新者依靠一定的技术范式实现的技术创新较多时，特定技术范式的进步轨迹就会成为一种技术轨道。技术轨道并不是由单一技术构成的，而是由一系列相关技术组成的技术体系。特定领域的技术轨道多存在一定程度的刚性。某个技术领域或行业一旦形成某种技术轨道，在特定的技术积累基础上，既成的技术轨道是很难改变的。如果非要改变，就需要在技术原创上有所突破（雷家骕等，2005）。

的情况，在资源、品牌、市场、关键技术和创新能力等方面具有竞争优势的大企业或核心企业，从发展战略与价值竞争等诸多方面考虑，往往率先开展数字化升级。这些大企业或核心企业在原有技术路径上的独占性竞争优势，能够赋予企业在数字化转型探索中持续较高的探索投入成本，而且数字化过程往往不受本地化创新网络约束，既可以长期投入、实力自建，也可以引入国内外互联网巨头辅助搭建实现。在数字化转型的探索发展初期，往往存在“先行者劣势”，这在一定程度上抑制了核心企业的效率提升和规模发展。随着数字化转型由探索、突破趋向标准化和成熟，核心企业不断调整创新资源布局，培育强化领先优势，应对追随者竞争，形成“先行者优势”的机会逐渐增大。这一过程也是装备制造产业由企业到集群再到产业系统的数字化变革过程。但是，在装备制造产业数字化升级的企业升级阶段，核心企业及其集群网络处于企业数字化升级和工业互联网平台架构阶段，尚未完成数字化系统性变革和标准之争。核心企业的数字化升级通常是探索性标准竞争与升级过程，通过产业集群网络生产合作、创新合作、社会关系等传导机制，引领、带动非核心企业数字化协同。处于集群网络结构弱势的非核心企业，通常难以复制核心企业持续高投入的试验探索成本，有限资源的创新配置也会直接导致原有技术路径和数字化转型路径的双重效率损失。追随者战略相比“先行者劣势”对非核心企业更具有战略意义，这也是大多数企业数字化转型“不想、不能、不会”的主要原因。

非核心企业数字化升级面临两个方面的挑战。一是企业内部数字化升级挑战。需要立足企业装备制造环节，围绕装备、单元、车间、工厂等载体，通过开发生产过程中的通用数据集成和跨业务、跨平台互联技术，推动设备联网和生产环节数字化连接，逐步实现生产数据贯通化、制造柔性化和管理智能化的变革与重构，实现内部流程增值和数字集成制造转型。① 二是集群/园区层面的工业互联网平台互通互联。通过工业互联网平台嵌入、数据汇集、建模分析、知识复用和应用创新，面向研发设计、设备管理、资源调度等各类场景，形成数据互通互联、信息可信交互、生产深度协同、资源柔性配置的链网体系。非核心企业的数字化变革面临发展战略、组织结构、创新认知、流程再造、链网关系等旧有组织惯性与变革之间的冲突与挑战（易加斌等，2021），受到来自核心企业不同程度的集群网络控制和影响，会形成不同的数字化响应策略，进而影响集群生态的动态演化。数字化战略协同过程中能力弱势的非核心企业，往往受限于投入成本、

① 《工业互联网创新发展行动计划（2021—2023年）》［EB/OL］.（2020-12-22）. https://www.gov.cn/zhengce/zhengceku/2021-01/13/content_5579519.htm.

关系网络、产业技术壁垒、地理因素等多重因素，更多依赖与本地信息技术产业集群创新网络的融合与协同创新过程来突破数字化难点，实现数字化升级和平台化发展。

（一）跨边界创新网络与非核心企业数字化升级

信息通信技术革命不断释放技术的经济效力，推动包含技术、知识、组织和制度在内的产业系统性因素加速共生演化（Malerba，2005），推动数字产业化与产业数字化的协同发展，以及新业态、新模式的不断涌现，并围绕数字基础设施、数字要素市场、数字公共服务、数字社会治理，形成数字经济全方位推进和发展的系统性支撑体系。在区域数字经济建设的过程中，数字产业化培育和产业数字化发展成为地方政府推动数字经济建设和发展的重要方式。其中，在政策环境方面，政府发布智能制造、数字经济等相关支持性政策，推动地区数字新基建，搭建数字化技术平台和协作体系，树立标杆企业、平台或集群/园区等，这些为数字产业培育与产业数字化发展的本地化融合创造了资源、产业和制度层面的基础和条件。建立在本地共同的资源、市场和商业生态基础上的地理邻近的产业集群之间天然存在交互关联（Adner，2017）。这些集群网络通过示范效应、竞争效应、人员流动、产业关联、社会网络等多元交叉的溢出路径或机制，产生本地化交互影响（Görg and Greenaway，2004）。数字产业与本地工业体系的渗透融合，为地区数字基础设施建设、综合应用能力、数字生态体系搭建创造了条件，地区数字产业发展对产业数字化与企业数字化转型的深层推动作用愈加显现（陈玉娇等，2022）。

集群网络中的核心企业与非核心企业在网络中承担的角色不同，实现升级的路径也不同。在核心企业数字化并主导工业互联网建设的发展初期，处于集群网络结构和能力弱势的非核心企业，其资源、能力优势有限，更倾向于通过与本地数字产业集群创新网络的跨边界深度融合与创新协作，来实现由装备、单元、车间到工厂、供应链的设备联网和生产数字化转变。无论是政府目标导向下的信息技术产业集群与本地装备制造产业集群的跨边界创新融合，还是依赖地理空间邻近形成的偶得型隐性知识溢出与交互关联①，有计划或无意识的信息技术产业集群创新网络与装备制造产业集群创新网络的跨边界生产与创新协作，为复杂要素流动、隐性知识溢出、技术交易与协作创新、关系联结与深化创造了条件。本地

① 奇达夫·马汀和蔡文彬（2007）在《社会网络与组织》一书中将网络分为目标导向和偶得网络，并提出目标导向网络具有中心领导者，而偶得网络不存在领导中心，表现为自组织形成与演化的松散联结的非集中化网络。

信息技术产业集群创新网络的发展和渗透为装备制造产业集群数字化转型提供了跨越产业边界的系统性创新支撑。非核心企业在推动装备、单元、车间、工厂乃至供应链协同的生产数字化连接和生产控制系统变革时，无论是工业设备的网络互联能力改造，还是信息技术系统与生产控制系统的有效融合，通常都需要运用新型网络技术和适用技术改造来协同推进。跨边界创新网络作为应对系统性创新的一种制度性安排，为非核心企业数字化转型汇聚了融合信息技术和装备制造技术等异质性资源。面对面交流和编码信息共享这两种外部知识获取方式，对装备制造企业内部知识共享和技术能力具有显著促进作用（李柏洲和周森，2012）。地理邻近更易于促进尚未编码的、具有较强空间根植性的隐性知识，通过 R&D 合作、人员流动、技术转移和溢出等形式，实现跨边界、多层次的交流合作与知识存量的分工和互补，尤其是促进隐性知识的“面对面”深层交互与碰撞。跨边界创新网络有助于弱化产业融合与协同创新的知识和技术壁垒，促进跨产业、企业、部门边界的信息流、技术流和人才流的交互（冯荣凯等，2016），为集群网络中的非核心企业数字化转型提供系统、深度的创新支撑。

装备制造企业的智能制造过程通常是分阶段、分步骤将生产制造体系分解成设备、单元、车间和工厂等不同数字化应用场景，通过新一代信息技术与制造技术和工艺创新融合，加速精益管理和业务流程的再造，逐步实现泛在感知、数据贯通、集成互联、人机协作和分析优化的智能车间或工厂。① 在核心企业数字化并主导工业互联网建设的发展初期，装备制造产业原有技术路径与数字化技术路径的兼容性弱。具有独占性优势和能力的核心企业发起的数字化升级和工业互联网建设，通常会透过核心企业的集群网络控制力（王伟光等，2015）和治理能力（李宇等，2021），对非核心企业数字化创新升级形成产业、制度和环境层面的综合压力。本地信息技术产业集群网络与装备制造产业集群网络的跨边界创新融合，为处于不同网络结构和集群生态的非核心数字化升级提供系统性的创新支撑。非核心企业在创新融合、探索试错与技术迭代的数字化过程中同样存在“先行者劣势”和一定程度的创新效率损失，但随着核心企业技术标准的相互竞争、技术创新的迭代优化，组织架构相对简单的非核心企业具有快速转换和升级技术的能力，更易于感知技术机会，往往会采取先行者或追随者战略，依托跨边界创新网络开展分阶段、分步骤、散点式的数字化升级竞争。大量的实验试错极易涌现典型的成功案例，透过示范效应和扩散效应形成集群数字化竞争生态。非核心

① 《“十四五”智能制造发展规划》［EB/OL］.（2021-12-21）. https：//www.gov.cn/zhengce/zhengceku/2021-12/28/content_5664996.htm.

企业通过跨边界创新网络实现数字化创新升级，对核心企业的数字化协作“发起”进行“响应”，形成差异化的数字化升级和成长路径，即跨边界创新网络效应。非核心企业之间的数字化竞赛不仅会影响企业价值增值的变化，还会影响集群价值增值及网络结构的动态演变，其响应过程对核心企业存在逆向激励、强化、不同程度解构其技术或生产体系的可能，这种核心层和外围层的竞争、协同，共同推动供应链数字化协同和集群生态动态迭代。

（二）发起—响应传导机制

产业集群网络作为基于企业集聚经济静态优势演化而来的动态网络（蔡宁和杨闩柱，2004），易于促进网络成员间的资源共享、能力互补、知识溢出、集体学习、创新累积与风险规避（蔡宁和杨闩柱，2003），形成较强的创新能力和动态竞争优势（刘友金，2007）。集群网络的成员、关联、结构和功能的嵌套融合，会形成差异化的网络结构、协同机制（刘丹和闫长乐，2013）、网络惯性（王伟光等，2015）和创新效应（李志刚等，2007）。企业内生动力和企业合作关系是影响产业集群及创新网络发展的核心要素（柏晶菁和李俊峰，2021），也是网络协同发展的传导和链接机制。核心企业作为中心—外围型网络结构的主导力量，对非核心企业乃至集群网络的发展至关重要。非核心企业通过协作或竞争，影响核心企业乃至集群网络的结构迭代与演化。核心企业与非核心企业的生产、创新等多重嵌套关系，构成了核心企业“发起”升级与非核心企业“响应”升级的交互作用传导机制。“发起—响应”传导机制既是装备制造产业集群生态结构演化、动态升级的内在机制，也是不同产业集群技术范式融合中的内在关联与作用机制。核心企业与非核心企业的升级策略选择、实现、往复传导、迭代升级与结构演化，即装备制造产业由企业向集群再向产业系统性蜕变的演化升级路径。

随着信息技术对产业变革影响的深化，拥有异质性资源的创新主体的互动互补特征更加明显，集群网络中数字化创新合作与知识流动、溢出和扩散效应不断加速集群网络的结构深化和动态演变。为深入阐释核心企业发起数字化升级和工业互联网平台建设，推进集群非核心企业数字化升级及集群网络的数字化演变过程，本章基于对装备制造产业集群网络的调研体验，假定集群网络中的核心企业和非核心企业“生产协同、均不创新”的初始状态，以核心企业发起“数字化升级”为触发条件，以非核心企业应对“数字化升级”的选择性承接为响应机制，构建了“发起—响应”传导机制，阐述了集群网络数字化升级的演化机制。

在装备制造产业集群网络中，产业发展的关键核心技术通常由占据网络结构中心的核心企业掌控。核心企业通过由外围技术向核心技术升级的选择性、渐进性，增量的知识溢出，带动集群网络技术群的整体发展，并通过生产、创新合作与技术关联形成密切的信息交换和知识分享网络，提升集群网络的整体协同效率（刘明宇等，2010）。非核心企业通过对核心企业知识溢出的选择性、累积性承接或“技术逆袭”，形成核心企业、非核心企业的技术共生与竞争生态，并引发集群网络的结构关系与运行机制等同步演化。当装备制造产业集群网络中的核心企业率先发起数字化升级和工业互联网建设时，通常以集群网络协同升级、形成数字化生态优势为战略目标。核心企业发起数字化升级和工业互联网平台建设的过程会创造新价值，并通过集群网络的生产、创新合作、关联，向非核心企业实现不同程度的知识溢出和价值共享（丁玲和吴金希，2017），提升集群协同效率，吸纳更多的创新型中小企业嵌入。处于不同网络结构生态的非核心企业，基于不同程度的价值共享和跨边界创新网络效应，会形成不同类型的数字化响应策略。非核心企业不同的响应策略和发展路径不仅会影响集群网络外围结构的动态变化，也会对核心企业产生辅助、加强、不同程度解构其技术或生产体系的可能。集群网络的核心层①、中间层和边缘层的数字化协同与竞争过程，共同推动集群生态的动态演化和数字化协同升级。这里按照非核心企业响应策略对核心企业和集群网络整体的结构影响，将其划分为辅助型响应策略、加强型响应策略、竞争型响应策略和等待型响应策略，具体如表 4-1 所示。

表 4-1　非核心企业数字化创新策略选择

路径	响应策略	非核心企业	核心企业与非核心企业数字化方向	非核心企业数字化目的	集群影响
1	辅助型	创新	同方向数字化	协同核心企业创新升级	结构不变
2	加强型	创新	同方向数字化	优化核心企业创新升级	结构中心化
3	竞争型	创新	不同方向数字化	挑战核心企业创新升级	分化集群、替代中心或嵌入新网络
4	等待型	未创新	—	—	结构边缘化

注：为了更好地展示装备制造产业集群网络结构变化，这里将网络结构分为核心层、中间层和边缘层。其中，非核心企业由边缘层向中间层跃进或中间层向核心层跃进，统称为结构中心化。非核心企业由核心层向中间层或中间层向边缘层外移，统称为结构边缘化。

① 无论是浙江省门类众多的装备制造产业中小企业集群，还是汽车制造业，铁路、船舶、航空航天和其他运输设备制造业，计算机、通信和其他电子设备制造业等全国各地的装备制造产业集群，这些集群大多具有核心—外围型网络结构。集群网络的核心层有一些是大企业或企业集团，也有一些是中小企业。这里的核心层通常只有一个核心企业，但也存在少数以核心企业为中心的企业集团控制核心层的情况。

采取辅助型响应策略的非核心企业大都位于集群网络结构的中间层，与核心企业形成较为密切的创新合作关系，这类企业以协同核心企业数字化升级为战略目标，通过吸纳核心企业的价值共享和技术、知识溢出，并基于本地跨边界创新网络效应突破数字化升级的具体难点，形成协同核心企业的升级合力。采取加强型响应策略的非核心企业大都位于集群网络结构的中间层或边缘层，以协同并优化核心企业数字化升级来实现网络结构的中心化战略，以期拥有更大的网络影响力和发展机遇。这类非核心企业不断吸纳核心企业的价值共享和技术、知识溢出，并借助本地跨边界创新网络效应实现数字化突破，能够对核心企业及集群网络形成新的价值共享和反向知识、技术外溢，逆向激励集群网络再升级，有助于集群网络数字化升级迭代。采取竞争型响应策略的非核心企业大都为集群网络的中间层或核心层，这些企业本身具有较强的竞争优势和结构关系优势，有借助数字化变革实现突破发展的战略诉求。在吸纳核心企业的价值共享，技术、知识溢出和本地跨边界创新网络效应的基础上，这类通常会形成挑战核心企业的竞争型数字化升级，达到分化集群网络（从原网络中分离出一个自立核心的新网络）、替代核心企业、嵌入更大一级新网络的战略目的。采取等待型响应策略的非核心企业大都位于集群网络结构的中间层或边缘层，这些企业面对“游戏规则”的改变和来自企业、产业、制度环境层面的数字化压力，采取谨慎的观望态度，参与程度下降，在集群数字化竞争生态中渐渐失去原有的生产、创新协同优势，并对集群网络数字化产生负面影响，网络结构逐渐边缘化。

集群网络中的非核心企业基于不同程度的价值共享、知识溢出和跨边界创新网络合作与再创新过程，会形成不同类型的数字化响应策略和差异化的数字化成长路径，形成辅助、加强、挑战核心企业数字化竞争力的创新能力。基于核心企业数字化发起、响应成长起来的非核心企业，对核心企业控制力、创新认知、创新行为等产生的综合效应，即非核心企业的“回声效应”。非核心企业不同类型的响应策略对应非核心企业差异化的数字化成长路径，会形成特定的“回声效应”，具体内涵如表 4-2 所示。非核心企业采取竞争型响应策略，通过集群网络的价值共享和跨边界创新网络效应，形成挑战核心企业数字化竞争力的能力，产生竞争型“回声效应”。产生加强型“回声效应”的非核心企业，通常通过集群网络的价值共享和跨边界创新网络合作与再创新，形成优化或提升核心企业数字化竞争力的能力。非核心企业采取辅助型响应策略，通过集群网络的价值共享和跨边界创新网络效应，形成协同核心企业数字化竞争力的能力。非创新的等待型响应策略无法培育非核心企业的数字化能力和竞争优势，无法发出“回声”。

表 4-2　非核心企业"回声效应"下的核心企业数字化创新策略选择

非核心企业"回声"类型	内涵	核心企业创新策略	数字化方向	核心企业创新成长	集群影响（非核心企业视角）
竞争型	挑战核心企业数字化竞争力的能力	R&D 合作	同方向	竞争力提升	结构不变
		创新竞争	同方向	竞争力提升或被解构	结构不变/集群分解/核心替代/嵌入新网络等
		创新	不同方向	构筑新的竞争力	集群分解/嵌入新网络等
		未创新	—	竞争力被解构	集群分解/核心替代/嵌入新网络等
加强型	优化核心企业数字化竞争力的能力	R&D 合作	同方向	竞争力提升	结构不变
		未创新	—	状态不变	结构中心化
辅助型	协同核心企业数字化竞争力的能力	R&D 合作	同方向	竞争力提升	结构不变
		未创新	—	状态不变	结构不变

注：这里非核心企业的辅助型"回声效应"，强调应对核心企业的数字化发起，形成协同核心企业的数字化升级过程。非核心企业的升级过程与核心企业的发起邀约一致，在正常情况下应对"回声"是无须再创新的创新策略选择。这里列出 R&D 合作是想强调，采取辅助型策略的非核心企业与核心企业通常是协同数字化，网络结构整体不变。

（1）非创新的等待型路径无法发出"回声"。

（2）核心企业是集群网络生产、创新合作及网络关系结构的中心，相比发起创新挑战的非核心企业，其具有更强的结构稳定性。这里选择从非核心企业视角展示非核心企业与核心企业的创新交互过程对集群网络影响的多种可能。

在装备制造产业处于核心企业发起数字化、主导工业互联网平台建设的初期，数字产业化与产业数字化处于创新融合和探索期，装备制造产业数字化主导设计仍不清晰，新的技术范式尚未形成。很多核心企业尽管长期持续大量投入，数字化转型效果仍不理想。工业互联网平台建设也面临标识、标准、安全等诸多方面的问题。围绕数字化转型，核心企业与非核心企业在集群网络中承担的角色不同、结构站位不同，会形成差异化的转型战略和升级路径，在交互竞争中形成产业数字化生态的动态演化与结构迭代过程。在核心企业发起数字化、主导工业互联网建设之初，不同数字化创新成长路径的非核心企业"回声"可能引起集群网络协作水平和关系结构的变化。面对非核心企业的数字化创新成长和数字化竞争的提升，在差异化的"回声"情境下，核心企业选择不同类型的创新策略也会形成差异化的成长路径。核心企业与非核心企业的数字化创新交互过程，推动了集群网络的生产、创新协作与系统优势的演化。对于挑战核心企业数字化竞争力的非核心企业竞争型“回声”，核心企业通常有四种创新策略选择。①核心企业选择并实现同方向数字化 R&D 合作，属于协同创新策略。在该策略有助于核心企业与竞争非核心企业协同创新，实现集群网络数字化竞争优势的同步提升，网络结构趋向不变。②核心企业选择并实现同方向创新竞争，属于竞争型创新策略。在该策略选择下，核心企业具有资源、网络、创新能力等诸多方面的比较优势，取得竞争成功的可能性较大，此状态下存在网络结构趋向不变或非核心企业失败出走的可能。当然，数字化转型的探索成本和风险较高，并不一定都会成功。核心企业也存在转型失败、领导能力不足等问题，非核心企业也存在竞争成功的可能。此种情形下的非核心企业通常累积形成较强竞争优势和网络关系优势，存在从原网络中分离出一个自立核心的新网络、替代核心企业，或嵌入更大一级新网络等可能。产业数字化变革赋予具有创新意识和能力的企业更多的成长机会和可能。③核心企业选择不同方向创新竞争，构筑新的竞争优势，集群网络形成两条数字化路线，存在各自核心企业分裂原网络或非核心企业出走嵌入新网络等诸多可能。④核心企业选择不创新。在产业数字化探索初期，这一结果和创新竞争失败的结果相同。集群网络面临非核心企业依托累积形成的竞争优势和网络关系优势，存在从原网络中分离出一个核心的新网络、替代核心企业，或嵌入更大一级新网络的可能。竞争型“回声”代表了新一代信息技术全面渗透、深刻变革产业经济体系的动态过程，在不断的创新竞争中，产业数字化发展将由探索、突破走向成熟，形成相对稳定的渐进式发展轨迹。来自核心企业的数字化发起、价值共享和技术知识溢出，以及本地信息技术产业集群网络的跨边界创新网络效应，共同推动集群网络的数字化技术竞争、迭代、优化，乃至数字化技术路径的形成。

对于资源有限的非核心企业，加强型策略作为一种追随型策略，是产业数字化探索阶段的较好选择，既可以降低试错成本，也可以借助产业变革实现结构化升级。当非核心企业形成优化核心企业数字化竞争力的加强型“回声效应”时，核心企业通常有两种类型的创新策略。①核心企业选择并实现同方向数字化 R&D，属于协同创新策略。该策略有助于核心企业与非核心企业协同创新，实现集群网络数字化竞争优势的同步提升，网络结构趋向不变。但这里的“结构不变”是非核心企业通过加强型策略选择，实现结构中心化后的结构不变。②核心企业选择不创新。这一结果会弱化核心企业的相对数字化竞争力，相对提升非核心企业的数字化竞争力和网络声誉，为非核心企业聚集更多资源和关系资本。集

群网络整体数字化协同竞争力并未改变，但非核心企业在网络结构关系中趋向中心化。这一结构中心化也是非核心企业通过加强型策略实现结构中心化后的进一步结果。此外，非核心企业通过辅助型策略选择，形成协同核心企业数字化竞争力的能力，会对核心企业产生一个“回声”，即协同核心企业数字化升级的辅助型“回声”。在这一“回声效应”下，核心企业没有创新的必要。表 4-2 显示了 R&D 合作一项，强调辅助型非核心企业与核心企业是协同数字化的伙伴关系。在集群数字生态由探索、突破走向成熟的发展过程中，非核心企业趋向于与核心企业保持紧密的追随型关系，实现集群网络数字化的战略协同升级，网络结构整体不变。

在装备制造产业集群网络处于企业智能制造升级的发展阶段，核心企业发起数字化升级并主导工业互联网平台建设，非核心企业依托集群网络的价值共享，技术、知识溢出及跨边界创新网络效应，形成差异化的响应策略和升级路径，辅助、加强、挑战核心企业的数字化竞争力。基于非核心企业的辅助型、加强型或竞争型“回声效应”，核心企业也会形成不同的创新策略和差异化的数字化成长路径。核心企业与非核心企业的数字化“发起—响应”循环往复、集群网络的数字化协同和数字技术群的迭代升级过程，共同推动集群数字生态及系统优势演化，具体如图 4-3 所示。这一阶段是单一集群数字化、单一平台架构的建设阶段，以集群网络的“发起—响应”传导机制，初步实现企业数字化协同的集群实体层与以工业互联网为基本架构的集群平台层的交互映射。集群网络实体层中的资源、要素、业务等围绕以核心企业①为中心的集群数字化共同愿景，形成以实体集群为主、虚拟平台架构初步完成的集群数字化场景。核心企业对数字化集群的实体层和平台层均具有资源集聚优势和控制力。核心企业的数字化发起，价值共享，技术、知识溢出，以及本地信息技术产业集群网络跨边界创新网络效应，共同推动集群网络的数字化技术协同、竞争、迭代、优化，乃至数字化技术路径的形成，构成了核心企业控制力、非核心企业成长，以及装备制造产业集群网络由企业智能制造价值竞争向共融、共生、共创的集群数字生态转变②的结构性演化与系统性蜕变过程。

---

① 这里的核心企业是集群网络中初始核心企业与非核心企业之间数字化创新发起—响应循环迭代与交互过程的结果。

② 文中围绕智能制造的价值竞争逐渐转向共融、共生、共创的生态竞争，其中共融指信息技术产业与装备制造产业的渗透融合推动产业变革；共生指集群网络中核心企业与非核心企业的数字协同生态；共创指跨边界创新网络推动集群网络技术群的迭代升级过程。

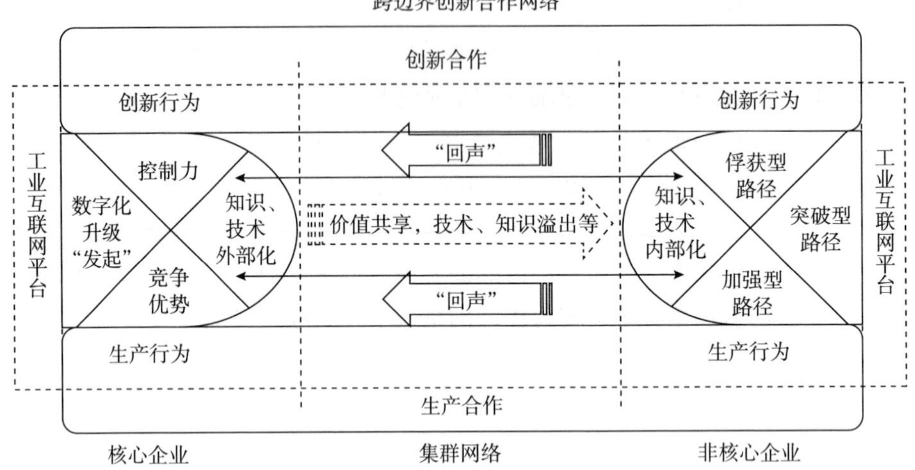

图 4-3 “发起—响应”传导机制与企业升级

三、跨边界创新网络视角下装备制造企业绿色化升级分析

随着中国经济发展的能源消耗陆续达到峰值（陈昌盛等，2020），2020 年 9 月中国政府明确提出 2030 年前“碳达峰”与 2060 年前实现“碳中和”的“双碳”目标。2021 年 9 月 22 日，中共中央、国务院印发《关于完整准确全面贯彻新发展理念做好碳达峰碳中和工作的意见》中指出，“处理好发展和减排、整体和局部、短期和中长期的关系，把碳达峰、碳中和纳入经济社会发展全局，以经济社会发展全面绿色转型为引领，以能源绿色低碳发展为关键，加快形成节约资源和保护环境的产业结构、生产方式、生活方式、空间格局，坚定不移走生态优先、绿色低碳的高质量发展道路，确保如期实现碳达峰、碳中和”。尽管围绕绿色低碳高质量发展的战略部署已经开展，但早在 2015 年 10 月，党的十八届五中全会就提出了绿色发展理念。从绿色发展理念提出到坚定不移走绿色低碳高质量发展道路，我国不断对传统产业提出由低技术水平、低附加价值向高技术水平、高附加价值的生产状态升级变迁的发展要求（唐东波，2013）。不同于以往工业经济形态下的传统产业升级过程，信息技术革命的孕育兴起不断渗透、解构、重组传统产业的生产、组织和消费架构。装备制造产业的数字化升级过程本质上是改变原有工业经济形态下的产业组织架构、运行模式，构建数字经济形态下的新产业、新业态、新模式的发展过程。装备制造产业数字化发展的演进脉络本质上就是数字经济形态下装备制造产业升级基本框架的形成过程。目前来看，除数字

化变革之外的其他升级方向，并未对产业组织架构和运行模式产生变革性的影响。因此，“绿色低碳”作为装备制造产业的非变革性升级方向，被纳入智能制造系统发展的功能属性或特征范畴，在装备制造产业的数字化升级框架之下展开。装备制造产业绿色化升级，以企业绿色化升级为起点，以装备制造产业集群创新网络与绿色技术相关产业集群创新网络的跨边界创新网络融合为实现方法，以核心企业发起升级、非核心企业响应升级为传导机制，推动装备制造产业绿色化、系统性升级。

当装备制造产业集群网络处于企业智能制造升级阶段时，考虑集群网络在长期的生产和创新活动中形成差异化的结构特征、网络惯性、协同机制和创新效应，通常由具有品牌、市场、关键技术乃至商业生态系统优势和创新能力的核心企业率先发起绿色化升级，通过集群网络实体层的核心企业与非核心企业生产和创新关联实现传导，以本地装备制造产业集群创新网络与绿色技术相关产业集群创新网络的跨边界创新融合为系统性创新支撑，以非核心企业基于不同程度的价值共享和跨边界创新网络效应形成的绿色化升级为响应，推动产业集群网络实体层绿色化协同。其中，非核心企业的绿色化升级响应策略同样存在辅助型、加强型、竞争型和等待型四种类型，并形成相应的“回声效应”。核心企业应对“回声效应”会形成不同的创新策略选择和绿色化升级路径。核心企业与非核心企业的“发起—响应”循环迭代绿色化创新与交互过程，推动了集群网络绿色化生产、创新协作与系统优势的演化。值得说明的一点是，核心企业具有同时发起数字化和绿色化升级的能力，但非核心企业限于资源和能力，并不一定能够及时对所有的升级“发起”做出同步的“响应”。这四种响应策略引发的非核心企业乃至集群网络的绿色化竞赛，可能会被同时期开展的集群网络数字化升级竞赛和平台架构建设的网络影响力不同程度弱化。因此，创新能力越强的装备制造企业，绿色化升级的动力、能力和意识越强，越易于开展绿色化创新。融合不同关联产业的跨边界创新网络为本地产业集群网络的数字化、绿色化系统性升级提供创新支撑。装备制造产业的绿色化升级伴随着集群网络的数字化升级与工业互联网平台架构的完成，会进入实体层与平台层交互赋能的集群升级发展阶段。

第三节　集群升级：工业互联网+智能制造

一、产业发展形态：集群协同升级与平台功能衍生

在以企业智能制造为起点的装备制造产业数字化发展初级阶段，核心企业与非核心企业的发起—响应循环迭代升级与创新交互过程，推动了集群网络的生产、创新协作与系统优势演化，逐步实现了集群网络的企业数字化协同、工业互联网架构完成和集群网络的系统性效率提升。这一阶段是单一集群数字化、单一平台架构建设阶段，以集群网络实体层的“发起—响应”机制为传导，初步实现企业数字化协同的集群实体层与以工业互联网为基本架构的集群平台层的交互映射。集群网络实体层中的资源、要素、业务等围绕以核心企业为中心的集群数字化共同愿景，形成以实体集群网络数字化为主、虚拟工业互联网平台架构初步完成的集群数字化场景，核心企业在集群生态的实体层和平台层具有资源集聚优势和控制力。在完成初期的设备联网和生产环节的数字化后，集群网络进入加速生产数据贯通化、制造柔性化和管理智能化的升级阶段；以工业互联网为核心的数字平台进入运营效率提升（马永开等，2020）和服务生态建设（严子淳等，2021）阶段。

通过构建跨边界创新网络外生动力赋能，培育“核心企业—非核心企业”内生动力，初步实现企业“智能制造”向集群“工业互联网+智能制造”转变的阶段式演化升级。随着智能制造和以工业互联网为核心的数字平台建设的开展，装备制造产业新的技术范式逐渐形成，主导设计逐渐清晰，技术进步轨迹初步形成。在这一阶段，集群企业形成基本的数字化协同。尽管围绕企业数字化和工业互联网平台建设的产业实践与理论研究，形成了少数标杆企业和相关的案例研究，但在企业智能制造方面还面临由外围辅助环节向核心生产环节数字化升级的挑战，以及智能化制造、网络化协同、个性化定制、服务化延伸和数字化管理等新模式、新业态的不断探索。工业互联网平台的建设完善与扩展升级，不同于传统消费端互联网“快速做大”“赢者通吃”的成长模式。工业互联网平台的功能优化、架构升级与互通互联，面临产业差异化的技术诀窍壁垒（王节祥等，2021），在连接对象、技术要求、用户属性方面存在显著性差异，必须与该行业

的技术、知识、经验等紧密结合，呈现多元性、复杂性和专业化特征。无论是装备制造产业核心/龙头企业（海尔、华为等）发起的工业互联网平台，还是网络科技平台公司、软件公司等国内外互联网巨头辅助搭建的工业互联网平台，这些数字平台基于差异化的产业生态，在功能定位、架构设计、原理、标准等诸多方面尚处于探索和发展期。工业互联网平台的互通互联面临网络、标识、安全、标准等方面的关键技术困境，尚未实现企业层面、网络层面的监测预警、应急响应、检测评估和功能测试等，无法支撑数字平台生态的健康有序运转。

2020 年，《工业互联网创新发展行动计划（2021—2023 年）》指出，支持龙头企业基于平台广泛连接、汇聚设备、技术、数据、模型、知识等资源，打造贯通供应链、覆盖多领域的网络化配置体系，发展协同设计、众包众创、共享制造、分布式制造等新模式。鼓励消费品、汽车、钢铁等行业的企业基于用户数据分析挖掘个性需求，打造模块化组合、大规模混线生产等柔性生产体系，促进消费互联网与工业互联网联通，推广需求驱动、柔性制造、供应链协同的新模式。① 集群网络中的核心企业依然是以工业互联网为核心的数字平台衍生扩展、泛在链接的主导力量。2021 年，国务院印发《“十四五”数字经济发展规划》中指出，推动产业园区和产业集群数字化转型过程，积极探索平台企业与产业园区联合运营模式，丰富技术、数据、平台、供应链等服务供给，提升线上线下相结合的资源共享水平，引导各类要素加快向园区集聚。推动共享制造平台在产业集群落地和规模化发展。探索发展跨越物理边界的“虚拟”产业园区/集群，加快产业资源虚拟化集聚、平台化运营和网络化协同，构建虚实结合的产业数字化新生态。② 数字经济形态下的装备制造产业进入集群升级阶段，即通过“工业互联网+智能制造”，推动集群实体生态的数字化再升级与平台生态的服务化再联通的交互赋能与共生演化。以工业互联网为核心的数字平台的功能架构和广泛连接围绕两条主线展开：一是形成贯通生产端和创新端的设备、技术、数据、模型、资源的网络化配置体系，加快集群生态的资源虚拟化集聚、平台化运营和网络化协同。二是推进以工业互联网为核心的产业数字平台与消费互联网贯通对接，形成需求驱动、柔性制造、供应链协同的价值共创新模式。平台生态作为企业通过网络关系实现增长的路径，改变了企业与供应商、合作伙伴、用户群体的合作方

① 《工业互联网创新发展行动计划（2021—2023 年）》［EB/OL］.（2020-12-22）. https：//www.gov.cn/zhengce/zhengceku/2021-01/13/content_5579519.htm.

② 《“十四五”数字经济发展规划》［EB/OL］.（2021-12-12）. https：//www.gov.cn/zhengce/content/2022-01/12/content_5667817.htm.

式与联动机制，通过内向资源集聚，赋能集群数字要素，实现泛在链接、弹性供给与动态高效配置，促进数字商业生态构建（孙新波等，2022）。然而，平台生态作为集群网络虚拟化资源内向集聚、平台化运营和网络化协同的链接路径和服务化生态，无法直接赋予实体企业、集群乃至产业生产生态相匹配的数字化协同生产能力和价值共创能力。跨边界创新网络为非核心企业乃至集群网络的数字化升级提供了全面系统的创新支撑。

二、跨边界创新网络视角下装备制造产业集群数字化升级分析

（一）跨边界创新网络与集群数字生态演化

集群网络中的核心企业作为以工业互联网为核心的数字平台功能架构、泛在链接的主导力量，通过工业互联网底层价值属性的充分挖掘，以“标签拓展”和“生态嵌入”方式，不断衍生、连接、架构平台生态的“功能模块”，形成贯通生产端、需求端、创新端等多领域的网络化配置体系；通过内向集聚区域资源，赋能本地集群数字要素，形成泛在链接、弹性供给与动态高效的集群数字化生态。以工业互联网为核心的平台生态拓展包含三个维度。生产端的平台生态主要指基于工业互联网架构或连接形成的“功能模块”（如共享制造平台），形成贯通供应链、产业链的设备、技术、数据、模型、知识等生产端资源的网络化配置体系，实现资源虚拟化集聚、平台化运营和网络化协同。需求端的平台生态主要指以工业互联网为核心的产业数字平台与消费互联网的贯通对接，形成需求驱动、柔性制造、供应链协同的价值共创新模式。创新端的平台生态主要指基于工业互联网架构或连接形成的“功能模块”（如研发平台），形成跨区域、跨产业、跨主体，贯通协同设计、技术研发、众包众创、标准制订、创业孵化、测试评估、应用培训等创新生态的网络化资源配置体系①。核心企业主导的集群网络平台生态，围绕创新生态的功能架构或平台链接，可以突破产业、主体和地理空间的限制，为本地化跨边界创新网络集聚提供（包含高校、研发机构、重点实验室以及各类关联产业技术创新平台等）数据化资源，通过显性知识溢出和资源匹配优化，为集群网络创新协作赋能增效。

数字经济形态下装备制造产业集群在升级阶段的跨边界创新网络，既包含本

① 《工业互联网创新发展行动计划（2021—2023 年）》明确指出，支持龙头企业基于平台广泛连接、汇聚设备、技术、数据、模型、知识等资源，打造贯通供应链、覆盖多领域的网络化配置体系，发展协同设计、众包众创、共享制造、分布式制造等新模式。《“十四五”数字经济发展规划》指出，探索建立各类产业集群跨平台协同新机制，促进要素整合共享，构建创新协同、错位互补、供需联动的区域数字化发展生态，提升产业链、供应链协同配套能力。

地化信息技术产业集群与装备制造产业集群的跨边界创新网络实体层，还包括集群网络平台生态中创新生态功能模块构成的虚拟层。虚拟层通过跨主体、产业和区域的数字化资源内向集聚和显性知识的空间溢出效应（纪玉俊和李超，2015），赋能实体层最优匹配和创新策略。跨边界创新网络实体层通过创新实践、能力积累和竞争优势提升，赋能虚拟层平台创新功能的提升，架构功能的优化升级等，两者交互赋能、共生演化，为本地集群网络数字化升级提供全面系统的创新支撑。虚拟层通过跨主体、跨产业、跨区域的显性知识空间溢出效应和内向创新资源集聚与网络化配置，为实体层创新协作匹配优化赋能增效。其中，跨边界创新网络虚拟层的显性知识空间溢出效应与数字化资源内向集聚效应更强。实体层涵盖的隐性知识溢出的技术流、人才流与信息流的交互途径和实践效果更优。在装备制造产业集群升级阶段，集群网络中的核心企业依然是以工业互联网为核心的数字平台功能架构、泛在链接的主导力量。每一个核心企业主导的平台层“功能拓展”或“生态嵌套”升级，都会通过集群生态和平台生态双重机制传导至非核心企业①。非核心企业对接平台生态的“多重功能”，需要基于跨边界创新网络的虚拟层和实体层优化响应策略，实现多重能力协同升级和多重身份功能嵌入，形成集群生态和平台生态的双向“回声效应”。每一个实体层核心企业的数字化升级发起，都会通过集群生态和平台生态双向传导至非核心企业。非核心企业基于跨边界创新网络的虚拟层和实体层优化响应策略，形成集群生态和平台生态的双向“回声效应”。随着集群数字化技术轨迹的逐渐清晰和集群数字生态的逐步完善，虚实交互的跨边界创新网络不仅能为非核心企业数字化升级提供创新支撑，还能在不同程度上支撑核心企业的数字化升级或突破平台生态建设中的堵点或难点。当然，有实力的核心企业依然会选择前沿标准自建或引入互联网企业巨头来辅助实现数字化。跨边界创新网络的虚拟层与实体层交互赋能，为集群网络数字化协同和平台功能拓展提供系统性创新支撑。

（二）“发起—响应”传导机制

数字经济形态下装备制造产业集群的升级阶段，是通过“工业互联网+智能制造”，推动集群生态数字化再升级与平台生态服务化再联通交互赋能、共生演

---

① 企业升级阶段的发起—响应传导机制是实体集群企业之间的多重嵌套关系。集群升级阶段的发起—响应传导机制随着集群平台生态的服务化再联通，会形成超越集群关系范围的平台嵌套关系。集群升级阶段的发起—响应传导机制包含集群生态和平台生态双重传导维度。其中，平台生态传导机制侧重信息、知识等的传递功能，重在优化响应策略；集群生态传导机制侧重响应策略的实践功能。

化的发展阶段。在这一阶段，以工业互联网为核心的数字平台通过功能拓展和服务生态嵌入或连接，改变了传统资源的价值转化路径，将科技创新、技术开发、生产体系与商业应用群落有机衔接起来（张宝建等，2021），促进企业感知，捕获来自多边用户群体的异质性资源（钱雨和孙新波，2021），更精准地匹配了需求和价值共创，实现了利益相关主体的自动协同与跨界合作（严子淳等，2021）。集群网络中的核心企业依然是以工业互联网为核心的数字平台衍生扩展、泛在链接的主导力量，依托平台生态实现集群生态的数字化升级、网络化协同与平台化运营。其中，每一个核心企业主导的平台"功能拓展"或"生态嵌入"，都会通过集群生态和平台生态进行双重传导。非核心企业受到来自核心企业集群生态和平台生态的双重影响力和控制力，会依据自身的发展战略、创新认知、链网关系等，对升级"发起"进行侦测、识别、筛选或过滤，并基于跨边界创新网络形成企业数字化升级和平台功能嵌入与拓展的双向升级"响应"，产生集群生态和平台生态协同的双向"回声效应"。这些"回声效应"对集群生态的数字化升级、网络化协同与平台化运营，同样具有辅助、加强、挑战、颠覆核心企业的影响效力，"发起—响应"循环往复推动平台架构的优化、集群效率的提升和数字技术群的迭代升级。每一个核心企业的集群数字化升级"发起"，也会通过集群生态和平台生态双向传导，推动非核心企业基于跨边界创新网络的实体和平台"响应"，产生集群生态和平台生态协同的双向"回声效应"，形成由企业个体到群体再到集群生态的系统性响应和反馈。不同的是，这一阶段的集群生态更加侧重智能制造的网络化协同升级与平台化运营、共享的优化，形成了集群数字生态竞争优势，如图 4-4 所示。

平台生态作为网络化传导机制，一方面是匹配集群生态网络化协同的平台运营功能载体；另一方面是具有内向集聚、资源沉淀、精准匹配、快速传导等功能的服务生态。平台生态改变了传统资源的价值转化路径，更好地发挥了显性知识的空间溢出效应（纪玉俊和李超，2015），有助于集群生态赋能增效，优化响应策略，升级协同能力。集群生态通过赋能增效的响应策略和"回声效应"提升集群数字竞争力，支撑平台生态架构优化和功能扩展。随着以工业互联网为核心的数字平台服务化联通扩展为与物理世界商业生态相对应的平台生态，集群生态通过数字化再升级逐步向供应链、产业链等生产端协同与需求端价值共创的商业生态演化。集群数字生态向数字商业生态演化，实现由集群升级向产业系统升级的发展过程。

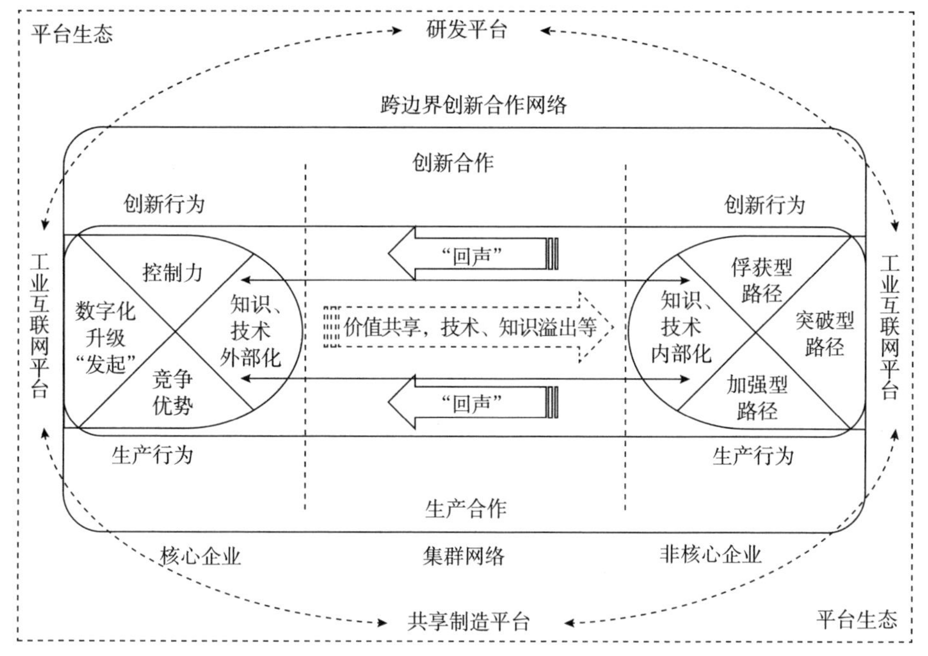

图 4-4 "发起—响应"传导机制与集群升级

这一阶段是集群生态协同、平台功能拓展形成集群数字生态的发展阶段。装备制造产业初步完成企业"智能制造"升级向集群"工业互联网+智能制造"数字生态的演变。企业升级阶段的集群网络初步形成实体层和平台层数字化映射。集群升级阶段的集群生态和平台生态初步形成内涵、范围和功能不对等的虚实交互赋能的集群数字生态。其中，集群生态依托平台生态赋能，实现资源虚拟化集聚、平台化运营和网络化协同。跨边界创新网络的虚拟层内嵌在集群网络的平台生态之中。平台生态不断衍生、连接、架构"功能模块"，形成贯通生产端、需求端、创新端等多领域的网络化配置体系，通过流程梳理、能力沉淀和经验萃取等赋能工业数字要素，形成泛在链接、弹性供给与动态高效的集群生态。平台生态与集群生态的交互赋能、共生演化，形成了突破式创新和渐进式发展的合力，实现了由企业智能制造向集群数字生态再向数字商业生态演化的动态发展过程。

三、跨边界创新网络视角下装备制造产业集群绿色化升级分析

装备制造产业绿色化升级以企业绿色化升级为起点，以装备制造产业集群网

络与绿色技术相关产业集群网络的跨边界创新融合为实现方法，以核心企业发起升级、非核心企业响应升级为传导机制，推动装备制造产业绿色化、系统性升级。数字经济形态下装备制造产业集群的升级阶段，即通过“工业互联网+智能制造”，推动集群生态的数字化再升级与平台生态的服务化再联通交互赋能与共生演化的过程，如图4-4所示。集群网络中的核心企业依然是集群数字生态框架下绿色化升级的主导力量。每一个核心企业绿色化升级或变化的“发起”都会通过动态演化的集群生态和平台生态双重机制传导、识别、侦测和过滤，推动非核心企业乃至集群网络基于跨边界创新网络效应实现绿色化“响应”，并产生集群生态和平台生态双向“回声效应”，实现由个体到群体再到生态的系统性绿色化升级响应和反馈过程。这一阶段的跨边界创新网络的内涵和形式，随着集群数字生态的发展和升级不断变化。平台生态中的创新生态功能模块构成跨边界创新网络的虚拟层，通过跨区域、跨产业、跨主体的显性知识空间溢出效应和创新资源内向集聚、网络化配置效应，为本地化跨边界创新网络实体层的创新协作与匹配优化赋能增效。跨边界创新网络实体层通过包含隐性知识溢出的技术流、人才流与信息流的交互过程，支撑非核心企业乃至核心企业的数字化升级突破平台生态建设的堵点、难点。跨边界创新网络虚拟层与实体层交互赋能、共生演化，为装备制造产业集群绿色化升级提供全面系统的创新支撑。

第四节　产业升级：数字商业生态

一、产业发展形态：平台生态迭代与产业生态迭代

数字经济形态下新一代信息技术与传统迂回分工的产业体系渗透融合，不断催生新产业、新业态、新模式，推动企业、集群、产业乃至商业生态数字化升级与重构。以工业互联网为核心的平台生态通过平台的包络特征和网络效应，将装备制造产业的生产端、需求端、创新端乃至其他利益关联主体的资源、技术、用户信息等汇集沉淀、精准捕捉、快速对接，形成具有自组织和随机价值涌现特征的动态关系网络（孙新波等，2022）。平台生态作为企业的网络化发展路径，改变了企业与供应商、合作伙伴、用户群体的合作方式与联动机制，释放了显性知识的空间溢出效应（纪玉俊和李超，2015），通过流程梳理、能力沉淀和经验萃

取等赋能工业数字要素，促进了实体产业集群网络间要素、知识、信息等的泛在链接和弹性供给，形成了平台生态和产业生态虚实交互的价值链条和动态演化的价值共谋与共创网络，即数字商业生态。数字经济形态下的价值共创是以商业生态系统的集成优势参与市场竞争，通过生态优势获得竞争优势，通过价值共创实现价值溢价（张宝建等，2021）。此时的价值主张并非来自商业生态中的核心企业，也非传统意义上的用户群体，而是商业生态系统中多边利益主体的价值主张与诉求的结构化匹配、共谋和共创的实践结果（Adner，2017）。“价值节点—价值链条—价值网络”的递进式演化与迭代升级过程，展现了数字商业生态动态发展的全貌。

二、跨边界创新网络视角下装备制造产业数字化升级分析

（一）跨边界创新网络与数字商业生态演化

数字经济形态下装备制造产业集群通过构建跨边界创新网络外生动力赋能，培育“核心企业—非核心企业”内生动力，实现由集群“工业互联网+智能制造”向产业“数字商业生态”的阶段式演化升级。在这一阶段，装备制造产业集群通过数字化技术协同、竞争、迭代、优化形成独特的数字化发展路径，装备制造产业的数字化技术轨道亦逐渐形成。以核心企业（高校、研发机构等利益相关主体）为主导的集群网络（或创新网络）成为贯通产业链、创新链及产业生态的基本单元。位于集群/创新网络中心的核心企业（高校、研发机构等利益相关主体）也是产业生态中具有较强生态控制力和影响力的核心价值节点。这些节点对平台生态的价值链接和价值网络迭代同样具有较强的影响力和控制力。在平台生态中，这些核心价值节点可能同时嵌入平台生态的众多功能模块，拥有多重身份标签，呈现数字化、结构化的网络分布，是以工业互联网为核心的平台生态功能架构、泛在链接的主导力量。核心价值节点主导的平台生态与产业生态交互赋能、共生演化，推动数字商业生态价值共创和迭代升级，即装备制造产业完成数字化初级框架的发展过程。不同的是，平台生态贯通生产端、需求端、创新端的数字化资源内向集聚效应更强，能够连接和覆盖的虚拟商业生态的内涵范围更大。产业生态受地理空间、人员、知识技术流动等诸多条件限制，是基于平台生态赋能的选择性价值共谋和网络化连接，能够连接和覆盖的实体商业生态范围有限。数字资源作为价值共创的重要模块，通过差异化的创新组合，可以同时成为数字商业生态系统中多个价值链条或路径的组成部分（刘洋等，2020）。

在产业升级阶段，装备制造产业初步形成贯通生产端、需求端、创新创业端

和其他协同关联主体的数字商业生态。数字商业生态作为支撑价值共创的系统性生态，成为企业、集群乃至产业参与国内价值链或国际价值链竞争的核心竞争力。在这一框架下，跨边界创新网络的虚拟层由创新平台扩展为整个平台生态，包含装备制造产业、关联产业、高校和科研院所、用户群体等不同行业、不同领域的众多价值共创参与主体。每一个参与主体都对应着数字商业生态中不同资源、不同创新认知、不同网络影响力和控制力的价值节点。这些价值节点“发起”升级①，通过平台生态和产业生态进行识别过滤、快速传导、精准匹配、价值链接，形成数字商业生态的价值共谋、共创“响应”过程。跨边界创新网络的实体层也同步扩展为整个产业生态。实体层的生态边界小于虚拟层，需要借助“虚拟层”的内向资源集聚和价值共谋赋能，才能贯通最优价值共谋链接②，实现最优价值共创“响应”和价值溢价“回声效应”。基于价值共创的数字商业生态本质就是跨边界创新网络。从本地化跨边界创新网络到创新平台赋能的跨边界创新网络，再到价值共创的数字商业生态，展现了创新模式开放化、生态化的演进过程。

（二）“发起—响应”传导机制

在产业系统升级的发展阶段，每一个价值节点的新发展、需求或升级等，都会通过以工业互联网为核心的平台生态和以集群为核心的产业生态双重机制快速传导、精准匹配、价值链接，实现数字商业生态的价值共谋、共创“响应”及“回声效应”。基于价值共创和溢价升值的“回声效应”对数字商业生态的其他价值节点和链接关系，产生辅助、增强、挑战、颠覆原有价值体系的影响效力，推进数字商业生态核心价值节点的分布与商业生态结构的变化。数字商业生态中“发起—响应—回声—响应”的价值共创与往复迭代，展现了价值节点、价值链接和价值网络由点到线、由局部到整体的递进式演化与迭代升级过程。其中，平台生态传导机制弱化边界效应，促进数字化资源跨地区、跨产业、跨平台、跨组

① 这里，价值节点的升级“发起”可能是来自数字商业生态需求端价值节点的产品内涵或功能“诉求”，也可能是来自创新端价值节点的技术“创新”与“突破”，抑或是生产端价值节点的产品或工艺创新“发起”。来自任何价值节点的升级“发起”都会通过平台生态和产业生态双重嵌套关系网络进行识别过滤、快速传导，并保留有效的升级发起进行精准匹配和价值链接，赋能产业生态实现价值共创“响应”过程。

② 平台生态将资源、能力、标签差异化的参与主体转变为数字化、结构化、网络化的价值节点，通过平台生态的功能拓展和泛在链接形成价值共创的数字商业生态。实体产业生态受地理空间、资源、要素等诸多条件限制，仅仅通过平台信息层实现泛在链接，并未真正产生实体的关联。只有平台生态的价值共谋通过平台生态和产业生态达成发起—响应时，才能通过平台生态的价值共谋进一步推动产业生态的价值共创“响应”和价值溢价“回声效应”。

织内向集聚、愿景配对和价值共创的非显性增长，为实体产业生态赋能增效。这里的赋能增效主要是通过平台生态内向集聚、匹配资源和愿景，为产业生态价值节点发现、抓住和利用机会，并通过实践提升效率，实现价值溢价（孙新波等，2022）。融合生产端、需求端、创新创业端等利益关联主体的产业生态传导机制，受地理空间、人员流动等多重限制，即数字商业生态的传导机制是实现价值共创和价值溢价的载体。

值得一提的是，人工智能、量子信息、网络通信、集成电路、关键软件和大数据、区块链等战略性、前瞻性技术的快速发展，可能会引发企业外部交易成本与内部管控成本的变动，进而影响企业边界的扩张与收缩（袁淳等，2021），产生推动产业链协作关系整合或分化的可能。企业作为数字商业生态价值节点，企业边界的收缩与扩张也会引起数字商业生态中平台生态和产业生态的价值节点的分化和整合，以及生态关系结构的演化，并通过“发起—响应”的双重传导机制，推动数字商业生态迭代升级。

三、跨边界创新网络视角下装备制造产业绿色化升级分析

当装备制造产业进入产业升级阶段，即数字商业生态的架构阶段，跨边界创新网络衍生扩展为数字商业生态价值网络整体。每一个价值节点“发起”绿色化升级，都会通过平台生态和产业生态进行识别过滤、快速传导、精准匹配和价值链接，形成数字商业生态的绿色化升级和价值共谋“响应”。借助平台生态的价值共谋赋能，能够实现最优绿色化价值共创“响应”和价值溢价“回声效应”。基于价值共创和溢价升值的“回声效应”对数字商业生态的其他价值链接和网络关系，产生辅助、加强、挑战、颠覆原有价值体系的影响效力，推动数字商业生态核心价值节点的分布与商业生态结构的变化。数字商业生态中“发起—响应—回声—响应”的价值共创与往复迭代，展现了价值节点、价值链接和价值网络由点到线、由局部到整体的递进式演化与迭代升级过程。装备制造产业集群通过绿色化技术协同、竞争、迭代、优化，形成独特的绿色化发展路径，装备制造产业的绿色化技术轨道亦逐渐形成。

第五章　信息技术产业集群跨边界创新网络效应实证分析

第一节　中国装备制造产业数字化转型背景

2016年，《机器人产业发展规划（2016—2020年）》、《“互联网+”人工智能三年行动实施方案》和《智能制造发展规划（2016—2020年）》等政策文件相继被发布①。这些政策文件从培育和发展机器人产业到战略布局智能制造发展规划，再到推动“互联网+”、人工智能快速发展，全方位推动新一代信息通信技术与传统工业体系渗透融合，逐步打通数字经济建设中系统关键性节点，引发连锁效应，推动经济社会各领域从数字化、网络化向智能化全面跃升，为中国产业体系的数字化变革和经济社会发展积蓄巨大的能量。

中国工业机器人研发始于20世纪70年代。初期，受工业化进程和市场需求影响，中国机器人产业发展缓慢。2010年之后，在工业转型升级、人力成本上升等市场需求拉动和政策推动下，中国工业机器人产业快速发展。相较发达国家的机器人产业，中国工业机器人产业仍存在较大差距和发展空间。机器人产业作为先进制造业的关键支撑，对打造中国智能制造新优势，加速制造业转型升级具有重要战略意义。针对中国工业机器人产业链关键环节缺失、核心技术创新能力不足、产业竞争力薄弱等问题，工业和信息化部、国家发展和改革委员会、财政部于2016年联合印发《规划》，全面推动工业机器人产业快速、有序、健康发展。

① 《机器人产业发展规划（2016—2020年）》以下简称《规划》。此三项政策后文简称《规划》等政策。

在《规划》推动下，2016~2020年中国工业机器人产业呈现良好发展势头。工业机器人产业规模快速增长，关键技术和部件加快突破，整机功能和性能显著增强，技术水平持续提升①。中国已成为全球最大、增长最快的机器人市场。2016~2019年，中国工业机器人保有量逐年增加（见图5-1）。2017年，工业机器人年安装增长率达到峰值，安装了156176台。虽然2018~2019年工业机器人安装增长率为负，但2019年中国工业机器人安装了140492台，占全球总量的38%，相比2018年的36%，仍提升了2%。从2016年开始，中国工业机器人安装量大幅提升，尽管外国供应商的市场占有率较高，但中国供应商的销量逐年增加，外国供应商的销量逐年下降，中国供应商的市场占有率逐年提升（见图5-2）。

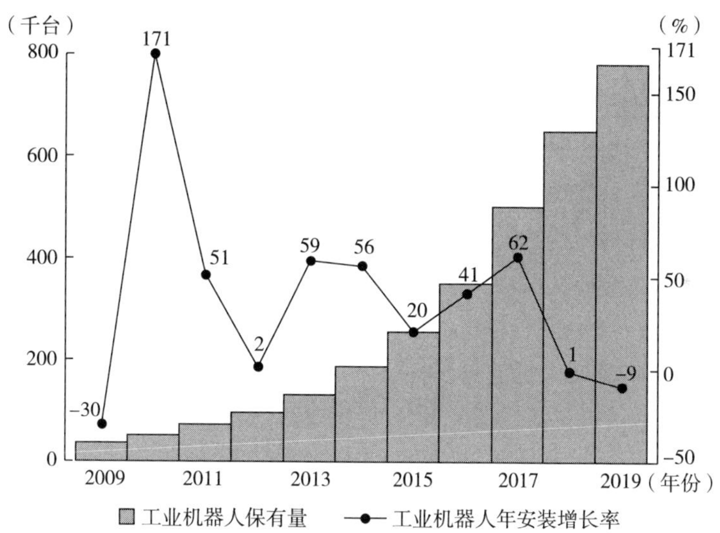

图5-1　中国工业机器人保有量与年安装增长率

资料来源：2020年*World Robotics*。

《规划》提出推进重大标志性产品率先突破、大力发展机器人关键零部件、强化产业基础能力、着力推进应用示范和积极培育龙头企业五个主要任务，在着力推进应用示范的主要任务中强调，重点针对需求量大的汽车、电子、家电、航空航天、轨道交通等行业，推进工业机器人的广泛应用。从2016~2019年各行业使用情况来看，制造业使用机器人数量远高于采矿业、农业等其他产业。其

① 资料来源于《“十四五”机器人产业发展规划》。

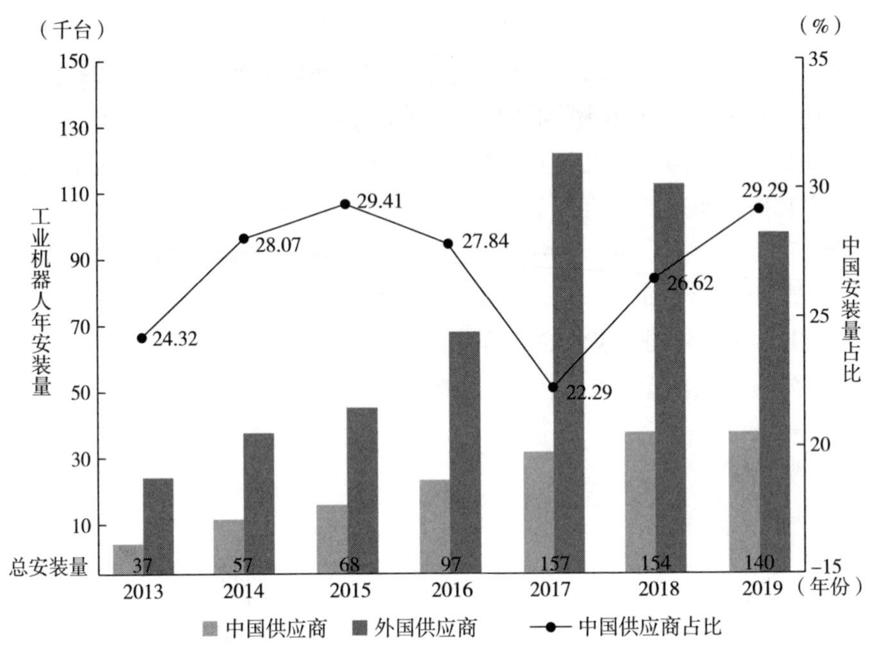

图 5-2　中国机器企业与外国机器人企业年安装量

资料来源：2020 年 *World Robotics*。

中，汽车制造业的机器人保有量最高，年安装量仅次于电子产业，位居第二。电子产业从 2016 年开始工业机器人年安装量超过汽车制造业，成为中国机器人安装量最大的产业。金属和机器产业[①]的机器人保有量和年安装量均居第三位。与汽车制造业和电子产业更多使用外国供应商生产的机器人不同，金属和机器产业更多使用中国供应商生产的机器人。尽管中国各产业工业机器人年安装增长率在 2018 年和 2019 年有所下降，但中国仍然是全球最大的机器人市场，且所占份额也在不断增大。其中，汽车制造业等装备制造产业在 2016 年之后使用了更多的机器人。

第二节　研究假设

在第四章理论分析的基础上，本节提出相关研究假设。当装备制造产业处于

① 按 2020 年 *World Robotics* 报告中美国的产业分类归类。

企业升级的发展阶段时，装备制造产业的数字化升级本质上是原有技术范式在跨边界创新网络效应下，不断创新融合、探索突破，建立新的技术范式的发展过程。在原有技术范式与数字化技术范式融合转换的发展初期，装备制造产业通常缺乏精通不同领域知识的复合型人才。围绕装备、车间、工厂及供应链等资源要素和关联业务开展的创新探索，会面临信息不对称、技术兼容性较低等因素引致的探索试错、创新迭代的成本与效率损失。有效的知识流动，尤其是尚未完全编码、具有较强空间根植性的隐性知识流动，更有助于突破企业新旧技术路径转换过程中的堵点、难点。地理邻近的信息技术产业集群网络与装备制造产业集群网络的跨边界生产与创新协作，为复杂要素流动、隐性知识溢出、技术交易与协作创新、关系联结与深化创造了条件。跨边界创新网络有助于促进产业协同创新的知识和技术融合，促进跨产业、企业、部门边界的信息流、技术流和人才流交互，为集群网络企业数字化转型升级和效率提升提供系统深入的创新支撑，形成跨边界创新网络效应。

企业数字化转型升级既存在劳动力成本削减等转型升级动力，也存在技术研发能力不足等诸多限制因素。当劳动力成本压力较大时，企业通常具有更强的数字化转型升级动力，更注重对数字化技术的搜集与应用。当本地同时存在信息技术产业集群网络和装备制造产业集群网络时，信息技术产业集群网络有助于通过政府主导型的跨边界创新网络，促进装备制造产业集群网络的企业数字化转型、生产效率提升和规模化发展，形成跨边界创新网络效应。对于装备制造产业集群网络中劳动力成本压力大的企业，跨边界创新网络效应更强。当企业的创新能力较强时，其通常更可能成为数字化转型升级的“先行者”。在数字化转型的探索发展初期，往往存在“先行者劣势”，既存在新旧技术范式转换成本高、风险大的双重创新效率损失，又存在易被追随或反超等劣势，一定程度上抑制了企业的效率提升和规模发展。随着数字化转型由探索、突破趋向成熟，装备制造产业集群通过示范效应和扩散效应逐步形成集群数字化竞争生态。先行企业只有不断调整创新资源布局，培育强化领先优势，才能形成“先行者优势”。装备制造产业集群企业的创新能力是信息技术产业集群跨边界创新网络效应的作用机制。

基于此，本节提出以下研究假设。

假设 H1：信息技术产业集群对本地装备制造产业集群企业全要素生产率提升具有促进作用。

假设 H1a：劳动力成本压力是信息技术产业集群影响本地装备制造产业集群企业全要素生产率的作用机制。

假设 H1b：创新能力是信息技术产业集群影响本地装备制造产业集群企业全要素生产率的作用机制。

假设 H2：信息技术产业集群对本地装备制造产业集群企业营业总收入提升具有促进作用。

假设 H2a：劳动力成本压力是信息技术产业集群影响本地装备制造产业集群企业营业总收入的作用机制。

假设 H2b：创新能力是信息技术产业集群影响本地装备制造产业集群企业营业总收入的作用机制。

第三节　数据来源、核心变量与实证分析

一、数据来源

在理论分析基础上，第五章和第六章分别检验信息技术产业集群、废弃资源综合利用产业集群对装备制造产业集群的跨边界创新网络效应，以及东北地区跨边界创新网络效应的异质性。实证分析以全国装备制造产业集群中的上市公司为研究样本，而非东北地区上市公司为研究样本的原因有三点：一是仅以东北地区上市公司为研究样本，尚不能证明跨边界创新网络效应。东北地区装备制造产业的上市公司数量少，样本容量小，且信息技术产业发展相对滞后。仅以东北地区装备制造产业的上市公司为研究样本方差小，不足以验证假设。二是研究样本为全国范围，更易于考察东北地区的异质性特征。中国区域经济在产业结构和发展水平等方面存在显著差异，结合东北地区装备制造产业发展现状、困境和跨边界创新网络效应的异质性特征，形成针对东北地区装备制造产业发展的对策建议。三是研究样本为全国范围，实证分析结果应用范围更广，对类似东北地区的“铁锈地带”产业升级同样具有借鉴意义。

本部分以各省份的集群网络及其上市公司为研究对象，选取 2010~2019 年的面板数据。省级数据来自 2011~2020 年各省级行政区的统计年鉴。上市公司数据来自国泰安数据库。城市数据来自 2011~2020 年《中国城市统计年鉴》。省级企业数量来自企查查网站。价格指数来自 EPS 数据库和中经网统计数据库。行业机器人保有量、安装量数据源自 2020 年 *World Robotics*。

样本观测期截止到2019年，主要原因是固定资产投资价格指数在EPS数据库和中经网统计数据库都仅更新到2019年。固定资产投资价格指数用于计算固定资产实际值的价格平减指数。不进行价格指数平减的名义值不会影响回归方程的系数一致性，但名义值与实际值的差别会影响全要素生产率估计值的准确性。因此，本章的样本观测期截止到2019年。

二、核心变量

（一）集群网络识别

集群网络的识别尚未形成统一的测度方法。企业层面的识别多运用实地调研、访谈、问卷调查等方法（池仁勇，2005；杨震宁等，2021）。产业集群层面的识别多运用洛伦兹曲线、基尼系数、赫芬达尔指数、集群指数、区位熵等方法（Sternberg and Litzenberger，2004；Lu et al.，2016）。本部分参考Lu等（2016）的做法，运用区位熵方法来识别集群网络。区位熵计算公式如下：

$$LQ_{yx}=\frac{区域\ y\ 产业\ x\ 的企业数/区域\ y\ 的企业总数}{国内产业\ x\ 的企业总数/国内企业总数} \tag{5-1}$$

如果$LQ_{yx}>1$，则可以认为区域y的产业x存在集群网络。本部分分别测算了各省装备制造产业集群网络和信息技术产业集群网络，具体公式如下：

$$LQ_{yx}=\frac{区域\ y\ 装备制造业\ x\ 的企业数/区域\ y\ 的制造业企业总数}{国内装备制造业\ x\ 的企业总数/国内制造业企业总数} \tag{5-2}$$

$$LQ_{y信息}=\frac{区域\ y\ 信息技术企业数/区域\ y\ 的制造业企业总数}{国内信息技术企业总数/国内制造业企业总数} \tag{5-3}$$

其中，装备制造产业细分为金属制品业，通用设备制造业，专用设备制造业，汽车制造业，铁路、船舶、航空航天和其他运输设备制造业，电气机械和器材制造业，计算机、通信和其他电子设备制造业，仪器仪表制造业八个行业。本部分根据式（5-2）判断各省份的八个行业是否形成集群网络。根据装备制造产业范围和数字经济核心产业分类，本部分将隶属于国民经济行业分类的信息传输、软件和信息技术服务业中的企业视为信息技术企业。

（二）全要素生产率测度

全要素生产率（TFP）是总产出中不能被劳动力和资本等要素投入所解释的“剩余”，是所有投入转化为最终产出的总体效率，是衡量经济绩效的重要指标（鲁晓东和连玉君，2012；Gong，2020）。全要素生产率的测算方法较多，可从前沿分析与非前沿分析、参数估计与非参数估计等不同维度对不同方法进行分类。数据包络分析、随机前沿分析属于前沿分析，增长核算法属于非前沿分析；随机前沿分析、工具变量法、固定效应法和控制方程属于参数估计方法；数据包络分析和指数法属于非参数估计。在众多方法中，控制方程是应用最广泛的生产函数估计（Rovigatti and Mollisi，2018）。Olley-Pakes（OP）估计法、Levinsohn-Petrin（LP）估计法、Ackerberg-Caves-Frazer（ACF）估计法、WRDG 估计法、MrEst 估计法在克服同时性偏差和样本选择偏差方面具有一定优势，更适合微观企业 TFP 的估计。本部分运用 OP 估计法、LP 估计法、ACF 估计法、WRDG 估计法、MrEst 估计法对 TFP 进行估计。借鉴赵健宇和陆正飞（2018）、宋敏等（2021）的做法，本部分用营业收入的自然对数表征总产出，用员工人数的自然对数表征劳动力投入，用固定资产净额的自然对数表征资本投入，用资本性支出的自然对数表征投资①。借鉴鲁晓东和连玉君（2012）的做法，将名义变量营业收入、固定资产净额调整为以 2001 年为基期的实际变量。营业收入使用企业所在省份工业品出厂价格指数平减，固定资产净额使用企业所在省份固定资产投资价格指数平减。

图 5-3 展示了六种方法计算的 TFP 估计值的核密度。调整后的 OPACF 估计值和 LPACF 估计值比较接近，是六种方法中估计值较小的两种。LP 估计值、

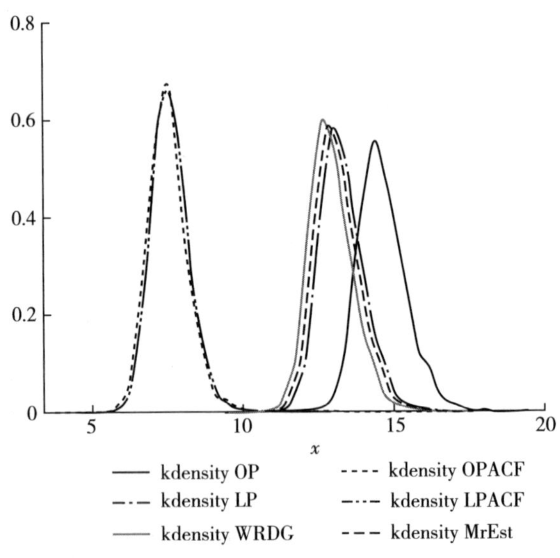

图 5-3　TFP 对数估计值核密度

① 参照赵健宇和陆正飞（2018）的做法，资本性支出是购建固定资产、无形资产和其他长期资产支付的现金扣除处置固定资产、无形资产和其他长期资产收回的现金净额。

WRDG 估计值和 MrEst 估计值比较接近。OP 估计值是六种方法中估计值最大的。六种方法计算的 TFP 对数估计值具有较高的相关性，且 OPACF 估计值与 LPACF 估计值的相关系数较高，OP 估计值、LP 估计值、WRDG 估计值和 MrEst 估计值彼此之间的相关系数较高（见表 5-1）。基于六种方法各自的估计优势与不足，本部分选择 LP 估计法的估计值作为基准回归的被解释变量，将其他方法的估计值进行稳健检验。

表 5-1 TFP 对数估计值的相关性

变量	OP	OPACF	LP	LPACF	WRDG	MrEst
OP	1.000					
OPACF	0.683*** (0.000)	1.000				
LP	0.987*** (0.000)	0.740*** (0.000)	1.000			
LPACF	0.755*** (0.000)	0.974*** (0.000)	0.823*** (0.000)	1.000		
WRDG	0.980*** (0.000)	0.771*** (0.000)	0.998*** (0.000)	0.848*** (0.000)	1.000	
MrEst	0.986*** (0.000)	0.749*** (0.000)	1.000*** (0.000)	0.831*** (0.000)	0.999*** (0.000)	1.000

注：*** $p<0.01$。

三、实证分析

考察一个集群网络对本地另一个集群网络的影响，在实证分析中存在较强的内生性。一是反向因果关系导致的内生性。本地多个集群创新网络之间可能存在相互作用。以本部分考察信息技术产业集群与装备制造产业集群为例。一方面，信息技术产业集群对本地装备制造产业集群发展具有促进作用。当两个集群网络地理距离较近时，装备制造产业集群可以从本地信息技术产业集群中获得更多的显性知识和信息，也更容易获得本地信息技术集群网络的隐性知识。这些知识和信息有利于促进装备制造产业集群网络的产业数字化进程。另一方面，装备制造产业集群网络对本地信息技术产业集群网络具有促进作用。当同一区域内存在多个集群创新网络时，为了争取有限的区域资源和政策，不同集群创新网络之间存在竞争关系。新兴集群创新网络会从本地其他集群创新网络中吸收资源（Lu et al.，2016），本地其他集群创新网络会为新兴集群创新网络提供初期发展急需的资源。作为新兴集群网络，信息技术产业集群网络拥有更多的成长机会和盈利机会，在快速成长过程中会吸收本地装备制造产业集群网络中的要素和资源等。二是共同原因导致的内生性。信息技术产业集群网络和装备制造产业集群网络的发展受地区经济、社会文化环境、本地社会网络等共同因素的影响。

为了考察信息技术产业集群跨边界创新网络效应的因果关系，针对反向因果关系和共同原因导致的内生性问题，本部分运用双重差分模型，比较了拥有信息技术产业集群与没有信息技术产业集群的区域，在《规划》等政策发布之前和之后装备制造产业集群中企业的营业总收入和全要素生产率的相对变化。本部分利用了两种变化来源。一是《规划》等政策发布带来的时间变化。《规划》等政策发布以后，装备制造产业使用了大量的机器人，这在一定程度上促进了装备制造产业集群中企业全要素生产效率和营业总收入的提升。二是不同区域层面的差异。一部分区域在《规划》等政策发布之前已经存在信息技术产业集群，而其他区域并不存在信息技术产业集群。《规划》等政策发布作为外部冲击，对不同区域的装备制造产业集群网络产生了差异化影响。本部分的识别策略依赖于这两种变化的相互作用，这种相互作用可以视为外生的。

本部分将 2016 年《规划》等政策发布作为一次自然实验，考察跨边界创新网络影响的因果关系，将 2016 年作为处理时点。为了检验外部冲击的效果，本部分运用 2020 年 *World Robotics* 的数据，考察了 2016 年《规划》等政策发布前后的政策效果。

依据研究假设 H1 和 H2，构建计量方程，双重差分模型具体如下：

$$y_{it}=\alpha_0+\alpha_1 Post_t\times Treat_i+Controls_{it}+\mu_i+\delta_t+\varepsilon_{it} \tag{5-4}$$

其中，被解释变量 y_{it} 为第 t 年公司 i 的全要素生产率 LP 的对数形式或营业总收入的对数形式（见表 5-2）。本部分将《规划》等政策发布作为一次自然实验，将存在信息技术产业集群地区的装备制造产业集群企业作为处理组，$Treat_i=1$；将没有信息技术产业集群地区的装备制造产业集群企业作为控制组，$Treat_i=0$。本部分将《规划》等政策发布的 2016 年作为处理时点。如果在 2016 年之前，则 $Post_t=0$；如果在 2016 年之后，$Post_t=1$。$Controls_{it}$ 是控制变量。参照任胜钢等（2019）、戴鹏毅等（2021）的研究，企业层面的控制变量包括企业年龄（*Age*）、托宾 *Q* 值（*TQ*）、股权集中度（*Top*1）。μ_i 为个体固定效应，捕捉不随时间变化的企业特征。δ_t 为时间固定效应，捕捉不随个体变化、随时间变化的特征。ε_{it} 为随机误差项。α_1 是本章研究感兴趣的参数。如果 α_1 显著为正，可以推断信息

技术产业集群促进了本地装备制造产业集群 TFP 和营业总收入的提升。

表 5-2　变量定义

变量名称	变量符号	变量描述
全要素生产率（LP）	*LP*	LP 估计值的对数形式
全要素生产率（LPACF）	*LPACF*	ACF 法调整后的 LPACF 估计值的对数形式
全要素生产率（OP）	*OP*	OP 估计值的对数形式
全要素生产率（OPACF）	*OPACF*	ACF 法调整后的 OPACF 估计值的对数形式
全要素生产率（WRDG）	*WRDG*	WRDG 估计值的对数形式
全要素生产率（MrEst）	*MrEst*	MrEst 估计值的对数形式
营业总收入	*To*	企业经营过程中所有收入之和的对数形式
营业收入	*Or*	从事主营业务或其他业务所取得收入的对数形式
企业年龄	*Age*	log（当年年份-企业开业年份+1）
托宾 Q 值	*TQ*	公司市场价值/账面总资产
股权集中度	*Top*1	第一大股东持股比率
政府干预	*Gov*	财政支出/GDP
地区人均 GDP 增长率	*Gpr*	人均 GDP 增长率

主要变量的描述性统计显示，各变量在合理范围内变化（见表 5-3）。表 5-4 展示了处理组和控制组控制变量均值的简单比较。*Age*、*TQ*、*Top*1 三个控制变量之间没有明显差异，这表明从企业层面的指标来看，处理组和控制组的企业特征没有明显差异。

表 5-3　主要变量描述性统计

变量	数据来源	观测值	均值	标准差
LP	A	7599	13.29	0.74
LPACF	A	7599	7.63	0.65
MrEst	A	7599	13.15	0.74
WRDG	A	7599	12.97	0.72
OP	A	8107	14.62	0.81
OPACF	A	8107	7.56	0.70
To	B	8118	21.15	1.44
Age	B	8118	2.75	0.39

续表

变量	数据来源	观测值	均值	标准差
TQ	B	7799	2.27	3.35
*Top*1	B	8118	33.60	14.46
Gov	C	7640	0.15	0.06
Gpr	C	7357	0.09	0.25

注：A 代表研究团队根据国泰安数据库、EPS 数据库和中经网统计数据库数据计算获得的数据；B 代表国泰安数据库；C 代表 2011~2020 年《中国城市统计年鉴》。

表 5-4 处理组和控制组控制变量均值的简单比较

变量	控制组（d=0）	处理组（d=1）	两者之差	P-value
Age	2.76	2.75	-0.01	0.38
TQ	2.26	2.29	-0.03	0.66
*Top*1	33.45	33.98	-0.53	0.16
Gov	0.14	0.17	-0.03	0.00
Gpr	0.09	0.10	-0.01	0.21

注：处理组的企业所在地同时拥有装备制造产业集群和信息技术产业集群；控制组的企业所在地仅有装备制造产业集群。

第四节 实证结果

一、《规划》等政策的政策效果

在考察跨边界创新网络的因果关系之前，本部分先检验《规划》等政策的政策效果，以分析《规划》等政策发布的外部冲击效果。《规划》等政策的主要任务之一是推进应用示范。汽车、电子、轨道交通等装备制造产业是重点推进的产业。以 2016 年为处理时点，运用双重差分模型（DID）分析《规划》等政策是否对装备制造产业机器人的应用及数字化转型具有更大的效果。本次检验数据源自 2020 年 *World Robotics*，样本时间跨度为 2014~2019 年。具体计量方程如下：

$$Rob_{it}=\beta_0+\beta_1 Post_t\times Treat_i+\mu_i+\delta_t+\varepsilon_{it} \quad (5-5)$$

其中，Rob_{it} 为第 t 年产业 i 的机器人保有量和年安装量。如果是装备制造产业，则 $Treat_i=1$；如果不是装备制造产业，则 $Treat_i=0$。如果在 2016 年之前，则 $Post_t=0$；如果在 2016 年之后，则 $Post_t=1$。μ_i 为行业固定效应，捕捉不随时间变化的行业特征。δ_t 为时间固定效应，捕捉不随个体变化、随时间变化的特征。ε_{it} 为随机误差项。β_1 是本章研究感兴趣的参数。如果 β_1 显著为正，则说明《规划》等政策的发布促进了装备制造产业机器人保有量和年安装量的增长。

如表 5-5 所示，列（1）是以机器人保有量为被解释变量的标准 DID 回归。β_1 在 1%的水平上显著，表明《规划》等政策显著促进了装备制造产业机器人保有量的增加。相比《规划》等政策发布前，《规划》等政策的发布使装备制造产业机器人的保有量额外增加了 12454.56 台。列（2）是以机器人年安装量为被解释变量的标准 DID 回归。β_1 在 5%的水平上显著，表明《规划》等政策的发布显著增加了装备制造产业机器人的年安装量。相比《规划》等政策发布前，《规划》等政策的发布使装备制造产业机器人的年安装量额外增加了 2658.07 台。由此可见，《规划》等政策的发布促进了装备制造产业机器人的应用及数字化转型。

表 5-5　《规划》等政策发布的政策效果

变量	（1）机器人保有量	（2）机器人年安装量
$Post_t\times Treat_i$	12454.560*** (3861.328)	2658.070** (1231.142)
_cons	9620.408*** (1386.118)	2723.274*** (452.256)
行业固定效应	是	是
时间固定效应	是	是
N	156	147
R^2	0.8676	0.6442

注：（1）括号内显示的是聚类在行业层面的稳健标准误。
（2）***、**分别表示在 1%、5%的水平上显著。

二、基准回归结果

式（5-4）的估计结果如表 5-6 所示。表 5-6 显示了三种情况的回归结果。列（1）和列（4）只包括个体固定效应和时间固定效应。作为基准回归结果，列（2）和列（5）在控制双向固定效应的基础上，控制了公司层面的基础控制变量。为了控制不同区域的经济发展差异，列（3）和列（6）在基准回归的基础上，额外控制了城市层面的控制变量。参照顾小龙等（2021）、吴育辉等（2021）、陈中飞和江康奇（2021）的研究，城市层面的控制变量包括政府干预、地区人均 GDP 增长率（见表 5-2）。

表 5-6　基准回归结果

变量	LP			To		
	(1)	(2)	(3)	(4)	(5)	(6)
$Post_t \times Treat_i$	0.066** (0.031)	0.062** (0.031)	0.057* (0.032)	0.134** (0.053)	0.120** (0.052)	0.120** (0.055)
_cons	13.286*** (0.004)	12.456*** (0.264)	12.396*** (0.280)	21.131*** (0.007)	19.288*** (0.534)	19.419*** (0.570)
基础控制变量						
Age	N	Y	Y	N	Y	Y
TQ	N	Y	Y	N	Y	Y
*Top*1	N	Y	Y	N	Y	Y
城市控制变量						
Gov	N	N	Y	N	N	Y
Gpr	N	N	Y	N	N	Y
个体固定效应	Y	Y	Y	Y	Y	Y
时间固定效应	Y	Y	Y	Y	Y	Y
N	7579	7297	6614	8108	7789	7054
R^2	0.850	0.854	0.854	0.890	0.897	0.897

注：（1）括号内显示的是聚类在企业层面的稳健标准误。

（2）***、**、*分别表示在 1%、5%、10%的水平上显著。

表 5-6 中的六列 $Post_t \times Treat_i$ 系数均显著为正。基准回归的估计结果证实，信息技术产业集群的存在促进了本地装备制造产业集群中企业 TFP 和营业总收入的提升。根据列（2）和列（5）的基准回归结果，信息技术产业集群的存在使本地装备制造产业集群内企业的 TFP 平均提升了 6.2%，使营业总收入平均提升了 12%。研究样本中所有装备制造企业 2015 年的营业总收入 47465.979 亿元，2019 年的营业总收入 74985.688 亿元，增长了 27519.709 亿元。根据列（5）的

估计结果，如果没有出台《规划》等政策，营业总收入将增长到 71034.307 亿元。[①] 因此，《规划》等政策的发布解释了样本内所有企业在 2015~2019 年营业总收入增长的 14.358%。从细分行业来看，2015~2019 年《规划》等政策的发布解释了专用设备制造业增长的 7.454%；解释了仪器仪表制造业增长的 7.153%；解释了汽车制造业增长的 21.172%；解释了电气机械和器材制造业增长的 11.738%；解释了计算机、通信和其他电子设备制造业增长的 11.152%；解释了通用设备制造业增长的 12.342%；解释了金属制品业增长的 15.515%；解释了铁路、船舶、航空航天和其他运输设备制造业增长的 52.369%。列（3）系数相比列（2）系数略有下降，列（6）系数与列（5）基本相同，基准回归结果得到了支持。这表明区域经济层面的遗漏变量并未对基准回归结果产生较大影响。

三、稳健性检验

（一）共同趋势假设

共同趋势假设是双重差分模型的关键假设。在此假设下，双重差分模型利用控制组推算处理组在处理期后没有接受处理的反事实。换言之，在没有外部冲击的情况下，未观测因素对处理组和控制组的影响是相同的，两组变化模式一致，具有共同趋势。如果处理组和控制组不具有共同趋势，则双重差分模型不适用。针对双重差分模型适用性的检验，本部分借鉴 Nunn 和 Qian（2011）的做法，采用以 2015 年为基期、控制了企业层面控制变量和双向固定效应的弹性估计，具体计量模型如式（5-6）。根据前文的理论预测，2016 年之前的系数 γ_k 应该趋近于 0，2016 年之后系数 γ_k 应该显著大于 0。

$$y_{it} = \gamma_0 + \sum\nolimits_{k \neq 2015} \gamma_k Post_t^k \times Treat_i + Controls_{it} + \mu_i + \delta_t + \varepsilon_{it} \tag{5-6}$$

图 5-4 展示了以 LP 为被解释变量的弹性回归结果。2010~2012 年，系数逐渐增大，数值由负转正。2013 年系数下降，趋近于 0，2014 年再次增大。这些估计值趋近于 0，没有统计学意义。2015~2016 年的系数出现明显的上升，之后年份的系数均大于 0，2016~2018 年的系数显著大于 0。这表明共同趋势检验通过。

图 5-5 展示了以营业总收入对数值为被解释变量的弹性回归结果。2011~2014 年，系数逐年上升。2016 年之前的系数均小于 0，且多数没有统计学意义。2015~2016 年，系数出现明显的上升，并在 5%的水平上显著。这表明《规划》

① 2019 年企业营业收入的反事实等于，营业收入的对数减去 $\alpha_1 \times Post_t \times Treat_i$ 之后的逆对数。

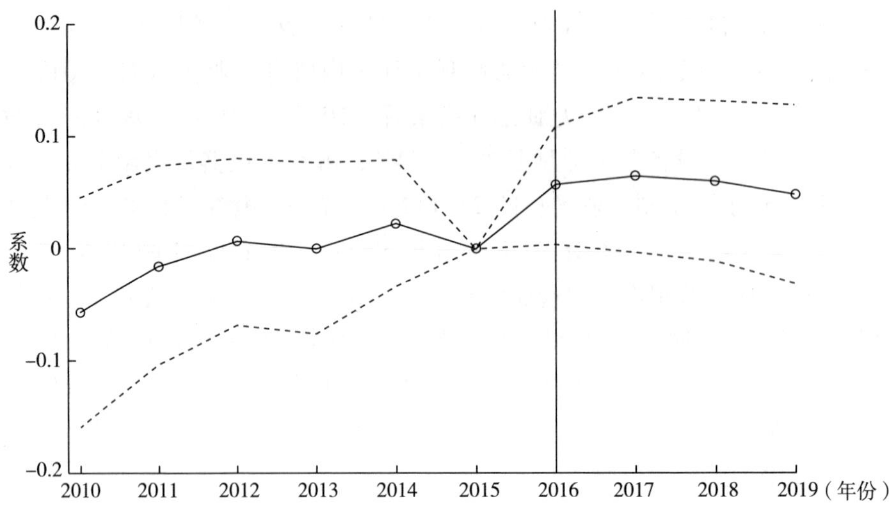

图 5-4　以 LP 为被解释变量的共同趋势检验

注：虚线表示 95%的置信区间，折线表示弹性回归中的交互项系数 γ_k。

等政策发布后，信息技术产业集群促进了本地装备制造产业集群企业营业总收入的增加。从图 5-5 来看，2011~2014 年存在阶段性波动的小幅度上升情况。由此可知，《规划》等政策的发布可能并非企业营业总收入上升的唯一原因。

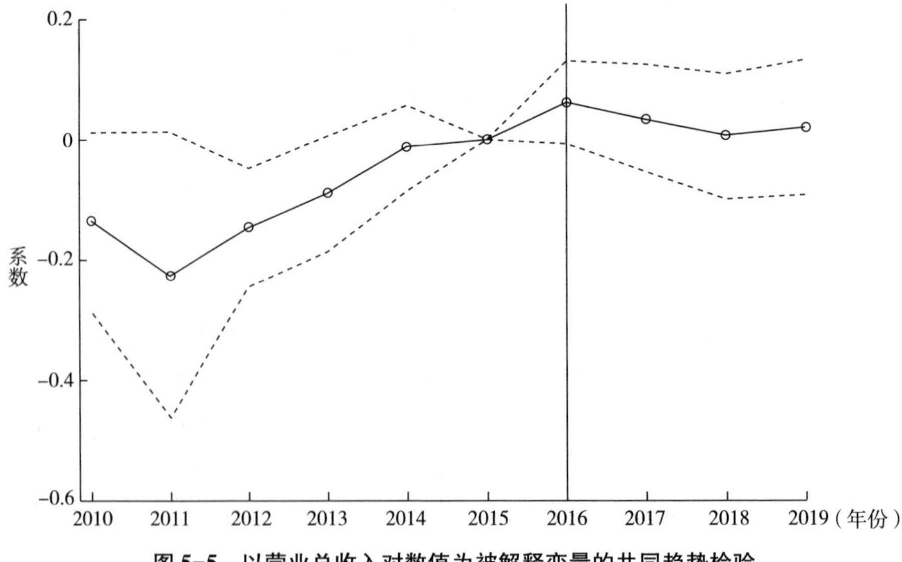

图 5-5　以营业总收入对数值为被解释变量的共同趋势检验

注：虚线表示 95%的置信区间，折线表示弹性回归中的交互项系数 γ_k。

（二）安慰剂检验1：滚动估计

本部分改变政策发生时点，选取时间跨度为6年的子样本，采用基准回归的计量方程进行滚动估计。前三年为政策发生之前的时间，$Post_t=0$；后三年为政策发生之后的时间，$Post_t=1$。在表5-7中，列（1）、列（2）、列（3）的处理时点均在政策实际发布之前。列（4）的处理时点与政策实际发布的一致。列（5）的处理时点在政策实际发生之后一年。如果列（1）、列（2）、列（3）的估计结果不具有统计学意义，列（4）具有统计学意义，则检验通过。估计结果如表5-7所示，在五列估计结果中，仅列（4）$Post_t \times Treat_i$系数在10%的水平上显著，其余结果均不显著。列（5）将2016年作为政策发生之前，$Post_t=0$，导致估计结果没有统计学意义。这表明2016年作为政策起始年份，政策冲击影响较大，政策效果显著。

表5-7 滚动估计结果

LP	（1）：2010~2015 Post=2013~2015	（2）：2011~2016 Post=2014~2016	（3）：2012~2017 Post=2015~2017	（4）：2013~2018 Post=2016~2018	（5）：2014~2019 Post=2017~2019
$Post_t \times Treat_i$	0.047 （0.030）	0.034 （0.030）	0.041 （0.030）	0.052* （0.026）	0.026 （0.025）
_cons	12.737*** （0.294）	12.552*** （0.347）	12.249*** （0.404）	12.011*** （0.471）	11.613*** （0.541）
基础控制变量					
Age	Y	Y		Y	Y
TQ	Y	Y		Y	Y
Top1	Y	Y		Y	Y
城市控制变量					
Gpr	N	N		N	N
Gov	N	N		N	N
个体固定效应	Y	Y		Y	Y
时间固定效应	Y	Y		Y	Y
N	3782	4154	4473	4704	4904
R^2	0.900	0.895	0.889	0.888	0.886

注：（1）括号内显示的是聚类在企业层面的稳健标准误。
（2）***、*分别表示在1%、10%的水平上显著。

（三）安慰剂检验2：随机分配处理组

为了检验基准回归的估计结果是否由偶然因素驱动，本部分采用随机生成处理组的方法进行安慰剂检验。本部分根据本地同时拥有装备制造产业集群和信息技术产业集群的实际数量，随机抽取相同数量的“伪处理区域”，构建随机处理数据。将上述步骤分别重复 5000 次、10000 次、30000 次，计算随机处理数据的系数估计值的 t 值。5000 次回归中 t 值大于基准回归 t 值（t 值为 2. 011）的仅占 2. 70%，10000 次回归中 t 值大于基准回归 t 值的仅占 2. 58%，30000 次回归中 t 值大于基准回归 t 值的仅占 2. 58%。图 5-6 显示了 30000 次回归的 t 值分布，这些随机分配的结果在绝大多数情况下是不显著的。5000 次和 10000 次回归的 t 值分布也获得了相同结果（见附图 1-1 和附图 1-2）。这表明基准回归结果不是偶然因素驱动的。

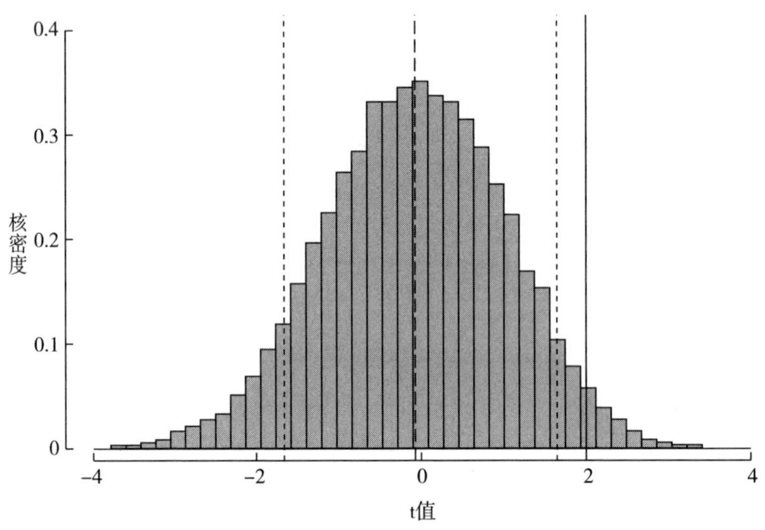

图 5-6　30000 次随机分配处理组的 t 值分布

注：黑色实线代表基准回归的 t 值（2. 011）。黑色长虚线代表 30000 次估计 t 值的均值。两条黑色短虚线分别处于横轴的-1. 65 和 1. 65 处。30000 次回归中 t 值大于基准回归 t 值的仅占 2. 58%

（四）被解释变量测度的敏感性检验

本部分分别用 MrEst 估计法、WRDG 估计法、OP 估计法、ACF 估计法计算的 TFP 作为被解释变量，检验全要素生产率的敏感性，结果如表 5-8 所示。列（1）为基准回归的结果；列（2）、列（5）、列（8）、列（11）、列（14）为不加入控制变量的回归结果；列（3）、列（6）、列（9）、列（12）、列（15）为加入企业层面控制变量的回归结果；列（4）、列（7）、列（10）、列（13）、列（16）

表 5-8 被解释变量 LP 测度的敏感性

变量	LP	MrEst			WRDG			OP			OPACF			LPACF		
	(1)	(2)	(3)	(4)	(5)	(6)	(7)	(8)	(9)	(10)	(11)	(12)	(13)	(14)	(15)	(16)
$Post_t \times Treat_i$	0.062** (0.031)	0.066** (0.030)	0.062** (0.031)	0.057* (0.031)	0.065** (0.030)	0.061** (0.031)	0.056* (0.031)	0.090*** (0.032)	0.082** (0.032)	0.084** (0.033)	0.068** (0.032)	0.064** (0.032)	0.067** (0.033)	0.056* (0.031)	0.056* (0.031)	0.053* (0.032)
_cons	12.456*** (0.264)	13.139*** (0.004)	12.327*** (0.262)	12.265*** (0.279)	12.960*** (0.004)	12.191*** (0.259)	12.126*** (0.276)	14.609*** (0.005)	14.018*** (0.330)	14.019*** (0.352)	7.550*** (0.004)	8.060*** (0.283)	7.961*** (0.298)	7.623*** (0.004)	7.484*** (0.247)	7.369*** (0.262)
基础控制变量																
Age	Y	N	Y	Y	N	Y	Y	N	Y	Y	N	Y	Y	N	Y	Y
TQ	Y	N	Y	Y	N	Y	Y	N	Y	Y	N	Y	Y	N	Y	Y
*Top*1	Y	N	Y	Y	N	Y	Y	N	Y	Y	N	Y	Y	N	Y	Y
城市控制变量																
Gov	N	N	N	Y	N	N	Y	N	N	Y	N	N	Y	N	N	Y
Gpr	N	N	N	Y	N	N	Y	N	N	Y	N	N	Y	N	N	Y
个体固定效应	Y	Y	Y	Y	Y	Y	Y	Y	Y	Y	Y	Y	Y	Y	Y	Y
时间固定效应	Y	Y	Y	Y	Y	Y	Y	Y	Y	Y	Y	Y	Y	Y	Y	Y
N	7297	7579	7297	6614	7579	7297	6614	8098	7780	7046	8098	7780	7046	7579	7297	6614
R^2	0.854	0.848	0.852	0.852	0.841	0.845	0.845	0.842	0.850	0.850	0.731	0.760	0.759	0.778	0.784	0.782

注：（1）括号内显示的是聚类在企业层面的稳健标准误。

（2）***、**、*分别表示在 1%、5%、10%的水平上显著。

为加入企业层面和城市层面控制变量的回归结果，所有回归均控制了企业固定效应和时间固定效应，聚类稳健标准误控制在企业层面。

在不加入控制变量、加入企业层面控制变量、加入企业层面和城市层面控制变量三种情况下，MrEst 估计法、WRDG 估计法、OP 估计法、ACF 估计法的交互项系数均显著大于 0。在加入企业层面控制变量的情况下，MrEst 估计法、WRDG 估计法、OPACF 估计法的交互项系数与基准回归的系数非常接近。LPACF 估计法的交互项系数略低于基准回归的系数。OP 估计法的交互项系数高于基准回归的系数。由此可见，用五种全要素生产率方法替换 LP 估计法作为被解释变量，回归结果依然稳健。

本部分用营业收入的对数形式替代营业总收入的对数形式，检验被解释变量生产规模的敏感性，结果如表 5-9 所示，在不加入控制变量、加入企业层面控制变量、加入企业层面和城市层面控制变量三种情况下，Or 列（3）、列（4）的系数略小于 To，但系数均在 5%的水平上显著为正。可见，估计结果依然稳健。

表 5-9　被解释变量 To 测度的敏感性

变量	To	Or		
	(1)	(2)	(3)	(4)
$Post_t \times Treat_i$	0.120** (0.052)	0.125** (0.052)	0.110** (0.051)	0.110** (0.053)
_cons	19.288*** (0.534)	21.134*** (0.007)	19.228*** (0.529)	19.352*** (0.564)
基础控制变量				
Age	Y	N	Y	Y
TQ	Y	N	Y	Y
*Top*1	Y	N	Y	Y
城市控制变量				
Gov	N	N	N	Y
Gpr	N	N	N	Y
个体固定效应	Y	Y	Y	Y
时间固定效应	Y	Y	Y	Y
N	7789	8107	7788	7053
R^2	0.897	0.903	0.911	0.912

注：（1）括号内显示的是聚类在企业层面的稳健标准误。

（2）***、**分别表示在 1%、5%的水平上显著。

（五）信息技术产业集群识别的敏感性检验

为了检验信息技术产业集群识别的敏感性，本部分对信息技术企业涵盖的行业大类进行适当调整。在基准回归中，将隶属于国民经济行业分类的信息传输、软件和信息技术服务业中的企业视为信息技术企业。信息技术产业集群识别如式（5-3）所示。信息传输、软件和信息技术服务业包括电信、广播电视和卫星传输服务，互联网和相关服务，软件和信息技术服务业三个大类。按照与装备制造产业数字化转型的相关程度，由强到弱依次为，软件和信息技术服务业、互联网和相关服务、电信、广播电视和卫星传输服务。按照内涵范围不同，将信息技术产业的定义拓展为三种。一是将隶属于信息传输、软件和信息技术服务业门类的企业界定为信息技术企业，式（5-3）的计算结果记为 $LQ_{信息1}$。二是将隶属于互联网和相关服务业，软件和信息技术服务业两个大类的企业界定为信息技术企业，式（5-3）的计算结果记为 $LQ_{信息2}$。三是将隶属于软件和信息技术服务业的企业界定为信息技术企业，式（5-3）的计算结果记为 $LQ_{信息3}$。

按照这三种定义，分别识别各省份的信息技术产业集群网络，重新构建以《规划》等政策发布为外部冲击的处理组与控制组，并重新进行双重差分模型的估计，回归结果如表 5-10 所示。在控制双向固定效应、企业层面控制变量、聚类在企业层面的稳健标准误的情况下，三种定义的变化对交互项 $Post_t \times Treat_i$ 的系数的显著性未产生影响，系数变化也很小。在替换不同被解释变量、加入不同控制变量的情况下，三种定义的变化并未改变回归结果。① 在改变信息技术产业集群网络识别定义的情况下，回归结果依然稳健。

表 5-10　信息技术产业集群识别的敏感性检验

变量	$LQ_{信息1}$		$LQ_{信息2}$		$LQ_{信息3}$	
	LP	To	LP	To	LP	To
	(1)	(2)	(3)	(4)	(5)	(6)
$Post_t \times Treat_i$	0.062** (0.031)	0.120** (0.052)	0.059* (0.031)	0.124** (0.052)	0.063** (0.031)	0.129** (0.052)
_cons	12.456*** (0.264)	19.288*** (0.534)	12.456*** (0.264)	19.289*** (0.534)	12.457*** (0.264)	19.291*** (0.534)

① 在 $LQ_{信息2}$ 和 $LQ_{信息3}$ 的情况下，不加入控制变量与同时加入企业层面和城市层面控制变量的回归结果参见附表 1-1。$LQ_{信息2}$ 和 $LQ_{信息3}$ 的情况下，被解释变量 MrEst 和 Or 的回归结果参见附表 1-2 和附表 1-3。OP、WRDG、OPACF、LPACF 作为被解释变量的回归也获得了相似的结果，并未呈现。

续表

变量	$LQ_{信息1}$		$LQ_{信息2}$		$LQ_{信息3}$	
	LP	To	LP	To	LP	To
	(1)	(2)	(3)	(4)	(5)	(6)
基础控制变量						
Age	Y	Y	Y	Y	Y	Y
TQ	Y	Y	Y	Y	Y	Y
*Top*1	Y	Y	Y	Y	Y	Y
城市控制变量						
Gov	N	N	N	Y	N	Y
Gpr	N	N	N	Y	N	Y
个体固定效应	Y	Y	Y	Y	Y	Y
时间固定效应	Y	Y	Y	Y	Y	Y
N	7297	7789	7297	7789	7297	7789
R^2	0.854	0.897	0.854	0.897	0.854	0.897

注：(1) 括号内显示的是聚类在企业层面的稳健标准误。

(2) ***、**、*分别表示在1%、5%、10%的水平上显著。

(六) 样本容量敏感性检验

为了检验回归结果对样本容量的敏感性，本部分分别用2011~2019年、2012~2019年的子样本进行估计，以LP和To为被解释变量的估计结果如表5-11所示。在2011~2019年列(3)、列(4)的估计结果中，交互项 $Post_t \times Treat_i$ 的系数均在10%的水平上显著，子样本的回归系数小于基准回归结果。在2012~2019年的子样本中，列(5)的交互项系数在10%的水平上显著，列(6)的交互项系数在5%的水平上显著。2012~2019年的子样本系数均小于基准回归结果。在2011~2019年、2012~2019年子样本的估计中，将被解释变量 *LP* 和 *To* 分别替换为 *MrEst* 和 *Or* 也获得相似的结果（见附表1-4）。由此可见，改变样本容量，回归结果依然稳健。

表5-11　改变样本容量的回归结果

变量	2010~2019年		2011~2019年		2012~2019年	
	LP	To	LP	To	LP	To
	(1)	(2)	(3)	(4)	(5)	(6)
$Post_t \times Treat_i$	0.062** (0.031)	0.120** (0.052)	0.048* (0.029)	0.084* (0.046)	0.053* (0.030)	0.110** (0.050)

续表

变量	2010~2019 年		2011~2019 年		2012~2019 年	
	LP	To	LP	To	LP	To
	(1)	(2)	(3)	(4)	(5)	(6)
_cons	12.456*** (0.264)	19.288*** (0.534)	12.138*** (0.358)	18.609*** (0.684)	12.325*** (0.309)	19.191*** (0.631)
基础控制变量						
Age	Y	N	N	Y	Y	Y
TQ	Y	N	N	Y	Y	Y
*Top*1	Y	N	N	Y	Y	Y
城市控制变量						
Gov	N	N	N	N	N	Y
Gpr	N	N	N	N	N	Y
个体固定效应	Y	Y	Y	Y	Y	Y
时间固定效应	Y	Y	Y	Y	Y	Y
N	7297	7579	6254	6702	6828	7299
R^2	0.854	0.778	0.867	0.924	0.861	0.901

注：（1）括号内显示的是聚类在企业层面的稳健标准误。

（2）***、**、*分别表示在1%、5%、10%的水平上显著。

第五节　机制分析

《规划》等政策发布引发的外部冲击，推动了装备制造产业的机器人应用，促进了装备制造产业集群的产业数字化转型。前文实证分析验证了信息技术产业集群的跨边界创新网络效应，即信息技术产业集群网络促进了本地装备制造产业集群网络中企业全要素生产率和营业总收入的提高。根据研究假设，信息技术产业集群网络对装备制造产业集群网络中企业的促进作用存在差异。本节讨论信息技术产业集群跨边界创新网络效应的潜在机制：装备制造企业的劳动力成本压力和创新能力。

一、跨边界创新网络效应与劳动力成本压力

信息技术产业集群跨边界创新网络效应的一个可能的影响机制是劳动力成本的压力。在《规划》等政策发布后，装备制造企业通过机器人应用、数字化设备升级、工业软件开发与应用等协同推进数字化转型。当装备制造企业的劳动力成本较高时，企业数字化转型的动机更强烈，更加积极推进数字化转型。本地信息技术产业集群对装备制造产业集群的跨边界创新网络效应更大。

首先，本节检验了《规划》等政策发布是否降低了企业对劳动力的需求（见表 5-12）。表 5-12 中的三个计量方程均以企业员工数的对数形式（ln*L*）为被解释变量。估计结果显示，交互项 $Post_t \times Treat_i$ 的系数均为正，但没有统计学意义。这表明 2016 年之后机器人应用等产业数字化转型并未显著改变企业员工人数。从企业层面来看，并未出现机器人应用等数字化转型降低企业劳动力需求的情况。

表 5-12　产业数字化转型对企业员工数的影响

变量	lnL		
	(1)	(2)	(3)
$Post_t \times Treat_i$	0.057 (0.047)	0.048 (0.047)	0.042 (0.049)
_cons	7.629*** (0.007)	5.821*** (0.436)	6.002*** (0.458)
基础控制变量			
Age	N	Y	Y
TQ	N	Y	Y
*Top*1	N	Y	Y
城市控制变量			
Gov	N	N	Y
Gpr	N	N	Y
个体固定效应	Y	Y	Y
时间固定效应	Y	Y	Y
N	8099	7781	7047
R^2	0.889	0.901	0.902

注：（1）括号内显示的是聚类在企业层面的稳健标准误。

（2）***表示在 1%的水平上显著。

其次，从劳动力数量和工资两方面检验劳动力成本压力的影响机制。其中，劳动力数量压力（*Pop*）通过员工人数与营业收入的比值来衡量，劳动力工资压力（*Wage*）通过期末应付职工薪酬与营业收入的比值来衡量。如果三重交互项 $Post_t \times Treat_i \times Pop_{it}$ 和 $Post_t \times Treat_i \times Wage_{it}$ 的系数显著大于0，则表明跨边界创新网络效应对劳动力压力大的企业影响更大。在以 *LP* 为被解释变量的估计结果中，三重交互项 $Post_t \times Treat_i \times Pop_{it}$ 的系数在5%的水平上显著为正（见表5-13、附表1-5）。在以 *To* 为被解释变量的估计结果中，三重交互项 $Post_t \times Treat_i \times Pop_{it}$ 的系数没有统计学意义（见表5-13、附表1-5）。这表明跨边界创新网络效应更好地促进了劳动力数量压力大的企业在全要素生产率方面的提升。在以 *LP* 为被解释变量的估计结果中，三重交互项 $Post_t \times Treat_i \times Wage_{it}$ 的系数在1%的水平上显著为正（见表5-13、附表1-6）。在以 *To* 为被解释变量的估计结果中，三重交互项 $Post_t \times Treat_i \times Wage_{it}$ 的系数并未获得稳健的结果（见表5-13、附表1-6）①。这表明跨边界创新网络效应更好地促进了劳动力工资压力大的企业全要素生产率的提升，但在提升营业总收入方面并未发挥作用。由此可见，估计结果证实了劳动力成本压力是跨边界创新网络效应促进企业全要素生产率提升的主要渠道。

表5-13　跨边界创新网络效应、劳动力数量与劳动力工资

变量	LP	To	LP	To
	(1)	(2)	(3)	(4)
$Post_t \times Treat_i$	-0.196*** (0.055)	-0.050 (0.080)	-0.049 (0.044)	0.115** (0.053)
$Post_t \times Treat_i \times Pop_{it}$	7.382** (3.036)	0.879 (4.872)		
$Treat_i \times Pop_{it}$	-33.643*** (2.586)	-33.262*** (3.506)		
$Post_t \times Pop_{it}$	-21.397*** (2.073)	-7.073*** (2.737)		
$Post_t \times Treat_i \times Wage_{it}$			6.177*** (1.489)	0.924 (0.958)
$Treat_i \times Wage_{it}$			-5.228*** (1.417)	-3.551*** (1.043)

① 在附表1-6的列（4）中，三重交互项在5%的水平上显著为负，可能是因为未加入控制变量引致的内生性。

续表

变量	LP	To	LP	To
	(1)	(2)	(3)	(4)
$Post_t \times Wage_{it}$			-4.424*** (1.097)	-1.443*** (0.346)
_cons	13.017*** (0.211)	19.655*** (0.492)	12.636*** (0.251)	19.349*** (0.520)
基础控制变量				
Age	Y	Y	Y	Y
TQ	Y	Y	Y	Y
*Top*1	Y	Y	Y	Y
城市控制变量				
Gov	N	N	N	N
Gpr	N	N	N	N
个体固定效应	Y	Y	Y	Y
时间固定效应	Y	Y	Y	Y
N	7297	7780	7237	7723
R^2	0.889	0.920	0.863	0.916

注：（1）括号内显示的是聚类在企业层面的稳健标准误。

（2）***、**分别表示在1%、5%的水平上显著。

二、跨边界创新网络效应与创新能力

信息技术产业集群跨边界创新网络效应的另一个影响机制是创新能力。《规划》等政策发布之后，装备制造产业推进了数字化转型。在两种技术范式融合初期，信息技术企业人员不懂装备制造生产，装备制造企业人员不具备信息技术知识。装备制造产业原有技术体系与信息技术产业创新变革的兼容性弱，创新能力强的装备制造企业更易成为数字化转型的先行者，存在"先行者劣势"和一定程度的效率损失。为了检验此研究假设，本节从研发投入增长率、研发人员占比①、获得发明专利三方面，考察了装备制造企业创新能力影响跨边界创新网络效应的作用机制。

表5-14中的列（1）和列（2）展示了研发投入增长率作为调节变量的估计

① 研发人员占比通过研发人员数量与员工人数之比来衡量。

系数。估计结果显示，三重交互项 $Post_t \times Treat_i \times RDrate_{it}$ 的系数在 1%的水平上显著为负，这表明高研发投入增长率对企业效率提升和营业总收入增长具有负向作用，抑制了本地信息技术产业集群的跨边界创新网络效应。列（3）和列（4）展示了以研发人员占比为调节变量的估计系数。估计结果显示，仅以 LP 为被解释变量的三重交互项 $Post_t \times Treat_i \times RDstaff_{it}$ 的系数在 10%的水平上显著为负。这表明高研发人员占比对企业效率提升具有负向作用，抑制了本地信息技术产业集群的跨边界创新网络效应，但在企业营业总收入方面未发挥作用。列（5）和列（6）展示了以发明专利为调节变量的估计系数。估计结果显示，三重交互项 $Post_t \times Treat_i \times Invention_{it}$ 的系数在 1%的水平显著为负，这表明发明专利抑制了本地信息技术产业集群的跨边界创新网络效应。分别以研发投入增长率、研发人员占比、获得发明专利为调节变量，加入不同控制变量的回归结果如附表 1-7～附表 1-9 所示。上述结果显示，研发投入增长率、研发人员占比、获得发明专利三项指标表征的企业创新能力越强，越会抑制本地信息技术产业集群的跨边界创新网络效应。

表 5-14 跨边界创新网络效应与研发投入增长率

变量	LP	To	LP	To	LP	To
	(1)	(2)	(3)	(4)	(5)	(6)
$Post_t \times Treat_i$	0.066** (0.029)	0.102** (0.047)	0.115** (0.050)	0.057 (0.062)	0.020 (0.043)	0.083 (0.072)
$Post_t \times Treat_i \times RDrate_{it}$	-0.020*** (0.007)	-0.049*** (0.018)				
$Treat_i \times RDrate_{it}$	0.00007*** (0.00002)	0.0002*** (0.00003)				
$Post_t \times RDrate_{it}$	0.020*** (0.007)	0.048*** (0.018)				
$Post_t \times Treat_i \times RDstaff_{it}$			-0.424* (0.252)	-0.218 (0.303)		
$Treat_i \times RDstaff_{it}$			1.151*** (0.239)	0.254 (0.307)		
$Post_t \times RDstaff_{it}$			0.168 (0.178)	0.086 (0.223)		
$Post_t \times Treat_i \times Invention_{it}$					-0.0003* (0.0002)	-0.001*** (0.0005)

续表

变量	LP	To	LP	To	LP	To
	(1)	(2)	(3)	(4)	(5)	(6)
$Treat_i \times Invention_{it}$					0.001*** (0.0003)	0.002*** (0.0005)
$Post_t \times Invention_{it}$					0.00001 (0.0001)	0.001 (0.0004)
_cons	12.253*** (0.289)	19.026*** (0.650)	12.507*** (0.513)	18.876*** (0.875)	12.328*** (0.382)	19.033*** (0.726)
基础控制变量						
Age	Y	Y	Y	Y	Y	Y
TQ	Y	Y	Y	Y	Y	Y
城市控制变量						
*Top*1	Y	Y	Y	Y	Y	Y
Gov	N	N	N	N	N	N
Gpr	N	N	N	N	N	N
个体固定效应	Y	Y	Y	Y	Y	Y
时间固定效应	Y	Y	Y	Y	Y	Y
N	6185	6605	4204	4587	1674	1805
R^2	0.871	0.923	0.895	0.947	0.898	0.934

注：(1) 括号内显示的是聚类在企业层面的稳健标准误。

(2) ***、**、*分别表示在1%、5%、10%的水平上显著。

第六节　东北地区异质性分析

本章通过一系列实证检验证明了信息技术产业集群的跨边界创新网络效应的存在。本节进一步考察了东北地区跨边界创新网络效应的异质性。根据国家统计局划分标准，本部分构建虚拟变量 *Region*，将各省划分为东部、中部、西部、东北四个区域，考察区域之间的异质性。异质性分析结果如表 5-15 所示，以 LP 为被解释变量的列（1）和以 To 为被解释变量的列（2）的三重交互项 $Post_t \times$

$Treat_i \times Region_i$ 的系数分别在5%和1%的水平上显著为负，二重交互项 $Post_t \times Treat_i$ 的系数均在1%的水平上显著为正。这表明四个区域间存在显著的异质性。三重交互项系数为负的原因在于，虚拟变量 *Region* 将经济相对发达的东部地区设置为1，经济相对发达区域的三重交互项系数越小，跨边界创新网络效应越强，这符合理论预期和实际情况。

表5-15　东北地区异质性分析

变量	LP	To
	(1)	(2)
$Post_t \times Treat_i$	0.225*** (0.077)	0.467*** (0.114)
$Post_t \times Treat_i \times Region_i$	-0.153** (0.063)	-0.317*** (0.085)
$Treat_i \times Region_i$	-0.029 (0.061)	-0.092 (0.118)
$Post_t \times Region_i$	-0.011 (0.013)	-0.013 (0.020)
_cons	12.517*** (0.261)	19.412*** (0.532)
基础控制变量		
Age	Y	Y
TQ	Y	Y
*Top*1	Y	Y
城市控制变量		
Gov	N	N
Gpr	N	N
个体固定效应	Y	Y
时间固定效应	Y	Y
N	7297	7789
R^2	0.855	0.898

注：(1) 括号内显示的是聚类在企业层面的稳健标准误。

(2) ***、**分别表示在1%、5%的水平上显著。

根据表5-15的估计结果，东北地区信息技术产业集群有助于本地装备制造产业集群内企业全要素生产率和生产规模的提升，但提升的幅度小于东部地区。

第七节　结论

本章以2016年发布的《机器人产业发展规划（2016—2020年）》、《智能制造发展规划（2016—2020年）》和《“互联网+”人工智能三年行动实施方案》等政策为外部冲击，构造自然实验，采用双重差分模型检验信息技术产业集群跨边界创新网络效应的因果关系。研究发现：①信息技术产业集群网络促进了装备制造产业集群网络中企业全要素生产率的提升，即存在跨边界创新网络效应。研究假设H1成立。这一结论在考虑了识别假设条件和一系列干扰估计结果的因素后依然成立。2010~2019年，信息技术产业集群网络促使本地装备制造产业集群网络内企业的全要素生产率平均提升了6.2%。②机制分析发现，劳动力成本压力与创新能力是信息技术产业集群跨边界创新网络效应的主要作用机制。研究假设H1a和H1b成立。无论是来自劳动力数量还是来自劳动力工资的成本压力，都强化了信息技术产业集群对本地装备制造产业集群中企业TFP提升的作用。企业研发投入高、研发能力强，一定程度上抑制了信息技术产业集群对本地装备制造产业集群中企业TFP提升的作用。③东北地区的异质性分析发现，信息技术产业集群的跨边界创新网络效应存在显著的区域性差异。东北地区的信息技术产业集群跨边界创新网络效应弱于东部地区。这可能与中国装备制造产业数字化发展阶段有关。无论是从课题组对广东、浙江等地的实地调研，对各省份产业数字化发展现状的分析，还是从中国智能制造与数字经济建设的相关政策梳理来看，中国各地区的产业数字化发展广泛处于企业智能制造升级阶段。大部分制造业企业处于数字化升级的探索阶段，尚未实现企业生产制造、经济管理等方面的系统性数字化变革与全面的业务互联，难以实现供应链或集群层面的网络化协同与平台化运营。因此，跨边界创新网络效应对企业分阶段、分步骤实施的数字化转型效率的提升作用更为显著。

本部分的边际贡献在于，①运用双重差分模型对本地产业集群的网络关系进行了严格的定量分析，检验了信息技术产业集群跨边界创新网络效应的因果关系。②从劳动力成本压力和创新能力两方面探讨了跨边界创新网络效应的主要作用机制。这一发现有助于理解机器人应用与劳动力需求的关系。在现有数字化研究中，机器人应用与劳动力需求关系的研究存在两种观点。一种观点认为机器人

应用会节约劳动力成本、降低工资、提高生产效率（Acemoglu and Restrepo，2018，2020；王永钦和董雯，2020），对劳动力需求具有替代效应。另一种观点认为机器人应用会改善产品和服务质量、提高企业生产效率、扩大生产规模、增加企业劳动力需求（Graetz and Michaels，2018；Dixon et al.，2019；李磊等，2021），对劳动力需求具有互补作用。本章研究发现，在产业数字化转型初期，劳动力成本压力促进企业以机器人应用等方式推进数字化转型，并促进生产效率提升，但这一过程并未降低企业员工人数。上述结果在一定程度上支持了互补关系观点。③为激发东北地区信息技术产业集群的跨边界创新网络效应释放提供了理论支持。

第六章 废弃资源综合利用产业集群跨边界创新网络效应实证分析

第一节 中国装备制造产业绿色技术创新背景

尽管围绕绿色低碳高质量发展的战略部署已开展，但早在 2015 年 10 月党的十八届五中全会就提出了绿色发展理念。2016 年发布的《机器人产业发展规划（2016—2020 年）》、《智能制造发展规划（2016—2020 年）》和《“互联网+”人工智能三年行动实施方案》等政策，陆续将绿色发展理念融入制造业数字化发展进程。2021 年 12 月 21 日印发的《“十四五”智能制造发展规划》明确提出，构建虚实融合、知识驱动、动态优化、安全高效、绿色低碳的智能制造系统。“绿色低碳”被纳入智能制造系统的功能属性或特征范畴。绿色技术创新成为装备制造产业数字化转型的关注焦点。2010~2019 年，不同于非装备制造产业绿色专利增长缓慢的发展状态，装备制造产业更加重视绿色技术创新，申请绿色专利数量和获得绿色专利数量两项指标均保持快速增长。2019 年，装备制造产业申请绿色专利数量达到 7964 项，获得绿色专利数量达到 4472 项。2010~2019 年，装备制造产业当年申请绿色专利数量占制造业的比重从 77.66%上升到 84.80%。2010~2019 年，装备制造产业当年获得绿色专利数量占制造业的比重从 73.65%上升到 84.11%。其中，2012~2019 年，电气机械和器材制造业，计算机、通信和其他电子设备制造业，汽车制造业的当年申请绿色专利数量所占比重和当年获得绿色专利数量所占比重都超过了 10%（见图 6-1 和图 6-2）。从 2013 年开始，电气机械和器材制造业当年申请绿色专利数量和获得绿色专利数量两项指标均位列第一，2019 年当年申请绿色专利数量达到 3716 项，当年获得绿色专利数量达

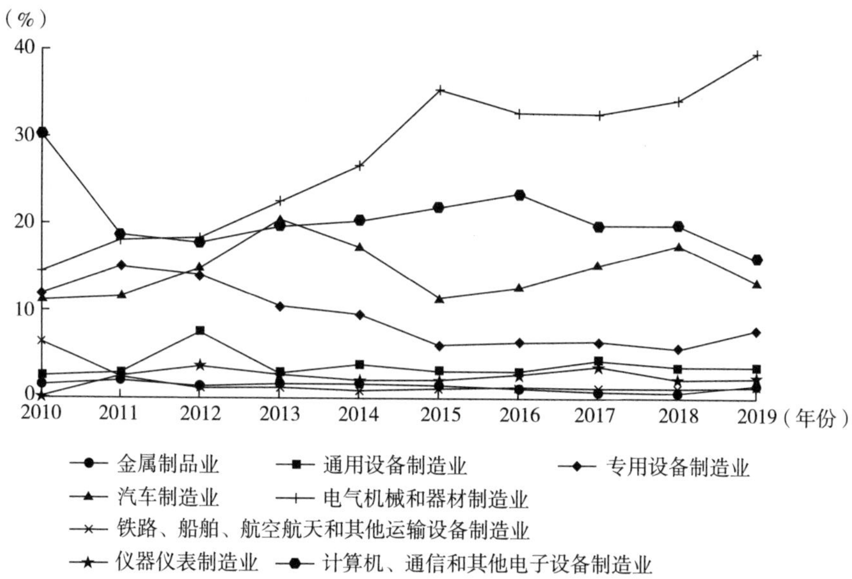

图 6-1 装备制造产业当年申请绿色专利数量占比

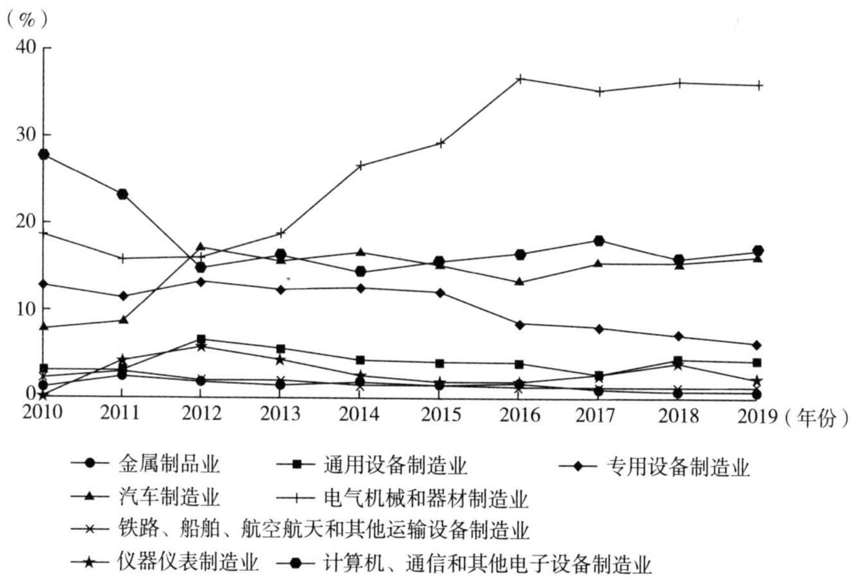

图 6-2 装备制造产业当年获得绿色专利数量占比

到 1922 项。计算机、通信和其他电子设备制造业申请绿色专利数量和获得绿色专利数量所占比重在 2010~2011 年出现大幅下降，但在 2012~2019 年所占比重保持稳定，且均高于 15%。汽车制造业当年获得绿色专利数量的比重在 2012 年大幅增加，并在之后保持稳定，其规模与计算机、通信和其他电子设备制造业相仿。专业设备制造业是装备制造产业中申请绿色专利数和获得绿色专利数量所占比重排名第四的行业。尽管其比重在 2016 年之后小于 10%，但其申请数量和获得数量在波动中逐年增加。专业设备制造业当年申请绿色专利数量由 2010 年的 172 项上升至 2019 年的 730 项，当年获得绿色专利数量由 2010 年的 128 项上升至 2019 年的 335 项。

第二节　研究假设

从绿色发展理念首次提出，到坚定不移走绿色低碳高质量发展道路，我国不断要求产业升级由低技术水平、低附加价值向高技术、高附加价值的生产状态变迁（唐东波，2013）。不同于以往工业经济形态下的传统产业升级过程，信息技术革命的孕育兴起不断渗透、解构、重组传统产业的生产、组织和商业模式。装备制造产业的数字化升级过程本质上是改变原有工业经济形态下产业的组织架构、运行模式，构建数字经济形态下新产业、新业态、新模式的发展过程。“绿色低碳”作为装备制造产业的非变革性产业升级方向，被纳入智能制造系统发展的功能属性或特征范畴，在装备制造产业的数字化升级框架之下展开。

从绿色发展理念到绿色低碳高质量发展道路需要一段时间。在这期间，对高污染、高能耗、高排放产业的市场约束机制有待进一步健全，激发企业成为绿色技术创新主体的市场激励机制有待进一步完善。装备制造产业并不一定是废弃资源综合利用产业集群网络产品和服务的主要需求者，废弃资源综合利用产业集群网络作为产业链的末端环节，未必具有较强的共享知识意愿。地理邻近的关联产业集群易于形成偶得型跨边界创新网络，透过无意识的知识溢出与交互关联，促进装备制造产业集群网络对绿色技术相关信息、知识、技术的收集。加之，政府在推动绿色发展理念的过程中，会促进废弃资源综合利用产业集群创新网络与装备制造产业集群创新网络的跨边界生产与创新协作，为装备制造产业集群网络的绿色化升级提供必要的知识保障，降低其绿色技术的搜寻成本，提升绿色技术的

创新意识和重视程度。跨边界创新网络为绿色技术和知识流动、隐性知识溢出、技术交易与协作创新、关系连接与深化创造了条件。本地废弃资源综合利用产业集群网络的发展和渗透为装备制造产业集群绿色化升级提供了跨越产业边界的创新支撑。

在装备制造产业集群网络同步实施数字化转型和绿色化升级的情形下，非核心企业受限于资源和能力，并不一定能够及时对核心企业“发起”的所有升级做出同步的“响应”。非核心企业乃至集群网络的绿色化升级，可能会被同时期开展的集群网络数字化升级和平台架构建设的集群网络影响力不同程度弱化。因此，创新能力越强的企业，绿色化升级的动力、能力和意识越强，越易于开展绿色化创新。尽管装备制造产业中的电气机械和器材制造业与计算机、通信和其他电子设备制造业获得的绿色专利较多，但装备制造产业整体的绿色技术创新仍具有较强的政策导向性，企业积极性有待进一步激发。获得更多政府补助的企业会更加重视绿色技术创新。因此，创新能力、政府补助是信息技术产业集群跨边界创新网络效应的作用机制。

基于此，本章提出以下研究假设。

假设 H3：废弃资源综合利用产业集群对本地装备制造产业集群企业绿色技术创新重视程度的提升具有促进作用。

假设 H3a：创新能力是废弃资源综合利用产业集群跨边界创新网络效应的作用机制。

假设 H3b：政府补助是废弃资源综合利用产业集群跨边界创新网络效应的作用机制。

第三节　数据来源、核心变量与实证分析

一、数据来源

本部分以全国各省份产业集群及其上市公司为研究对象，选取 2010~2019 年的面板数据。省级数据来自 2011~2020 年各省级行政区的统计年鉴。上市公司绿色专利数据来自中国研究数据服务平台，上市公司财务数据来自国泰安数据库。城市数据来自 2011~2020 年《中国城市统计年鉴》。省级企业数量来自企查查网站。

二、核心变量

（一）集群网络识别

装备制造产业集群和废弃资源综合利用产业集群的识别方法参考 Lu 等（2016）的做法，运用区位熵方法来识别集群网络。装备制造产业集群网络识别如式（5-2）所示，废弃资源综合利用产业集群网络识别如式（6-1）所示。

$$LQ_{yx}=\frac{\text{区域}\,y\,\text{废弃资源综合利用产业企业数/区域}\,y\,\text{的制造业企业总数}}{\text{国内废弃资源综合利用产业企业总数/国内制造业企业总数}} \quad (6-1)$$

其中，废弃资源综合利用产业是指国民经济行业分类中门类 C 制造业中的大类 42 废弃资源综合利用业①。

（二）绿色专利重视程度的表征

绿色专利数据来自中国研究数据服务平台。绿色专利的识别是根据世界知识产权局 IPC 绿色清单，筛选上市公司每年的绿色专利数量和绿色实用新型专利数量。本部分以 2016 年数字化相关政策为外部冲击，构建自然实验。鉴于一项专利从申请到授权的周期较长，可能存在 2~3 年的滞后性，因此使用获得专利数据会缩短样本数据的时间跨度。专利申请数能够较好地反映企业对绿色技术的创新意识或重视程度（齐绍洲等，2018），但在表征技术创新能力方面还存在一些争论（黎文靖和郑曼尼，2016；齐绍洲等，2018）。因此，为了更准确地识别外部冲击对企业绿色专利创新意识或重视程度的影响，本部分选择绿色专利申请数量作为被解释变量。

三、实证分析

为了考察在产业数字化转型过程中，废弃资源综合利用产业集群对装备制造产业集群的跨边界创新网络效应，本部分运用双重差分模型，比较了拥有废弃资源综合利用产业集群与没有该产业集群的区域，在《规划》等政策发布之前和之后装备制造产业集群企业对绿色技术重视程度的相对变化。本部分的主要估计方程具体如下：

$$EP_{it}=\theta_0+\theta_1 Post_t\times Treat_i+Controls_{it}+\mu_i+\delta_t+\varepsilon_{it} \quad (6-2)$$

---

① 大类 42 废弃资源综合利用业包括金属废料和碎屑加工处理（4210）和非金属废料和碎屑加工处理（4220）。金属废料和碎屑加工处理，指从各种废料［包括固体废料、废水（液）、废气等］中回收，并使之便于转化为新的原材料，或适于进一步加工为金属原料的金属废料和碎屑的再加工处理活动，包括废旧电器、电子产品拆解回收。非金属废料和碎屑加工处理指从各种废料［包括固体废料、废水（液）、废气等］中回收，或经过分类，使其适于进一步加工为新原料的非金属废料和碎屑的再加工处理活动。

其中，被解释变量 EP_{it} 为第 t 年公司 i 对绿色技术的重视程度，分别用当年联合申请的绿色专利数量与绿色实用新型专利数量之和加 1 后的对数值 EPJ_{it}、当年独立申请绿色专利数量与绿色实用新型专利数量之和加 1 后的对数值 EPI_i 来表征（见表 6-1）。若本地同时存在装备制造产业集群和废弃资源综合利用产业集群，则作为处理组，$Treat_i = 1$；若不存在废弃资源综合利用产业集群，则作为控制组，$Treat_i = 0$。本部分将《规划》等政策发布的 2016 年作为处理时点。如果在 2016 年之前，则 $Post_t = 0$；如果在 2016 年之后，则 $Post_t = 1$。$Controls_{it}$ 是控制变量。参照方先明和那晋领（2020）、李青原和肖泽华（2020）、齐绍洲等（2018）的研究，控制变量包括营业收入（Or）、营业利润（Profit）、长期资产回收（La）（见表 6-1）。μ_i 为个体固定效应，捕捉不随时间变化的企业特征。δ_t 为时间固定效应，捕捉不随个体变化、随时间变化的特征。ε_{it} 为随机误差项。θ_1 是本章研究感兴趣的参数。如果 θ_1 显著为正，可以推断废弃资源综合利用产业集群促进了本地装备制造产业集群网络的绿色技术重视程度。

表 6-1　主要变量描述性统计

变量	数据来源	观测值	均值	标准差
EPJ	A	9263	0. 127	0. 482
EPI	A	9263	0. 442	0. 850
Or	B	9381	21. 340	1. 416
Profit *	B	9383	42029. 95	232603. 9
La	B	8513	13. 817	2. 751
Gpr	C	8201	13. 601	1223. 576
Gov	C	8523	0. 152	0. 0651
Ngp	C	8577	5. 932	6. 399
Isde	C	8201	13. 601	1223. 576

注：A 代表中国研究数据服务平台；B 代表国泰安数据库；C 代表 2011~2020 年《中国城市统计年鉴》。＊代表营业利润的单位为万元，因存在负值并未用对数形式。

第四节　实证结果

一、基准回归结果

基准回归的结果如表 6-2 所示。表 6-2 显示了三种情况的回归结果。列

（1）和列（4）只包括个体固定效应和时间固定效应。作为基准回归结果，列（2）和列（5）在控制双向固定效应的基础上，控制了公司层面的控制变量。为了控制不同区域的经济发展差异，列（3）和列（6）在基准回归的基础上，额外控制了城市层面的控制变量。参照顾小龙等（2021）、吴育辉等（2021）、陈中飞和江康奇（2021）的研究，城市层面的控制变量包括政府干预、地区人均GDP增长率（见表6-1）。在以联合申请绿色专利数量的对数形式 *EPJ* 为被解释变量的回归结果中，交互项 $Post_t \times Treat_i$ 的系数均显著为正，且列（2）在1%的水平上显著。这表明在装备制造产业数字化转型过程中，本地废弃资源综合利用产业集群提升了装备制造产业集群企业联合申请绿色专利的数量。在以独立申请绿色专利数量的对数形式 *EPI* 为被解释变量的回归结果中，交互项 $Post_t \times Treat_i$ 的系数均不具备统计学意义。由此可见，尽管在装备制造产业数字化转型过程中存在废弃资源综合利用产业集群跨边界创新网络效应，但跨边界创新网络效应仅提升了装备制造产业集群企业联合申请绿色专利的数量，并没有提升独立申请绿色专利数量。

表6-2 基准回归结果

变量	EPJ			EPI		
	(1)	(2)	(3)	(4)	(5)	(6)
$Post_t \times Treat_i$	0.096** (0.039)	0.124*** (0.041)	0.108** (0.042)	-0.027 (0.044)	-0.017 (0.046)	0.006 (0.048)
_cons	0.120*** (0.003)	-0.973*** (0.323)	-0.961** (0.408)	0.444*** (0.003)	-1.217*** (0.444)	-1.062** (0.510)
基础控制变量						
Or	N	Y	Y	N	Y	Y
Profit	N	Y	Y	N	Y	Y
La	N	Y	Y	N	Y	Y
城市控制变量						
Gpr	N	N	Y	N	N	Y
Gov	N	N	Y	N	N	Y
Ngp	N	N	Y	N	N	Y
Isde	N	N	Y	N	N	Y
个体固定效应	Y	Y	Y	Y	Y	Y
时间固定效应	Y	Y	Y	Y	Y	Y

续表

变量	EPJ			EPI		
	(1)	(2)	(3)	(4)	(5)	(6)
N	9215	8355	6821	9215	8355	6821
R^2	0.611	0.627	0.630	0.702	0.709	0.715

注：(1) 括号内显示的是聚类在企业层面的稳健标准误。

(2) ***、**分别表示在1%、5%的水平上显著。

根据基准回归列（2）的估计结果，废弃资源综合利用产业集群跨边界创新网络效应促使装备制造产业集群企业联合申请绿色专利数量提升了12.4%。样本企业在2015年联合申请绿色专利875项，2019年联合申请绿色专利1410项，增加了535项。根据列（2）的估计结果，如果没有出台《规划》等政策，2019年联合申请绿色专利数量为1366项。因此，《规划》等政策的发布解释了样本企业在2015~2019年联合申请绿色专利数量增长的8.131%。

二、稳健性检验

（一）共同趋势假设

针对双重差分模型适用性的检验，本部分借鉴Nunn和Qian（2011）的做法，采用以2010年为基期、控制了企业层面控制变量和双向固定效应的弹性估计。具体计量模型如式（6-3）所示。根据理论预测，2016年之前的系数γ_k应该趋近于0，2016年之后的系数γ_k应该显著大于0。

$$EP_{it} = \lambda_0 + \sum_{k\neq 2010}\gamma_k Post_t^k \times Treat_i + Controls_{it} + \mu_i + \delta_t + \varepsilon_{it} \qquad (6-3)$$

图6-3展示了以*EPJ*为被解释变量的弹性回归结果。2011~2015年，系数均在0附近波动，不具备统计学意义。从2016年开始系数大幅增加，2017年和2018年的系数在5%的水平上显著。因此，共同趋势检验通过。

（二）安慰剂检验1：滚动估计

本节改变政策发生时点，选取时间跨度为4年的子样本，运用基准回归的计量方程进行滚动估计。前两年作为政策发生之前，$Post_t=0$；后两年作为政策发生之后的时间，$Post_t=1$。在表6-3中，列（1）、列（2）的处理时点均在政策实际发生之前，列（4）的时间时点均处于政策实际发生之后。如果列（1）、列（2）和列（4）的交互项$Post_t \times Treat_i$的系数具有统计学意义，则检验不通过。列（3）的处理时点与政策实际发生时间一致，本部分预测列（3）的交互项$Post_t \times Treat_i$

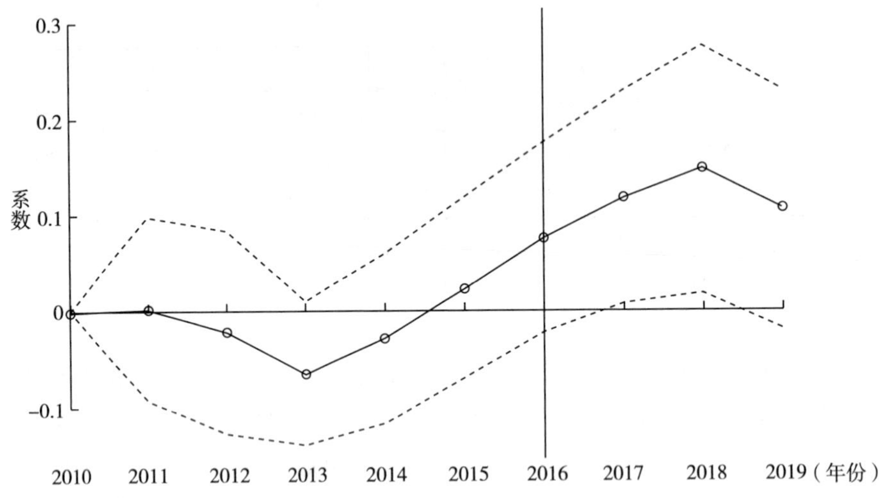

图 6-3　以 EPJ 为被解释变量的共同趋势检验

注：虚线表示 95%的置信区间，折线表示弹性回归中的交互项系数 γ_k。

的系数具有统计学意义。估计结果如表 6-3 所示，列（1）、列（2）和列（4）的交互项 $Post_t \times Treat_i$ 的系数都不具有统计学意义。列（3）的交互项 $Post_t \times Treat_i$ 的系数在 1%水平上显著，且系数大小与基准回归的系数大小接近。因此，改变政策发生时点的安慰剂检验通过。

表 6-3　滚动估计结果

变量	EPJ			
	(1)	(2)	(3)	(4)
	2010~2013 *Post*=2012，2013	2012~2015 *Post*=2013，2014	2014~2017 *Post*=2016，2017	2016~2019 *Post*=2018，2019
$Post_t \times Treat_i$	-0.016 (0.039)	0.042 (0.033)	0.093*** (0.033)	0.024 (0.037)
_cons	-0.262 (0.301)	-1.037* (0.574)	-0.740 (0.545)	-1.036** (0.408)
基础控制变量				
Or	Y	Y	Y	Y
Profit	Y	Y	Y	Y
La	Y	Y	Y	Y

续表

变量	EPJ			
	(1)	(2)	(3)	(4)
	2010~2013 *Post*=2012，2013	2012~2015 *Post*=2013，2014	2014~2017 *Post*=2016，2017	2016~2019 *Post*=2018，2019
城市控制变量				
Gpr	N	N	N	N
Gov	N	N	N	N
Ngp	N	N	N	N
Isde	N	N	N	N
个体固定效应	Y	Y	Y	Y
时间固定效应	Y	Y	Y	Y
N	2577	3041	3599	3948
R^2	0.658	0.705	0.762	0.768

注：(1) 括号内显示的是聚类在企业层面的稳健标准误。

(2) ***、**、*分别表示在1%、5%、10%的水平上显著。

(三) 安慰剂检验2：随机分配处理组

本节运用随机分配处理组的方法，检验基准回归的估计结果是否由偶然因素驱动。与第五章第四节中随机分配处理组的做法相同。本节分别随机抽取了5000次、10000次和30000次，计算随机处理数据的系数估计值的t值。5000次回归中t值大于基准回归t值（t值为3.022）的仅占1.06%，10000次回归中t值大于基准回归t值的仅占1.05%，30000次回归中t值大于基准回归t值的仅占1.13%。图6-4显示了30000次回归的t值分布，这些随机分配的结果在绝大多数情况下是不显著的。5000次和10000次回归的t值分布也获得了相同结果（见附图1-3和附图1-4）。这表明基准回归结果不是偶然因素驱动的。

(四) 样本容量敏感性检验

为了检验样本容量的敏感性，本节在不改变政策发生时点的情况下，选取不同时间跨度的子样本，运用基准回归的计量方程进行回归。列（2）的时间跨度为2014~2017年。列（3）的时间跨度为2013~2018年。列（4）的时间跨度为2012~2019年。列（1）为基准回归，时间跨度为2010~2019年。估计结果如表6-4所示，前三列的交互项 $Post_t \times Treat_i$ 的系数均在1%的水平上显著为正，且系数大小与基准回归结果接近。因此，样本容量敏感性检验通过。

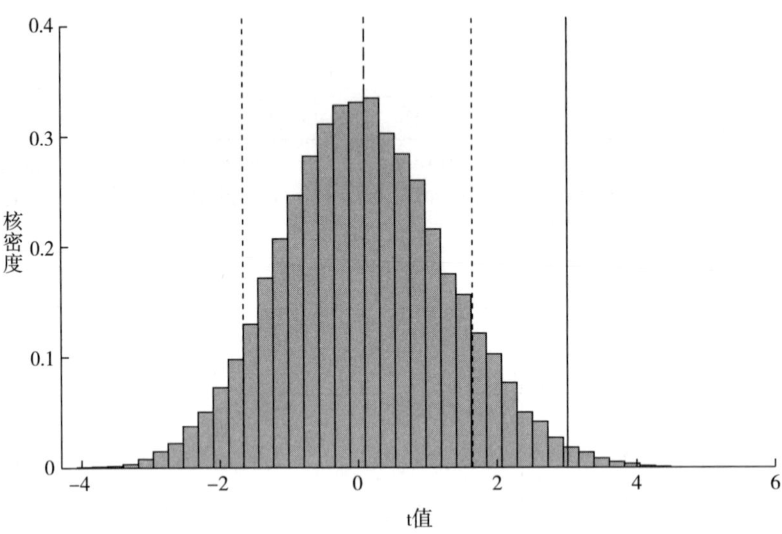

图 6-4　30000 次随机分配处理组的 t 值分布

注：黑色实线代表基准回归的 t 值（3.022）。黑色长虚线代表 30000 次估计 t 值的均值。两条黑色短虚线分别处于横轴的-1.65 和 1.65。30000 次回归中 t 值大于基准回归 t 值的仅占 1.13%。

表 6-4　样本容量敏感性检验

变量	EPJ			
	(1)	(2)	(3)	(4)
	2014~2017 *Post*=2016	2013~2018 *Post*=2016	2012~2019 *Post*=2016	2010~2019 *Post*=2016
$Post_t \times Treat_i$	0.093*** (0.033)	0.134*** (0.037)	0.128*** (0.041)	0.124*** (0.041)
_cons	-0.740 (0.545)	-0.833* (0.452)	-1.000*** (0.383)	-0.973*** (0.323)
基础控制变量				
Or	Y	Y	Y	Y
Profit	Y	Y	Y	Y
La	Y	Y	Y	Y
城市控制变量				
Gpr	N	N	N	N
Gov	N	N	N	N
Ngp	N	N	N	N

续表

变量	EPJ			
	(1)	(2)	(3)	(4)
	2014~2017 *Post*=2016	2013~2018 *Post*=2016	2012~2019 *Post*=2016	2010~2019 *Post*=2016
Isde	N	N	N	N
个体固定效应	Y	Y	Y	Y
时间固定效应	Y	Y	Y	Y
N	3599	5403	7171	8355
R^2	0. 762	0. 706	0. 663	0. 627

注：（1）括号内显示的是聚类在企业层面的稳健标准误。

（2）***、*分别表示在1%、10%的水平上显著。

第五节　机制分析

前文的实证分析验证了废弃资源综合利用产业集群跨边界创新网络效应，即废弃资源综合利用产业集群促进了本地装备制造产业集群企业对绿色专利的重视程度。本节讨论此跨边界创新网络效应的潜在机制。根据研究假设 H3a 和假设 H3b，企业创新能力和政府补助是两个主要作用机制。

一、跨边界创新网络效应与创新能力

在《规划》等政策发布后，装备制造产业积极推进企业数字化转型，同时逐渐增强对绿色发展理念的贯彻和绿色技术的重视。在各级政府推动绿色发展理念的过程中，装备制造产业通常会主动促进本地关联产业创新合作。另外，本地同时存在装备制造产业集群和废弃资源综合利用产业集群，地理邻近也会促进产业集群之间有计划或无意识地进行绿色技术和知识流动、隐性知识溢出、生产与创新协作、关系连接与深化等。废弃资源综合利用产业集群有助于本地装备制造产业集群企业绿色技术创新意识的提升。创新能力越强的装备制造企业，绿色化升级的动力、能力和意识越强，更易于开展绿色化创新。

为了检验研究假设 H3a，本节用获得绿色专利数量表征创新能力，考察企业创新能力是不是废弃资源综合利用产业集群跨边界创新网络效应的作用机制。表6-5 显示，三重交互项 $Post_t \times Treat_i \times Invetion_{it}$ 的系数在 5%的水平上显著为正。这表明装备制造产业集群企业的创新能力越高，废弃资源综合利用产业集群的跨边界创新网络效应越强，企业的绿色技术创新意识或重视程度越高。假设 H3a 成立，企业创新能力是废弃资源综合利用产业集群跨边界创新网络效应的主要作用机制。

表 6-5　跨边界创新网络效应与获得绿色专利数量

被解释变量：*EPJ*	(1)
$Post_t \times Treat_i$	-0.612** (0.305)
$Post_t \times Treat_i \times Invetion_{it}$	0.204** (0.095)
$Treat_i \times Invetion_{it}$	0.001 (0.046)
$Post_t \times Invetion_{it}$	0.001 (0.030)
_cons	-1.544** (0.714)
基础控制变量	
Or	Y
Profit	Y
La	Y
城市控制变量	
Gpr	N
Gov	N
Ngp	N
Isde	N
个体固定效应	Y
时间固定效应	Y
N	1529
R^2	0.693

注：(1) 括号内显示的是聚类在企业层面的稳健标准误。
(2) ** 表示在 5%的水平上显著。

二、跨边界创新网络效应与政府补助

为了检验研究假设 H3b，本节以政府补助本期金额、政府补助增长率表征政府补助，考察政府补助是不是废弃资源综合利用产业集群跨边界创新网络效应的主要作用机制。表 6-6 显示，列（1）和列（2）的三重交互项 $Post_t \times Treat_i \times Govsub_{it}$、$Post_t \times Treat_i \times Gsrate_{it}$ 的系数均不具有统计学意义。这表明装备制造产业集群企业的政府补助未能提升企业对绿色技术的重视程度。政府补助是废弃资源综合利用产业集群跨边界创新网络效应作用机制的假设未得到估计结果的支持。因此，假设 H3b 不成立。

表 6-6　跨边界创新网络效应与研发投入增长率

被解释变量：*EPJ*	(1)	(2)
$Post_t \times Govrement_i$	-0.149 (0.180)	0.109*** (0.039)
$Post_t \times Treat_i \times Govsub_{it}$	0.017 (0.012)	
$Treat_i \times Govsub_{it}$	-0.020*** (0.007)	
$Post_t \times Govsub_{it}$	0.008** (0.004)	
$Post_t \times Treat_i \times Gsrate_{it}$		0.005 (0.005)
$Treat_i \times Gsrate_{it}$		-0.002 (0.004)
$Post_t \times Gsrate_{it}$		-0.00003 (0.00003)
_cons	-1.007*** (0.333)	-1.091*** (0.355)
基础控制变量		
Or	Y	Or
Profit	Y	Profit
La	Y	La
城市控制变量		
Gpr	N	Gpr
Gov	N	Gov

续表

被解释变量：*EPJ*	(1)	(2)
Ngp	N	Ngp
Isde	N	Isde
个体固定效应	Y	Y
时间固定效应	Y	Y
N	8299	7823
R^2	0.630	0.637

注：(1) 括号内显示的是聚类在企业层面的稳健标准误。
(2) ***、**分别表示在1%、5%的水平上显著。

第六节　东北地区异质性分析

前文通过一系列实证检验证明了废弃资源综合利用产业集群跨边界创新网络效应的存在。本节进一步考察东北地区跨边界创新网络效应的异质性。按照第五章的区域划分依据，构建虚拟变量 *Region*，考察区域之间的异质性。异质性分析结果如表 6-7 所示，三重交互项 $Post_t \times Treat_i \times Region_i$ 的系数在 10%的水平显著为负，二重交互项 $Post_t \times Treat_i$ 的系数在 5%的水平上显著为正。这表明四个区域之间存在显著的异质性。东北地区废弃资源综合利用产业集群有助于本地装备制造产业集群企业对绿色技术重视程度的提升，但提升幅度小于东部地区。

表 6-7　东北地区异质性分析

被解释变量：*EPJ*	(1)
$Post_t \times Treat_i$	0.415** (0.189)
$Post_t \times Treat_i \times Region_i$	-0.138* (0.080)
$Treat_i \times Region_i$	-0.072 (0.053)

续表

被解释变量：*EPJ*	(1)
$Post_t \times Region_i$	-0.002 (0.011)
_*cons*	-0.910*** (0.320)
基础控制变量	
Or	Y
Profit	Y
La	Y
城市控制变量	
Gpr	N
Gov	N
Ngp	N
Isde	N
个体固定效应	Y
时间固定效应	Y
N	8355
R^2	0.628

注：(1) 括号内显示的是聚类在企业层面的稳健标准误。

(2) ***、**、*分别表示在1%、5%、10%的水平上显著。

第七节　结论

本章以2016年《机器人产业发展规划（2016—2020年）》、《智能制造发展规划（2016—2020年）》和《“互联网+”人工智能三年行动实施方案》等政策为外部冲击，运用双重差分模型，考察在产业数字化转型过程中，废弃资源综合利用产业集群是否促进了本地装备制造产业集群企业对绿色技术的重视程度（即废弃资源综合利用产业集群的跨边界创新网络效应是否存在）。研究发现，①废弃资源综合利用产业集群提升了本地装备制造产业集群企业联合申请绿色专利数量，即存在废弃资源综合利用产业集群跨边界创新网络效应。②机制分析发现，装备制造企业创新能力是废弃资源综合利用产业集群跨边界创新网络效应的主要作用机制。③政府补助是废弃资源综合利用产业集群跨边界创新网络效应主要作用机制的假设并未得到实证结果的支持。④废弃资源综合利用产业集群的跨边界创新网络效应存在显著的区域性差异。东北地区废弃资源综合利用产业集群的跨边界创新网络效应弱于东部地区。

本章的边际贡献在于，①运用双重差分模型，考察了废弃资源综合利用产业集群与装备制造产业绿色技术创新意识的关系，进一步验证了本地产业集群网络间的跨边界创新网络效应。②创新能力是废弃资源综合利用产业集群跨边界创新网络效应的调节变量。创新能力更强的装备制造企业，绿色化升级的动力、能力和意识越强，越易于依托跨边界创新网络开展绿色化创新。③为激发东北地区废弃资源综合利用产业集群的跨边界创新网络效应释放提供了理论支持。

第七章　研究结论与政策建议

第一节　研究结论

改革开放四十余年，中国迅速成长为世界第一制造大国，取得了举世瞩目的成就。在国内循环和国际循环的双轮驱动中，外循环是中国成长的重要解释因素（江小涓和孟丽君，2021）。2008 年全球金融危机后，世界经济步入深度调整和结构再平衡状态。以中国为代表的新兴经济体的产业升级过程，伴随着劳动力、土地等生产要素成本优势的不断弱化和以核心关键技术解构为升级方向的全球价值链的延展和攀升，部分产业链分工抵达"天花板"。发达国家以关键信息、技术和资源为控制力的价值链全球治理和系统效率（Kaplinsky，2004），受到了以中国为代表的新兴经济体的产业升级和价值竞争的挑战。随着信息技术不断渗透、解构、重组价值创造方式和增值能力（宋怡茹等，2017），美国、德国等发达国家对数字经济发展形成了战略共识，纷纷采取国家战略，推动企业、产业乃至社会经济层面的数字化变革。围绕制造业数字化展开的价值竞争及其分布，进一步改变了原有的价值竞争状态，重塑了利得分配和全球价值链形态。另外，伴随着国际贸易冲突、新冠疫情和复杂多变的国际政治经济形势等，发达国家纷纷开展"绕开中国"的多元化全球采购（贺俊，2020），以跨国公司为主导的全球产业链出现停顿与回缩状态（江小涓和孟丽君，2021），全球供应链呈现本土化、区域化和智能化趋势（黄群慧和倪红福，2021）。

外循环条件发生显著变化，中国转向以内循环为主的发展路线已成为必然选择（江小涓和孟丽君，2021）。围绕制造业数字化的价值竞争逐渐转向共融、共生、共创的生态竞争，正在重塑全球价值链和竞争格局。中国智能制造发展和数字经济建设还需以内循环为主，围绕战略重点产业布局产业集群，畅通数字化创新生态，培育数字化链主企业和隐形冠军企业，构建数字化产业生态，走出一条自主可控的创新发展路径。其中，数字化关键技术、设备、零部件、工业软件、平台等领域的突破，还需自主创新实现自我供给（黄群慧和倪红福，2021）。装备制造产业作为全球价值竞争核心的领域，是发达国家控制全球价值链背后的独占性资源的集中所在，更是数字化升级与竞争的主战场。装备制造产业作为东北地区的支柱性产业，在带动东北地区经济发展、维护国家能源安全和产业安全等方面具有重大战略意义，成为东北地区振兴发展的核心与关键。

本书以东北地区装备制造产业升级为研究对象。通过东北地区装备制造产业现状特征和升级困境分析，以及美国、德国和中国制造业数字化发展脉络的梳理，构建跨边界创新网络视域下装备制造产业升级的理论分析框架。通过装备制造产业集群的跨边界创新融合，以及核心企业“发起”升级与非核心企业“响应”升级的传导机制，阐释装备制造产业由企业“智能制造”升级向集群“工业互联网+智能制造”升级再向产业“数字商业生态”升级的数字化、绿色化的系统性蜕变过程与演化升级路径。在理论分析的基础上，形成研究假设，构建自然实验，检验跨边界创新网络效应及其作用机制。基于装备制造产业升级的理论分析和跨边界创新网络效应的异质性特征，探寻东北地区装备制造业的升级路径，发现促进产业升级的施策方向与政策重点。本书主要观点及结论如下：

第一，东北地区装备制造产业升级内生动力有限，外生动力匮乏，面临“类资源枯竭型”升级困境。本书通过东北地区装备制造产业发展的省际比较及国有企业现状分析，凝练了东北地区装备制造产业发展特征，即辽宁呈现“龙头企业主导”特征，吉林呈现“单一产业主导”特征，黑龙江呈现“国企弱势主导”特征。东北地区装备制造产业升级内生动力有限，集群核心企业（多为国有企业）效率低、升级动力弱、引领作用有限，非核心企业发展滞后，缺乏转型升级能力。信息技术产业发展滞后，无法赋能装备制造产业升级，装备制造产业升级的外部动力匮乏。东北地区装备制造产业面临集群生态弱势和创新生态弱势的“类资源枯竭型”升级困境。

第二，根据跨边界创新网络效应的论证，培育并释放信息技术、绿色技术关联产业外生动力，为东北地区装备制造产业内生动力赋能。在理论分析的基础上，借助 2016 年数字化相关政策冲击，构建自然实验，运用双重差分模型对跨边界创新网络效应进行验证。实证结果显示，信息技术产业集群促进了装备制造产业集群企业全要素生产率的提升，即存在跨边界创新网络效应。这一结论在考虑了识别假设条件和一系列干扰估计结果因素后依然成立。其中，劳动力成本压力与创新能力是该效应的主要作用机制。信息技术产业集群跨边界创新网络效应存在显著的区域性差异，东北地区信息技术产业集群跨边界创新网络效应弱于东部地区。废弃资源综合利用产业集群提高了本地装备制造产业集群企业联合申请绿色专利数量，即存在废弃资源综合利用产业集群跨边界创新网络效应。其中，创新能力是该效应的主要作用机制。政府补助作用机制未得到实证结果的支持。东北地区废弃资源综合利用产业集群的跨边界创新网络效应弱于东部地区。依据东北地区跨边界创新网络效应的异质性特征，在东北地区装备制造产业升级内生动力有限的情况下，培育信息技术、绿色技术等关联产业集群网络，有助于装备制造产业内生动力的提升。

第三，揭示装备制造产业升级的发起—响应传导机制，培育“核心企业—非核心企业”内生动力。集群网络作为创造、储存、传递知识、技术和新工艺的制度性安排，同时也是生产关系，创新关系，个人、组织和社会关系的多重嵌套组合。核心企业作为中心—外围型网络结构的主导力量，对非核心企业乃至集群网络的发展至关重要。非核心企业通过协作或竞争，影响核心企业乃至集群网络的结构迭代与演化。核心企业与非核心企业的生产、创新等多重嵌套关系，构成了核心企业“发起”升级与非核心企业“响应”升级的交互作用传导机制。核心企业与非核心企业的升级策略选择、实现、往复传导、迭代升级与结构演化，即装备制造产业实现由企业向集群再向产业系统性蜕变的演化升级路径。

第四，东北地区装备制造业产业升级路径：构建跨边界创新网络外生动力赋能，培育核心企业—非核心企业内生动力，实现“企业—集群—产业”阶段式升级。在装备制造产业集群网络中，发起—响应传导机制既是装备制造产业集群生态结构演化、动态升级的内在机制，也是不同产业集群技术范式融合中的内在关联与作用机制。在不同关联产业集群跨边界创新网络效应下，激发核心企业升级动力、提升非核心企业转型能力，并通过发起—响应传导机制，影响核心企业与非核心企业的升级策略选择、实现、往复传导、迭代升级与结构演化，促进装备制造产业由企业“智能制造”升级向集群“工业互联网+智能制造”升级，再向产业“数字商业生态”升级的系统性蜕变，即装备制造产业技术轨道数字化、绿色化、系统性变迁的演化升级路径。为不同产业技术范式融合情境下，跨产业、集群与组织边界的创新协作与融合赋能促进装备制造产业升级提供理论分析工具。

第五，发现产业数字化“先行者劣势”现象及成因，解释产业数字化过程中不同企业创新策略的选择差异，为政策制定者提供有效的施策方向。在理论研究与实证分析中，本书研究论证了产业数字化“先行者劣势”现象存在及其成因。产业数字化是装备制造产业升级的重要方向，其本质是信息技术产业技术范式与装备制造产业技术范式的融合。在装备制造产业数字化初期，信息技术企业人员不懂装备制造产业生产，装备制造企业员工不具备信息技术知识。装备制造产业原有技术体系与信息技术创新变革的兼容性弱。当企业的创新能力较强时，通常更可能成为数字化转型升级的“先行者”，存在新旧技术范式转换成本高、风险高的创新效率损失和易被追随或反超等劣势，即存在“先行者劣势”。这一现象的发现解释了产业数字化过程中不同企业创新策略的选择差异，也为政策制定者提供了有效的施策方向。

第二节　政策建议

新一代信息技术对实体经济的渗透融合，改变了原有工业经济形态下产业的组织架构、运行模式，将以企业价值增值为核心的产品、制造流程、商业模式和组织结构变革，延伸至产业链、产业体系乃至经济社会的各个层面，开启了数字经济形态下新产业、新业态、新模式的探索发展过程。制造业在国民经济中的重要地位和数字技术变革的实验性质、颠覆性潜力和预见性意义，使制造业数字化成为各国把握科技革命发展机遇、争夺未来发展制高点的共同战略选择。随着数字化价值竞争广泛开展，原有工业经济形态下的知识产权、反垄断等政策体系需要更新，新兴的科技伦理和网络安全等领域的制度架构需要确立，适宜数字化转型发展需求的制度规范成为各国政府面临的共性问题。发达国家纷纷采取国家战略，促进企业、产业乃至社会经济的数字化变革。美国借助互联网领先优势向传统产业渗透，采取“互联网+制造业”发展模式，借助“软”实力激活传统制造业，重塑商业生态竞争优势。美国政府采取了多角度、全方位的政策措施。一是出台《先进制造业国家战略计划》《国家人工智能战略》《关键和新兴技术国家战略》《国家创新竞争法案》等一系列政策和法案支持制造业数字化。二是多渠道引导关键制造业回流。例如，阶段性上调制造业国产化比例，2024 年提升至 65%，2029 年提升至 75%等。三是创新中心作为公共服务体系，支持应用技术研发与创新生态网络建设。四是为前沿技术研发提供多维度、长周期的资金支持。

五是强化对重点领域技术标准发展的规范性指引。[①] 德国“工业 4.0”战略是在传统制造业中融入信息通信技术，实现智能制造、智慧服务的“制造业+互联网”发展模式，提升的是硬制造的软能力。其在具体政策方面，一是发布《数字化战略 2025》《国家工业战略 2030》等政策扶持重点工业领域。二是提升高速网络和数字设施建设水平。三是多种融资工具和多元化、大规模资金支持。四是搭建公共服务体系。此外，德国还认真审视产业链短板，在供应链多元化和外部风险防御机制等方面进行了重要战略部署。[②] 日本借鉴美国的发展经验，从法律法规、商业合同等不同维度完善数据相关制度规范，提升数据管理能力，形成确保“互联工业”连接架构的网络安全和物理安全，并通过多元政策工具加速“互联工业”的应用推广。

不同国家、地区在不同的要素禀赋与产业优势下，形成差异化的信息技术与实体经济融合的战略布局和重点。其中，国家政策体系、创新公共服务体系、金融支撑体系等是各国政府广泛运用的政策措施。美国在信息通信、新能源、新材料等领域拥有全球领先的创新实力和比较优势，但制造业空心化难以逆转。因此，美国政策的核心是互联网赋能、制造业本土化和前沿技术创新。德国装备制造产业全球竞争优势突出，但在互联网技术创新与应用方面处于弱势。德国的政策重点是高速网络和数字设施的建设与突破。日本的政策措施更多借鉴美国模式，在“互联工业”应用推广的多元政策工具方面具有借鉴意义。本书基于东北地区装备制造产业升级的相关理论和东北地区跨边界创新网络效应的异质性特征，结合国外制造业数字化发展的政策措施、实践经验和国内装备制造产业的经验研究与实地调研，依循产业、集群、企业的战略层级，提出“一个主线、双重动能、双重抓手”逐级细化的支撑政策。配合四个维度的可操作性重点措施，形成培育外部动力，释放跨边界创新网络效应，深化核心企业—非核心企业传导机制，增强内生动力，形成促进东北地区本地化、数字化、绿色化先进装备制造产业体系升级的施策方向与政策重点。

一、总体思路

东北地区正处于发展方式转变、经济结构优化、增长动力转换的关键时期，东北地区装备制造产业升级的总体思路为“一二二四”发展战略，即以数字化、绿色化的系统性升级重构东北地区“本地化”先进装备制造产业体系为一个发

---

①② 《主要国家和地区推动制造业数字化转型的政策研究报告》[EB/OL].（2022-5-25）. http: www.caict.ac.cn/kxyj/qwfb/ztbg/202205/t20220525_401734.htm.

展主线；以智能装备制造产业和数字经济重点产业融合赋能与滚动赋能为双重动能，以数字国企和数字民企引领与协同发展为双重抓手，以制度供给体系、创新支撑体系、人才供给体系、内外互联网络为重点措施，加速推进东北地区装备制造产业数字化、绿色化、系统性协同升级，引领"十四五"时期东北地区社会经济全面发展和振兴，协同国家区域协调发展战略、"一带一路"倡议和东北亚经济圈内外循环，全面融入新发展格局，维护国家五大安全。总体思路框架如图7-1所示。

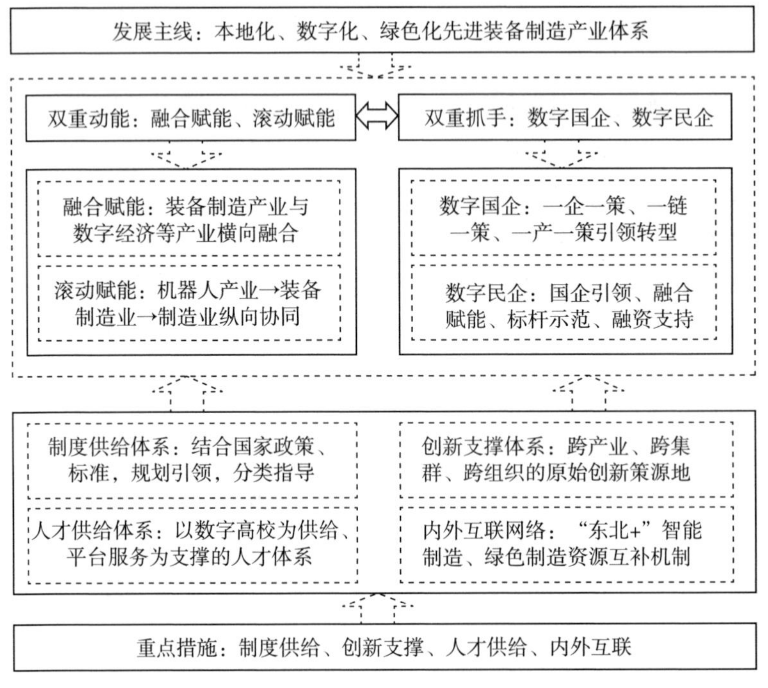

图7-1 东北地区装备制造产业升级的总体思路框架

二、一个主线

以数字化、绿色化的系统性升级重构东北地区"本地化"先进制造产业体系为一个主线，即以装备制造产业和数字经济重点产业融合赋能和滚动赋能，加速东北地区装备制造产业本地化、数字化、绿色化系统性升级；以国有企业为数字化、绿色化升级产业链链主企业，引领民营企业数字化、绿色化协同；以数字国企和数字民企为双重抓手，培育、壮大、延伸东北地区本地化、数字化、绿色

化产业生态链。以规划引领、分类指导的制度供给体系，营造有序、健康的发展环境；以国有企业为引领、以民营企业为驱动力的跨边界原始创新策源地，构建创新生态支撑体系；以数字高校为供给、以平台服务为支撑的人才培育和发展高地，构建全链条人才供给体系；构建“东北+”内外互联合作平台，形成省际智能制造和绿色制造转型升级资源互补机制。以装备制造产业和数字经济重点产业融合赋能与滚动赋能为双重动能，以数字国企和数字民企引领与协同发展为双重抓手，以制度供给体系、创新支撑体系、人才供给体系、内外互联网络为重要支撑，全面推动东北地区装备制造产业的本地化、数字化、绿色化产业生态的培育和壮大，重构东北地区本地化先进装备制造产业体系。

三、双重动能

以装备制造产业与信息技术等数字经济重点产业的融合赋能，加速装备制造产业数字化升级。以机器人产业升级加速机器人在汽车、电子、机械等领域的大规模应用，实现机器人产业为装备制造产业升级滚动赋能；探索农业、工业领域的智能机器和装备的使用推广和突破，促进装备制造产业升级为制造产业体系自动化、数字化转型升级滚动赋能，形成融合赋能、滚动赋能、系统协同升级的先进制造产业体系。

（一）大力发展数字经济重点产业，增强生态协作与融合赋能

（1）加速创建“新基建+”的数字经济产业集群网络，规划东北地区未来主导产业。建立“新基建+”综合服务平台，协调跨产业、跨区域、跨部门资源和信息集成，按照统一规划、政府指导、市场主导、生态引导的模式，聚焦人工智能、工业互联网、5G 基建等新基建，抢占新一轮未来主导产业的新制高点。建设东北地区中心城市及各级城市大数据中心，争取建设成互通互联的国家区域性数据中心、全国工业数据分级治理示范区和定制化数字产业领先区。

（2）加强跨产业生态协作，融合赋能突破智能制造标准体系、工业软件及核心部件。强化智能制造标准体系建设，利用沈阳、大连、长春等中心城市的电子信息等数字经济产业优势及龙头企业的技术优势，构建基础共性标准、关键技术标准和重点行业标准，开发工业软件，创建基于 CPS 的智能复杂管理平台。根据《国家智能制造标准体系建设指南》，支持龙头企业加强合作与交流，积极参与制定智能制造标准，包括基础共性标准、关键技术标准和重点行业标准，开展标准的试验验证及其在典型行业的推广应用，大力推进数字经济产业与装备制造产业在企业、集群、行业标准等方面的生态协作与融合赋能。

（3）加强跨产业生态协作，融合赋能推进设计制造和生产管理的信息化改造。支持装备制造产业围绕生产装备、单元、车间、工厂等制造载体，推进设备联网、数字采集分析系统、业务互联技术和制造执行系统的开发和应用，推动企业从数字化研发设计、智能装备升级到制造流程数据互联、管理信息化协同及智慧物流和质量管理的控制与追溯等多元环节信息交互水平和全链条协同优化技术的全面提升。支持引导有基础、有条件的中小企业推进生产线自动化、数字化改造升级。通过跨边界创新协作、交流机制创新，不断突破设计制造与生产管理的系统堵点、难点，形成集群、产业系统协同升级优势。

（4）加强跨产业融合赋能，推进智能制造示范车间、工厂和基地建设。围绕智能制造产业高端化发展方向，选择智能装备和关键零部件研发制造及智能制造系统集成与应用服务等较为集中的产业集群和产业园区，推动覆盖加工、检测、物流等环节的生产设备联网和业务数字化连接，打造生产数据贯通、管理信息协同、制造柔性高效的示范智能车间。推动基础条件好的企业围绕研发设计、生产流程、管理服务等制造业务流程，实现数字化连接、数据深度共享、业务精准预测和管理决策优化的示范智能工厂。扶持产业集群或园区的龙头/核心企业，建设供应链协同平台，形成数据互通互联、生产深度协同、资源柔性配置、信息可信交互的智能制造示范基地。培育建设一批在全国范围内具有较大影响力的智能制造示范基地，初步形成从数控机床、智能机器人到智能成套装备，从硬件、软件到信息技术集成服务的智能制造产业链。

（二）大力发展智能装备制造业，加速滚动赋能与协同升级

（1）重点发展机器人产业，为汽车、电子、机械等装备制造产业升级赋能。首先，加强科技攻关，突破智能机器人产业技术壁垒。以研发与市场需求“双轮驱动”，开展智能机器人系统集成、设计、制造、试验检测等共性技术和核心技术研究，集中力量攻克伺服电机、减速器、驱动器和控制器等关键零部件核心技术，在工业机器人领域突破国际巨头垄断。其次，培育智能机器人优势企业，壮大产业规模。通过技术改造、技术创新成果产业化、兼并重组等途径，逐步提升产品技术水平和可靠性，扩大机器人产能，壮大龙头企业规模和实力。鼓励中小企业向高端产品的配套产业、细分领域发展，孵化、培育一批在细分领域具有竞争优势的专精特新企业，针对不同行业和领域开展专业化服务和个性化定制，逐步形成大中小企业梯次发展的良性格局。再次，着力开发和推广机器人新产品，促进汽车、电子、机械等大规模应用，开拓高端应用市场。最后，整合创新资源，培育创新载体。加强企业、高校、科研院所协同创新，打通东北地区机器人

龙头企业与国内知名高校、科研院所定期交流与合作的渠道，加快技术研发和储备。

（2）推进汽车行业智能制造应用，强化优势产业数字竞争力。发挥吉林、辽宁的汽车制造业优势，以龙头企业整车智能制造为牵引，建设供应链协同平台，同步提升动力电池、驱动电机和控制器等核心零部件企业智能制造能级，使汽车行业成为数据互联、生产协同、柔性制造的智能化转型升级标杆行业。深入推进物联网、大数据、工业云等技术的应用，通过生产单元的智能设备升级，实现数据贯通、精益管理、柔性高效、分析优化的智能车间改造；通过数据贯通研发设计、生产流程、管理服务等业务流程再造，实现泛在感知、集成互联的智能工厂建设；通过龙头企业智造牵引、上下游企业智能协同，构建生产深度协同、资源柔性配置、信息可信交互的智慧供应链网。以智能设备、单元、智能车间、智能工厂和智慧供应链，实现汽车制造业全数字化工厂建设、系统互联互通、数据价值驱动、制造服务转型、组织生态创新的智能制造实践。

（3）发展智能化基础制造与成套装备，开拓高端应用市场。聚焦智能基础制造与成套装备的高端化升级，结合国家政策、规划和技术标准，围绕产品设计、柔性制造、高速制造、自动化和网络制造等环节，制定智能化、高端化发展路线及分步骤、分阶段实施细则。围绕关键工艺、工业智能、在线检测、智能物流等构建跨边界创新网络，以融合赋能、集成创新加速形成一批质量可靠的基础制造装备、流程制造装备和离散型制造装备。建设一批试验验证平台，加快智能化装备的产业化和系统推广应用，大力推进智能制造成套装备的高端化发展。

（4）推进先进制造产业体系的生产装备数字、智能化改造，释放滚动赋能的协同升级效应。依托智能制造装备、车间、工厂的柔性高效与标准互联，全面推进东北地区具有优势的数控机床、船舶、航空等高端装备领域数字化升级，逐步实现标准互联的智能制造系统规划设计、零部件智能生产、装备及检测智能运行、管理精益优化的智造升级，全面构建智能制造系统。鼓励支持大型装备制造企业搭建工业互联网平台，利用新兴技术手段，提供先进技术、装备、标准和解决方案，以及远程维护、故障预测、性能优化等服务，促进高端装备企业实现服务化延伸。围绕原材料、农机、建材及消费品等产业规模较大的重点行业，推进自动化、数字化、智能化装备在关键环节的深度应用，不断提升先进制造产业体系的生产装备和生产流程的数字化升级。支持劳动力密集型、作业环境恶劣、高安全风险等企业开展“机器换人”工程，通过机器人、自动化生产线、数控成套装备等集成应用，全面有效提高安全管理水平。

四、双重抓手

（一）以数字国企为产业链链主，打造智能制造生态体系

以国有企业为数字化转型产业链链主，打造国有企业智能工厂和“灯塔工厂”，形成数字化转型标杆示范企业；引领供应链数字化协同，打造供应链数字化转型标杆行业；形成企业、行业数字化标准，全面引领制造产业体系的数字生态建设。

（1）一企一策，打造国家级数字化转型示范大企业。提升一汽集团、沈鼓集团、沈阳机床、东北工业集团、沈飞集团、新松机器人等制造业龙头企业数字化创新能力。强化龙头企业的数字化创新和转型升级的主体地位，提升数字化转型的顶层设计和分阶段实施能力，规划数字化系统集成战略和分类层次，细化实施推进路径，构建数字化赋能体系，全面推进改造。重点推进智能制造、绿色制造、服务型制造能力的关键核心技术研发；探索企业内部工业网络、控制系统、管理软件和数据平台等各类资源集成整合、互联互通的模式和路径，打造国家全流程数字化改造示范大企业。

（2）一链一策，打造智能制造标杆行业。以国有企业为供应链链主企业，设计供应链、产业链协同数字化转型的顶层设计和战略规划。发挥国有企业技术扩散中心作用，促进国有企业向零部件厂商的技术溢出，着力培养精英型工程师和高技能产业工人，推动核心零部件的研发。强化本地创新型中小企业的技术吸收能力，推动国有企业的零部件厂商的“再地化”，提高集成企业本地配套协作。围绕装备制造产业中新一代信息技术与制造技术的融合发展，搭建“两化”融合创新平台，满足供应链制造生态数字化需求。重点突破生产、研发、管理和服务的智能化应用，提高重点企业的数字化、网络化、智能化水平，引领供应链企业数字化协同转型，吸引创新型企业嵌入本地化制造生态，实现大数据支撑、网络化共享、数字化协作、供应链整体效能和协作水平全面提升。重点推进机器人、成套装备汽车制造等领域的供应链智能制造示范标杆行业建设。

（3）一产一策，打造智能制造产业集群或园区生态。打造不同行业供应链智能制造示范标杆，形成企业、行业数字化转型标准，引进、培育优秀工业互联网平台及数字化转型服务商，从产业园区、产业集群等层面探索多维度落地应用场景，加速智能制造产业体系的数字生态建设。重点推进智能制造示范区和战略联盟建设。成立由IT、电子、电气及设备装置生产厂商、研究单位、大专院校组成的工业智能制造战略平台，充分利用现有科技资源，联合产业链上下游，建立

产学研用紧密合作的智能制造产业技术创新战略联盟，开展关键共性技术研究应用、智能制造标准制定和产业化应用示范，为联盟企业提供开放共享的技术信息服务。

（4）选派驻企联络员，扎实服务，阶段推进计划实施。从各地机关优秀干部、年轻干部中选派驻链主企业联络员，组建数字化、本地化“双化”小组。一是认知推进，集团领导班子和全体员工不断深化对数字化发展必要性的认知，增强转型动力和决心。二是产业链推进，加强国有企业与本地民营企业的信息沟通和配套对接。三是人才推进，加强国有企业与高校的多维互联。对接国企数字化转型创新需求，开展产学研合作项目；对接国有企业数字化人才需求，以数字高校建设，推进人才多维、精准供给。

（二）以数字民企为驱动，培育、延伸本地化产业生态链

（1）国企引领，发挥国有企业技术扩散中心作用。以以点带网、层层扩散的方式，引领配套民营企业转型发展。围绕以国有企业为核心的协同转型战略设计和规划，搭建国有企业与民营企业协同创新平台，促进国有企业向配套企业的技术溢出，强化本地创新型中小企业的技术吸收能力，促进国有企业、民营企业、高校和科研院所的创新资源集聚与协同。着力培养精英型工程师和高技能产业工人，推动核心零部件创新研发和数字化升级，培育一批具有竞争优势的专精特新配套企业，打造行业内领先的隐形冠军企业，提升国有企业的本地化、数字化生产和创新协同协作。

（2）融合赋能，依托跨边界创新生态加速协同转型。围绕新一代信息技术、人工智能、工业互联网平台、绿色技术与制造技术的跨产业、跨集群、跨组织创新协作与生态融合，构建联合关联产业/集群、高校和科研院所、上下游企业、行业平台等参与主体的协同创新生态，为民营企业数字化转型升级融合赋能。围绕核心关键技术、共性技术、配套技术、服务支撑体系创新合作和交流机制，畅通复杂要素流动、隐性知识溢出、技术交易与协作创新的合作机制，开放共享技术信息服务，开展核心关键技术、共性技术、配套技术的研究应用，智能制造标准制定和产业化应用示范，促进民营企业数字化转型，同步提升产业集群/园区企业的智能制造、绿色制造能级。

（3）标杆示范，以数字化转型引导基金支持民营企业数字化样板工程建设。吸纳政府、金融、投资机构和社会资本等，设立数字化转型引导基金，支持民营企业数字化转型和创新发展，降低转型升级探索成本和风险，弱化“先行者劣势”，释放民营经济的创新创业活力，培育、壮大、延伸装备制造产业本地化产

业生态链。选择契合重点产业和重点供应链、兼顾经济与社会效应的民营企业作为数字化转型试点，以数字化转型引导基金支持民营企业探索数字化发展新技术、新产业、新业态、新模式，打造民营企业数字化标杆示范工程，嵌入国有企业配套体系，协同国有企业数字化转型升级，加速供应链、产业集群数字化转型和本地化协同发展，形成数字化系统能力。

（4）融资支持，科技金融多措施并举，全面拓宽民营企业数字化转型投融资渠道。在装备制造产业园区/集群内建立智能制造中小企业融资专项窗口，对符合标准、信誉优良的智能制造中小企业给予融资优先审批。通过改制上市、信托产品、动产抵押、股权出让、知识产权质押等新型融资方式向装备制造企业提供法律法规帮助。鼓励创业投资基金、产业投资基金创新管理模式和投资方式，探索支持民营企业数字化创新创业的新机制、新模式和新路径，加大对民营企业数字化转型的支持力度。科技金融多措施并举，全面培育民营企业数字化发展新动能，加速产业体系数字化、生态化发展。

（5）创建“东北地区工业互联网产业生态供给资源池”，汇集民营企业数字化发展案例。引进或培育优秀工业互联网平台及数字化转型服务商，以案例示范、平台带动、事后奖励的方式，积极为数字化转型供需企业搭建无缝对接平台，便捷高效地为企业提供专项服务，加速民营企业数字化转型。

五、重点措施

（一）制度供给体系——规划引领、分类指导、分步实施，营造健康有序发展大环境

（1）出台本地装备制造产业发展规划及实施细则。围绕机器人产业、新一代人工智能、智能制造、工业互联网和数字经济产业发展的顶层设计、技术标准、产业发展、国际合作及产融推进等，国家印发了一系列促进数字产业化、产业数字化及数字经济建设的政策文件（见附录二）。东北地区各省应结合本地装备制造产业和数字经济产业发展实际、数字化转型所面临的瓶颈和目标、国际发展趋势和技术演进规律，制定本地装备制造产业 5 年、10 年、15 年发展规划，明确产业的发展思路、主要任务、重点目标和保障措施。既要确立当前阶段发展的实施路线、最佳实践，以及分步骤、分阶段实施细则，又要谋划产业发展的中长期布局。各省主要部门按照产业规划整体架构要求，结合行业实际情况推出更加细化的工具或标准，为行业发展提供指导。整合装备制造产业的区域性资源，强化对重点领域技术标准的规范性指引，通过规划引领、分类指导、分步实施，

推动产业协同转型升级。树立转型升级标杆企业、集群和行业，降低转型门槛和探索成本。引导装备制造企业差异化定位，防止过热、盲目和重复性建设，为装备制造产业健康有序发展营造良好的制度环境。

（2）强化统筹协作，增强数字化转型公共服务能力供给。在装备制造产业集群或园区设置政务节点，加快推进装备制造企业审批申报等流程，开展数字化转型成效评估，持续强化产业发展的要素保障能力。大力推进基础设施标准建设，推进产业/集群各类平台的有效互通互联，提升平台赋能水平。对已有公共实验室、技术平台进行功能改造与服务拓展，并通过多方参股、市场化运作等灵活方式打通“上游—下游—终端”之间的联系通道。各级部门统筹协调汽车制造等装备制造产业的政策部署和信息技术、互联网等数字经济重点产业细分领域的融合赋能，加强装备制造产业相关规划、产业化专项等的衔接协调，形成资源共享、融合赋能、滚动赋能、协同推进的发展格局。结合东北三省装备制造产业发展现状，谋划区域性产业规划，将东北三省的工、农产业与智能机器人、装备制造产业相结合，扩大产品销售市场规模，重点在农业、工业领域实现智能装备的应用和突破。

（3）优化营商环境，为智能制造发展创造良好的市场环境。依托政府、高校、科研院所和企业，协调推进装备制造产业分类标准体系建设，开展行业规范认证，对细分行业的准入门槛严格把关，减少非专利技术持有者或资金匮乏者进入该行业，扶持优质整机及零部件企业，避免低端竞争，推动智能装备制造产业规范化发展。深化智能制造新技术、新工艺、新模式、知识产权等方面的国际国内交流与合作，不断拓展合作领域。推进智能制造园区建设，着力引进国内外智能制造重点企业、研究机构，设立智能制造研发中心、人才培训中心、营销中心等功能性机构，建设智能制造示范工厂。充分考虑区域间政策衔接与产业融合，为智能制造供需企业搭建无缝对接平台。

（4）科技金融结合、多措施并举，全面拓宽投融资渠道。鼓励金融机构创新金融产品和服务，积极满足智能制造企业的资金需求。探索设立省、市两级智能制造政府投资引导基金，鼓励创业投资基金、产业投资基金加大对智能制造企业的投资支持。鼓励智能制造企业通过融资租赁实施设备更新改造。大力支持符合条件的智能制造企业到主板、中小板、创业板和境外资本市场上市融资，支持暂不具备上市条件的中小微企业通过全国中小企业股份转让系统、天府（四川）联合股权交易中心挂牌融资。

（二）创新支撑体系——打造以国企为引领、民企为驱动力的跨边界原始创新策源地

（1）以国有企业为引领、民营企业为驱动的创新生态核心层。支持国有企业将数字化、绿色化升级与战略使命结合，围绕产品研发设计、生产柔性管理、生产装备等业务流程进行全面数字化、智能化、绿色化改造，从企业升级、链条升级乃至集群网络协同升级的战略高度进行规划布局，开展集成创新和联合攻关项目，重点聚焦智能工厂、标准体系、制造服务化、供应链协同化等重点领域，全面提升生产设施数字化水平、设备运行效能和产品创新能力。引导有基础、有条件的民营企业协同国有企业，开展设计、管理、生产全链条数字化、绿色化改造升级。

（2）围绕装备制造产业中新一代信息技术、绿色技术与制造技术融合发展的跨产业、集群、组织创新平台与生态层。重点突破生产、研发、管理和服务的智能化应用，提高重点企业的数字化、网络化、智能化水平。协同攻克产业链数字化、绿色化升级的核心关键技术、共性技术、配套技术、服务支撑体系瓶颈。以国有及国有控股龙头企业为创新牵引，以装备制造和数字经济等关联产业集群、产业园区为实施载体，联合高校和科研院所、产业上下游企业、行业平台等参与主体组建协同创新生态，畅通复杂要素流动、隐性知识溢出、技术交易与协作创新、关系连接与深化的合作机制，开放共享技术信息服务，开展核心关键技术、共性技术、配套技术的研究应用，以及智能制造标准制定和产业化应用示范，推动物联网、大数据、工业云、绿色技术等在智能工厂、系统互联、数据驱动、产业生态创新领域的应用实践，同步提升产业集群/园区企业的智能制造、绿色制造能级，推动全产业链集成创新和数字化、绿色化升级。首先，围绕装备制造产业战略发展方向和共性技术需求，融合高校、科研院所、企业等主体，搭建共性技术研究与应用推广平台，关注基础性、前沿性、突破性和共性技术的长期研究与转化，重点突破产业共性技术的基础性研究、开发与应用。其次，围绕装备制造产业检验检测、专业培训、再教育与规划设计等，组建产业公共服务平台，全方位保障示范区高效管理和运行。再次，围绕装备制造产业的核心技术和关键技术问题，组建产业重大技术创新战略联盟，聚集龙头核心企业和创新型中小企业开放创新，开展国际合作，重点突破产业发展的关键、核心技术，突破发达国家的技术封锁与战略遏制，形成装备制造产业核心竞争力。最后，实施战略合作伙伴计划，追踪国际前沿技术方向，并尝试开展战略性合作。

（3）优先支持关系产业全局的关键核心技术攻关和成果应用转化。围绕重点领域智能制造重大需求，以平台为载体，开展关键共性技术和核心技术攻关。探索建立智能制造、绿色制造创新中心，搭建一批国际创新合作交流平台，培育一批智能制造工程研究中心和重点实验室等创新服务平台，围绕重点领域智能制造重大需求，开展关键共性技术和核心技术研发，提高智能制造、绿色制造关键环节和重点领域的创新能力和科技成果产业化水平。

（三）人才供给体系——以数字高校为供给、平台服务为支撑的人才集聚和发展高地

制定人才供给战略规划，打造以数字高校为核心的数字人才供给体系，以人才云平台为支撑的结构性人才引进体系，扩大创新人才的发展空间，形成东北地区持续集聚、培育人才的“引、育、留、用”全方位人才供给体系。

（1）创新数字化、绿色化科研型、应用型人才培养模式，重点培育综合数字技术、绿色技术和产业经济的复合型人才。以沈阳、长春、哈尔滨高等教育体系为核心，全面对接我国世界一流大学和一流学科建设规划，推进数字经济、绿色经济领域应用型学科、理工类重点学科和优势学科建设，建设形成一批一流大学和学科，加强产学研深度合作，形成多层次才供给体系。

（2）全面释放高校、科研院所的数字化、绿色化创新创业孵化器功能。以高校数字化为目标，打造数字化转型与创新创业实践项目，为学生提供创新创业实践机会，深化“科技研发+人才培养”“专业服务+人才培养”等协同模式。

（3）形成东北地区教育品牌联合效应，扩展东北地区高校数字化维度。以沈阳、大连、长春、哈尔滨等区域中心城市的世界一流大学和一流学科为重要支撑，探索重点学科、优势学科的数字化联合培养模式，鼓励精品课上云共享、优势互补。

（4）探索面向东北地区先进制造业体系建设重大战略需求的产学研合作新模式。以数字高校对接企业数字化、绿色化需求，共同开展融合技术、管理、政策的数字化、绿色化系统性攻关项目，形成更大范围、更宽领域的数字化、绿色化产学研合作平台和校企数字化、绿色化人才服务培训合作平台。重点推进工业软件定义网络基础标准、全分布式工业控制网络等关键技术研发项目建设，抢占标准和关键技术研发制高点。

（5）明确人才优先发展战略，建设一批高端创新创业人才集聚平台，完善人才“选、引、留、用”的配套机制和发展环境。以人才平台优化和配套机制完善，提升高校人才体系本地化率，提高跨区人才引进效率和层次。构建面向企

业数字化、绿色化、系统性升级需求的多层次人才“选、引、留、用”平台，完善配套机制，打造一批先进制造业领军型创新创业团队，培养具有国际视野和自主创新能力的企业家，弘扬“工匠精神”和“企业家精神”，形成数字化人才培育、集聚和发展高地。

（6）扩大创新人才发展空间，激励创新积极性。鼓励企业探索人才晋升“双通道机制”，面向技术型创新人才设立首席工程师、技术总监等专业岗位，匹配相应的薪酬制度，开辟技术型人才实现价值的新通道。对主动承接国家或省部级重大专项的企业实施分类激励，对做出重大科研创新的人才实施股权和分红激励，带动企业加大创新投入。

（四）内外互联网络——构建“东北+”智能制造、绿色制造转型升级资源互补机制

以数字东北为目标，与北京、广东、上海等产业数字化服务商对接，构建工业互联网产业生态资源共享池，匹配省际数字化、绿色化转型需求与供给，推动东北地区与数字化强省合作，增强东北地区数字经济发展的关联效应。

（1）工业互联网平台互通互联。推进跨区域、跨行业、跨领域的工业互联网平台建设，以北京、上海、广州、深圳等城市的信息化、工业互联网等优势，支撑东北地区装备制造重点企业数字化、绿色化转型，并对省外数字化、绿色化关联进行考核和奖励补贴，强化对东北地区数字化、绿色化资源的互补互联。

（2）产业体系互联。搭建聚合生产制造、支付交易、信用评价、金融服务和物流配送等全要素和全链条的产业体系互联互认平台网络，以跨地区产业上下游企业数字化，引领带动东北本地产业体系的数字化改革。在协同数字化升级过程中，争取通过税收优惠、简化审批程序等措施吸引国内外智能制造、绿色制造和数字经济相关的创新型企业、平台型企业落户东北，探索对外合作模式，积极融入国内和全球装备制造产业价值链。重点引进关键基础零部件及通用部件生产企业，引进一批高水平国家科研院所和企业技术中心，加快集聚发展要素，打造装备制造产业技术研发、生产的重点集聚区。

（3）跨边界创新生态互通互联。加强同广东、江苏等国内发达省份，以及日本、韩国、德国等装备制造产业发达国家的技术交流。联合东北地区中国科学院沈阳自动化研究所、大连理工大学、哈尔滨工业大学等东北地区重点高校与国内、国际相关高校和科研院所建立交流合作平台，通过组织调研、举办学术交流会、建立合作办学机制等形式，紧跟智能制造和绿色制造等相关产业的前沿发展方向，掌握前沿技术脉络。

（4）人才交流合作互通互联。围绕新一代信息技术、人工智能、智能制造、绿色制造、工业互联网、5G产业生态圈等新领域的新需求，搭建开放式跨区域人才交流与合作平台，聚集和利用全球化科技创新资源要素，培育本地化创新人才队伍。在稳定现有人才存量的基础上，完善人才开发和利用新机制，围绕重点领域，把整建制培育引进与柔性引进结合起来，吸引外地创新创业人才支持东北地区振兴发展，为新兴产业业态和新经济场景等提供人才储备和支撑，助推区域经济发展。

（5）投融资渠道互联。加强跨地区金融机构、产业引导基金、创业投资基金、产业投资基金等互联平台建设，全面拓展东北地区装备制造企业数字化的投融资渠道。同时，加强东北产业引导基金等融资供给与其他省份数字化、绿色化创新创业融资需求的匹配，促进数字化和绿色化创业项目在东北的本地化。

（6）政务云互联。加强东北地区政务云需求与其他省份服务商供给对接，推动东北地区数字政府大数据开发与利用，优化资源配置，提升政府数字化服务能力。

附录一　实证分析图表

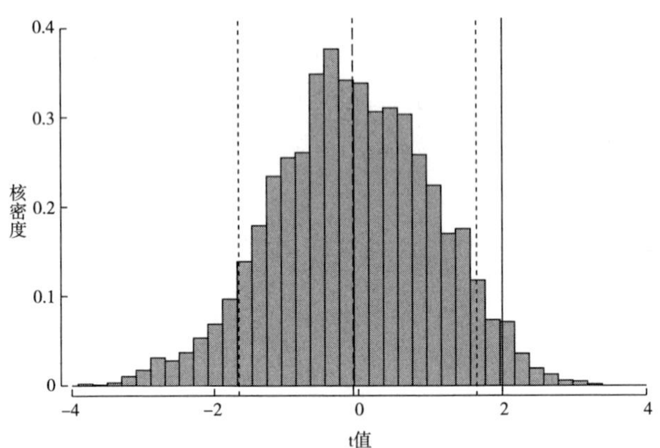

附图 1-1　5000 次随机分配处理组的 t 值分布

注：黑色实线代表基准回归的 t 值（2.011）。黑色长虚线代表 5000 次估计 t 值的均值。两条黑色短虚线分别处于横轴的−1.65 和 1.65 处。5000 次回归中 t 值大于基准回归 t 值的仅占 2.7%

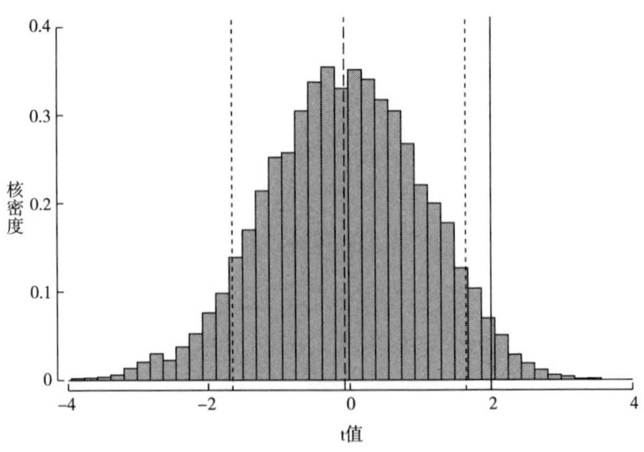

附图 1-2　10000 次随机分配处理组的 t 值分布

注：黑色实线代表基准回归的 t 值（2.011）。黑色虚线代表 10000 次估计 t 值的均值。两条黑色短虚线分别处于横轴的−1.65 和 1.65 处。10000 次回归中 t 值大于基准回归 t 值的仅占 2.58%

附表 1-1　信息技术创新网络识别的敏感性检验：其他回归方程（1）

变量	$LQ_{信息2}$				$LQ_{信息3}$			
	LP	LP	To	To	LP	LP	To	To
$Post_t \times Treat_i$	0.064** (0.031)	0.054* (0.032)	0.138*** (0.053)	0.124** (0.055)	0.067** (0.031)	0.058* (0.032)	0.143*** (0.053)	0.130** (0.055)
_cons	13.286*** (0.004)	12.395*** (0.280)	21.130*** (0.007)	19.420*** (0.570)	13.286*** (0.004)	12.397*** (0.280)	21.129*** (0.007)	19.422*** (0.570)
基础控制变量								
Age	N	Y	N	Y	N	Y	N	Y
TQ	N	Y	N	Y	N	Y	N	Y
*Top*1	N	Y	N	Y	N	Y	N	Y
城市控制变量								
Gov	N	Y	N	Y	N	Y	N	Y
Gpr	N	Y	N	Y	N	Y	N	Y
个体固定效应	Y	Y	Y	Y	Y	Y	Y	Y
时间固定效应	Y	Y	Y	Y	Y	Y	Y	Y
N	7579	6614	8108	7054	7579	6614	8108	7054
R^2	0.850	0.854	0.890	0.897	0.850	0.854	0.890	0.897

注：（1）括号内显示的是聚类在企业层面的稳健标准误。

（2）***、**、*分别表示在1%、5%、10%的水平上显著。

附表 1-2　信息技术创新网络识别的敏感性检验：其他回归方程（2）

变量	$LQ_{信息2}$					
	MrEst	MrEst	MrEst	Or	Or	Or
$Post_t \times Treat_i$	0.064** (0.031)	0.059* (0.031)	0.054* (0.032)	0.129** (0.052)	0.114** (0.051)	0.114** (0.053)
_cons	13.139*** (0.004)	12.327*** (0.262)	12.265*** (0.279)	21.133*** (0.007)	19.229*** (0.529)	19.353*** (0.564)
基础控制变量						
Age	N	Y	Y	N	Y	Y
TQ	N	Y	Y	N	Y	Y
*Top*1	N	Y	Y	N	Y	Y

续表

变量	$LQ_{信息2}$					
	MrEst	MrEst	MrEst	Or	Or	Or
城市控制变量						
Gov	N	N	Y	N	N	Y
Gpr	N	N	Y	N	N	Y
个体固定效应	Y	Y	Y	Y	Y	Y
时间固定效应	Y	Y	Y	Y	Y	Y
N	7579	7297	6614	8107	7788	7053
R^2	0. 847	0. 852	0. 852	0. 903	0. 911	0. 912

注：(1) 括号内显示的是聚类在企业层面的稳健标准误。

(2) ***、**、*分别表示在1%、5%、10%的水平上显著。

附表 1-3　信息技术创新网络识别的敏感性检验：其他回归方程（3）

变量	$LQ_{信息3}$					
	MrEst	MrEst	MrEst	Or	Or	Or
$Post_t \times Treat_i$	0. 067** (0. 031)	0. 062** (0. 031)	0. 058* (0. 032)	0. 135*** (0. 052)	0. 119** (0. 051)	0. 120** (0. 054)
_*cons*	13. 139*** (0. 004)	12. 327*** (0. 262)	12. 266*** (0. 279)	21. 133*** (0. 007)	19. 230*** (0. 529)	19. 355*** (0. 563)
基础控制变量						
Age	N	Y	Y	N	Y	Y
TQ	N	Y	Y	N	Y	Y
*Top*1	N	Y	Y	N	Y	Y
城市控制变量						
Gov	N	N	Y	N	N	Y
Gpr	N	N	Y	N	N	Y
个体固定效应	Y	Y	Y	Y	Y	Y
时间固定效应	Y	Y	Y	Y	Y	Y
N	7579	7297	6614	8107	7788	7053
R^2	0. 848	0. 852	0. 852	0. 903	0. 911	0. 912

注：(1) 括号内显示的是聚类在企业层面的稳健标准误。

(2) ***、**、*分别表示在1%、5%、10%的水平上显著。

附表 1-4　改变样本容量的回归结果：以 MrEst 和 Or 为被解释变量

变量	2010~2019 年		2011~2019 年		2012~2019 年	
	LP	To	MrEst	Or	MrEst	Or
	(1)	(2)	(3)	(4)	(5)	(6)
$Post_t \times Treat_i$	0.062** (0.031)	0.120** (0.052)	0.048* (0.029)	0.085* (0.045)	0.053* (0.030)	0.099** (0.048)
_cons	12.456*** (0.264)	19.288*** (0.534)	12.007*** (0.357)	18.611*** (0.684)	12.194*** (0.307)	19.048*** (0.612)
基础控制变量						
Age	Y	N	N	Y	Y	Y
TQ	Y	N	N	Y	Y	Y
*Top*1	Y	N	N	Y	Y	Y
城市控制变量						
Gov	N	N	N	N	N	Y
Gpr	N	N	N	N	N	Y
个体固定效应	Y	Y	Y	Y	Y	Y
时间固定效应	Y	Y	Y	Y	Y	Y
N	7297	7579	6254	6702	6828	7298
R^2	0.854	0.778	6254	6702	6828	7298

注：（1）括号内显示的是聚类在企业层面的稳健标准误。

（2）***、**、*分别表示在 1%、5%、10%的水平上显著。

附表 1-5　跨边界创新效应与劳动力数量

变量	LP	LP	LP	To	To	To
	(1)	(2)	(3)	(4)	(5)	(6)
$Post_t \times Treat_i$	-0.197*** (0.059)	-0.196*** (0.055)	-0.183*** (0.057)	0.009 (0.093)	-0.050 (0.080)	-0.038 (0.081)
$Post_t \times Treat_i \times Pop_{it}$	7.359** (3.445)	7.382** (3.036)	6.596** (3.266)	-0.969 (5.478)	0.879 (4.872)	0.006 (4.900)
$Treat_i \times Pop_{it}$	-34.772*** (2.590)	-33.643*** (2.586)	-33.672*** (2.658)	-27.061*** (5.039)	-33.262*** (3.506)	-33.581*** (3.566)
$Post_t \times Pop_{it}$	-20.570*** (2.731)	-21.397*** (2.073)	-21.361*** (2.343)	-7.833*** (3.023)	-7.073*** (2.737)	-6.816** (2.667)

续表

变量	LP	LP	LP	To	To	To
	(1)	(2)	(3)	(4)	(5)	(6)
_cons	13.604*** (0.023)	13.017*** (0.211)	13.004*** (0.221)	21.336*** (0.035)	19.655*** (0.492)	19.804*** (0.523)
基础控制变量						
Age	N	Y	Y	N	Y	Y
TQ	N	Y	Y	N	Y	Y
*Top*1	N	Y	Y	N	Y	Y
城市控制变量						
Gov	N	N	Y	N	N	Y
Gpr	N	N	Y	N	N	Y
个体固定效应	Y	Y	Y	Y	Y	Y
时间固定效应	Y	Y	Y	Y	Y	Y
N	7579	7297	6614	8098	7780	7046
R^2	0.885	0.889	0.889	0.913	0.920	0.921

注：(1) 括号内显示的是聚类在企业层面的稳健标准误。

(2) ***、** 分别表示在 1%、5%的水平上显著。

附表 1-6 跨边界创新效应与职工薪酬

变量	LP	LP	LP	To	To	To
	(1)	(2)	(3)	(4)	(5)	(6)
$Post_t \times Treat_i$	-0.049 (0.043)	-0.049 (0.044)	-0.053 (0.045)	0.177*** (0.052)	0.115** (0.053)	0.113** (0.056)
$Post_t \times Treat_i \times Wage_{it}$	6.321*** (1.469)	6.177*** (1.489)	6.129*** (1.522)	-1.650** (0.659)	0.924 (0.958)	0.907 (0.957)
$Treat_i \times Wage_{it}$	-5.307*** (1.424)	-5.228*** (1.417)	-5.190*** (1.410)	-0.450*** (0.030)	-3.551*** (1.043)	-3.522*** (1.041)
$Post_t \times Wage_{it}$	-4.579*** (1.085)	-4.424*** (1.097)	-4.432*** (1.151)	-1.561*** (0.356)	-1.443*** (0.346)	-1.450*** (0.348)
_cons	13.369*** (0.015)	12.636*** (0.251)	12.583*** (0.265)	21.166*** (0.008)	19.349*** (0.520)	19.478*** (0.554)
基础控制变量						
Age	N	Y	Y	N	Y	Y

续表

变量	LP	LP	LP	To	To	To
	(1)	(2)	(3)	(4)	(5)	(6)
TQ	N	Y	Y	N	Y	Y
*Top*1	N	Y	Y	N	Y	Y
城市控制变量						
Gov	N	N	Y	N	N	Y
Gpr	N	N	Y	N	N	Y
个体固定效应	Y	Y	Y	Y	Y	Y
时间固定效应	Y	Y	Y	Y	Y	Y
N	7515	7237	6557	8037	7723	6991
R^2	0.859	0.863	0.863	0.910	0.916	0.918

注：(1) 括号内显示的是聚类在企业层面的稳健标准误。

(2) *** 、** 分别表示在1%、5%的水平上显著。

附表 1-7　跨边界创新网络效应与研发投入增长率

变量	LP	LP	LP	To	To	To
	(1)	(2)	(3)	(4)	(5)	(6)
$Post_t \times Treat_i$	0.064** (0.029)	0.066** (0.029)	0.063** (0.030)	0.108** (0.050)	0.102** (0.047)	0.103** (0.049)
$Post_t \times Treat_i \times RDrate_{it}$	-0.000006 (0.000)	-0.020*** (0.007)	-0.016*** (0.005)	-0.0002*** (0.00003)	-0.049*** (0.018)	-0.041** (0.019)
$Treat_i \times RDrate_{it}$	0.00008*** (0.00002)	0.00007*** (0.00002)	0.00007*** (0.00002)	0.0002*** (0.00003)	0.0002*** (0.00003)	0.0002*** (0.00003)
$Post_t \times RDrate_{it}$	-.00008*** (0.000003)	0.020*** (0.007)	0.015*** (0.005)	-0.00006*** (0.000008)	0.048*** (0.018)	0.041** (0.019)
_cons	13.303*** (0.005)	12.253*** (0.289)	12.283*** (0.301)	21.189*** (0.008)	19.026*** (0.650)	19.234*** (0.671)
基础控制变量						
Age	N	Y	Y	N	Y	Y
TQ	N	Y	Y	N	Y	Y
*Top*1	N	Y	Y	N	Y	Y
城市控制变量						
Gov	N	N	Y	N	N	Y

续表

变量	LP	LP	LP	To	To	To
	(1)	(2)	(3)	(4)	(5)	(6)
Gpr	N	N	Y	N	N	Y
个体固定效应	Y	Y	Y	Y	Y	Y
时间固定效应	Y	Y	Y	Y	Y	Y
N	6356	6185	5597	6796	6605	5969
R^2	0.866	0.871	0.872	0.913	0.923	0.925

注：(1) 括号内显示的是聚类在企业层面的稳健标准误。
(2) ***、** 分别表示在 1%、5%的水平上显著。

附表 1-8　跨边界创新网络效应与研发人员比例

变量	LP	LP	LP	To	To	To
	(1)	(2)	(3)	(4)	(5)	(6)
$Post_t \times Treat_i$	0.102** (0.049)	0.115** (0.050)	0.112** (0.052)	0.053 (0.067)	0.057 (0.062)	0.046 (0.065)
$Post_t \times Treat_i \times RDstaff_{it}$	-0.362 (0.249)	-0.424* (0.252)	-0.370 (0.255)	-0.170 (0.322)	-0.218 (0.303)	-0.153 (0.313)
$Treat_i \times RDstaff_{it}$	1.127*** (0.231)	1.151*** (0.239)	1.140*** (0.239)	0.145 (0.300)	0.254 (0.307)	0.262 (0.320)
$Post_t \times RDstaff_{it}$	0.139 (0.182)	0.168 (0.178)	0.120 (0.182)	0.157 (0.252)	0.086 (0.223)	0.013 (0.231)
_cons	13.319*** (0.029)	12.507*** (0.513)	12.520*** (0.553)	21.244*** (0.041)	18.876*** (0.875)	18.947*** (0.955)
基础控制变量						
Age	N	Y	Y	N	Y	Y
TQ	N	Y	Y	N	Y	Y
*Top*1	N	Y	Y	N	Y	Y
城市控制变量						
Gov	N	N	Y	N	N	Y
Gpr	N	N	Y	N	N	Y
个体固定效应	Y	Y	Y	Y	Y	Y
时间固定效应	Y	Y	Y	Y	Y	Y
N	4356	4204	3761	4764	4587	4101

续表

变量	LP	LP	LP	To	To	To
	(1)	(2)	(3)	(4)	(5)	(6)
R^2	0.892	0.895	0.897	0.942	0.947	0.949

注：(1) 括号内显示的是聚类在企业层面的稳健标准误。

(2) ***、**、*分别表示在1%、5%、10%的水平上显著。

附表1-9 跨边界创新网络效应与发明专利

变量	LP	LP	LP	To	To	To
	(1)	(2)	(3)	(4)	(5)	(6)
$Post_t \times Treat_i$	0.033 (0.046)	0.020 (0.043)	0.029 (0.044)	0.115 (0.088)	0.083 (0.072)	0.117 (0.074)
$Post_t \times Treat_i \times Invention_{it}$	-0.0003 (0.000)	-0.0003* (0.0002)	-0.0003* (0.000)	-0.002*** (0.001)	-0.001*** (0.0005)	-0.001*** (0.0005)
$Treat_i \times Invention_{it}$	0.001*** (0.000)	0.001*** (0.0003)	0.001*** (0.000)	0.002*** (0.0005)	0.002*** (0.0005)	0.002*** (0.0004)
$Post_t \times Invention_{it}$	-0.00002 (0.000)	0.00001 (0.0001)	0.00004 (0.000)	0.001 (0.0004)	0.001 (0.0004)	0.001 (0.0004)
_cons	13.124*** (0.010)	12.328*** (0.382)	12.211*** (0.400)	20.683*** (0.024)	19.033*** (0.726)	19.193*** (0.752)
基础控制变量						
Age	N	Y	Y	N	Y	Y
TQ	N	Y	Y	N	Y	Y
*Top*1	N	Y	Y	N	Y	Y
城市控制变量						
Gov	N	N	Y	N	N	Y
Gpr	N	N	Y	N	N	Y
个体固定效应	Y	Y	Y	Y	Y	Y
时间固定效应	Y	Y	Y	Y	Y	Y
N	1747	1674	1480	1889	1805	1598
R^2	0.892	0.898	0.907	0.919	0.934	0.938

注：(1) 括号内显示的是聚类在企业层面的稳健标准误。

(2) ***、*分别表示在1%、10%的水平上显著。

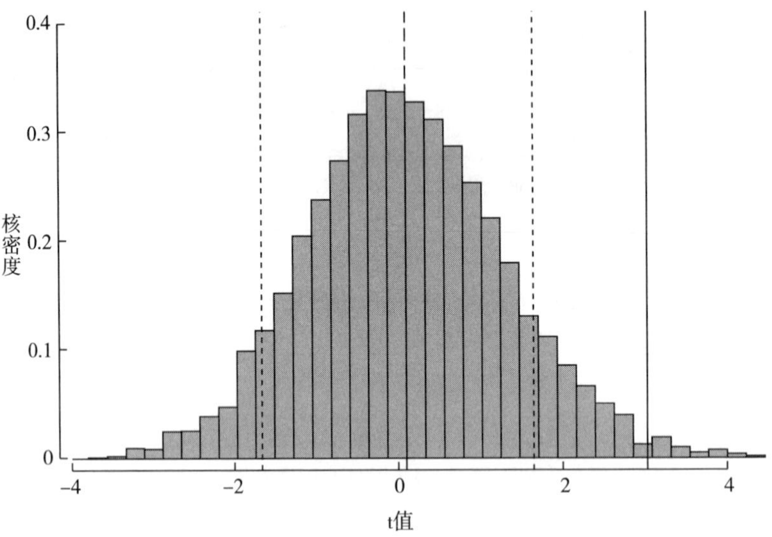

附图 1-3　5000 次随机分配处理组的 t 值分布

注：黑色实线代表基准回归的 t 值（3.022）。黑色长虚线代表 5000 次估计 t 值的均值。两条黑色短虚线分别处于横轴的-1.65 和 1.65 处。50000 次回归中 t 值大于基准回归 t 值的仅占 1.06%。

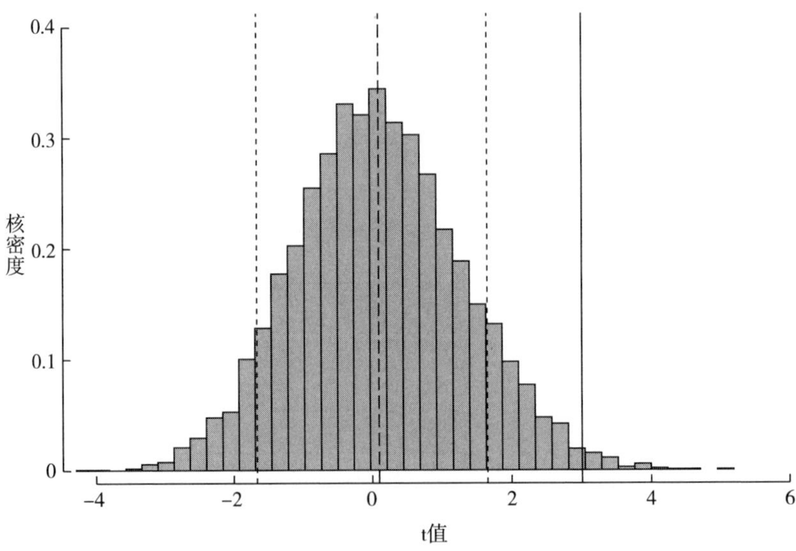

附图 1-4　10000 次随机分配处理组的 t 值分布

注：黑色实线代表基准回归的 t 值（3.022）。黑色长虚线代表 10000 次估计 t 值的均值。两条黑色短虚线分别处于横轴的-1.65 和 1.65 处。10000 次回归中 t 值大于基准回归 t 值的仅占 1.05%。

附录二　主要国家数字经济政策梳理

（一）数字经济与美国、德国制造业发展形态的演变

20 世纪 90 年代末，信息技术的创新发展成为数字经济的开端。以计算机、通信、信息系统、软件和电子商务为核心的信息技术的创新发展、应用与衍生，加速了互联网经济的发展，促进了传统产业以生产端为导向的商业模式向以需求端为中心的价值创造逻辑转换。21 世纪初，随着移动通信技术的快速更迭，互联网经济向移动互联网阶段深化。随后，云计算、物联网、大数据等新兴技术的突破，将各种形式的信息转变为可处理的数字信息，以电子商务平台和数字内容平台等为典型代表的交易型互联网平台开始向传统产业渗透，逐步重塑制造业发展的要素构成、生产体系和商业模式（赵剑波，2020），在全球范围内迎来了信息技术革新与实体经济融合的高潮。

2011 年 4 月，德国政府在汉诺威工业博览会上首次提出“工业 4.0”的概念。11 月，德国政府将“工业 4.0”纳入《高科技战略 2020》。2013 年 4 月，在德国政府财政支持下，德国信息技术、电信和新媒体协会（BITKOM）、德国机械社会制造业联合会（VDMA）、德国电气与电子工业协会（ZVEI）在汉诺威工业博览会正式启动“工业 4.0 平台”（杨帅，2015），后续吸纳了西门子、SAP、德国电信、费斯托等企业。9 月，德国发布《把握德国制造业的未来——实施“工业 4.0”战略的建议》。“工业 4.0”平台作为德国公共服务体系的重要组成部分，为德国各类企业数字化提供了全面的技术支持及相关服务。2016 年，德国发布《数字化战略 2025》，从国家战略层面明确德国制造业转型和构建数字社会的思路。2019 年，德国发布《国家工业战略 2030》，扶持人工智能、纳米和生物技术等重点工业领域，以保持德国工业在欧洲乃至全球的竞争力。在企业层面，西门子、博世、施耐德等全球龙头企业在园区网络、数字基础设施、工业互联网平台等领域发挥积极作用，形成相关技术标准，为

欧盟内部大量中小企业的数字化转型赋能赋智①。德国作为传统制造业强国，装备制造产业的全球竞争优势尤为突出，不仅拥有西门子等大型跨国公司，还有一批专精特新全球隐形冠军企业。但是，德国在互联网技术创新与应用方面落后于美国，在人工智能、数据分析和管理软件等关键领域依赖美国互联网巨头企业。因此，德国“工业 4.0”战略是在传统制造业中融入信息通信技术，实现智能制造、智慧服务的“制造业+互联网”发展模式，提升的是硬制造的软能力（杨帅，2015）。德国“工业 4.0”的战略核心是智能化、网络化，即通过建设全球性的物理信息系统（CPS），实现价值网络的横向集成；通过建设贯穿整个价值链的端到端工程数字化集成，实现纵向集成和网络化制造系统（李金华，2015）。

与德国的智能制造领先优势不同，美国通过全球互联网优势加速产业数字化转型。2012 年，美国发布《先进制造业国家战略计划》，将制造业数字化、网络化和智能化转型作为战略方向。2013 年，启动美国制造项目（原名为国家制造业创新网络计划，后于 2016 年更名），作为政府推动数字化、网络化、智能化发展的核心政策抓手，通过汇聚学术界、产业界和非营利机构等组织，加速创新集群化发展。2016 年，美国先后发布《先进制造业领导力战略》、《国家人工智能战略》和《关键和新兴技术国家战略》，将强大的基础科技、信息技术体系与制造业结合，构筑高端竞争优势。2021 年，美国通过《国家创新竞争法案》，将包括物联网、5G 在内的众多领域纳入联邦政府资助范围。截至 2021 年，美国已建成 16 家制造业创新中心，其中国防部门牵头建成 9 家，能源部门牵头建成 6 家，商务部门牵头建成 1 家，涵盖数字制造、新材料、制造业网络安全、机器人等关键领域。② 在产业层面，美国跨国公司巨头也在引领和推动美国整体工业体系的数字化、智能化发展。2012 年，通用电气（GE）发布《工业互联网：突破智慧与机器的界限》，首次提出“工业互联网”的概念，旨在通过先进的传感网络、大数据分析和软件的智能交互，建立智能工业网络。2014 年，通用电气、思科、IBM 和英特尔等 5 家企业联合宣布成立工业互联网联盟，旨在突破产业和区域壁垒，建立一个物理世界与数字世界融合的全球开放性会员组织（杨帅，2015）。2021 年，美国工业互联网联盟正式更名为产业物联网联盟（IIC），在保留原组织架构和会员的基础上，更关注相关技术在制造、能源、公用事业、医疗等垂直领域的应用和普及。以德国为代表的智能制造与智能服务融合的商业模式和以美

---

①② 《主要国家和地区推动制造业数字化转型的政策研究报告》［EB/OL］.（2022-05-25）. http://www.caict.ac.cn/kxyj/qwfb/ztbg/202205/t20220525_401734.htm.

国为代表的工业互联网发展模式（朱国军等，2020），体现了全球范围内信息技术革新与实体经济融合的战略布局和重点的差异。美国制造业发展外端较多，但在信息通信、新能源、新材料等领域拥有全球领先的创新实力和比较优势。因此，美国的工业互联网模式是借助互联网领先优势向传统产业渗透的“互联网+制造业”发展模式，强调“软”实力的渗透带动作用，激活传统产业，重塑竞争优势（杨帅，2015）。

新一轮信息技术革新正在不断向社会经济系统渗透，或激活某一个关键的系统性节点，可能会产生不可预见的涟漪效应，乃至系统性的、颠覆性的影响。全球范围内不同国家、地区在差异化的要素禀赋与优势结构下，积极采取国家战略，进行企业、产业乃至社会经济层面的变革，围绕数字经济的发展与合作逐渐形成战略共识。2016 年，二十国集团在《G20 数字经济发展与合作倡议》中提出数字经济发展与合作的一些共识、原则和关键领域，将数字经济定义为使用数字化的知识和信息为关键生产要素，以现代信息网络为重要载体，以信息通信技术的有效使用为效率提升和经济结构优化的重要推动力的一系列经济活动。① 数字经济以高速增长、快速创新的方式广泛渗透至经济社会诸多领域，为企业数字化发展创造了契机、提出了要求，促使企业开展数字化战略，培育数字技术和数字能力，构建泛在感知、敏捷响应、动态迭代的商业模式（Kretschmer and Claussen，2016），促进社会经济包容性增长和动态发展。

（二）数字经济与中国制造业发展形态的演变

新一轮科技革命和产业变革与我国加快转变经济发展方式的背景形成了历史性交汇，国际产业分工格局开始重塑。中国政府围绕制造业发展进行了一系列战略部署。无论是德国强化装备制造优势的工业 4.0 战略，还是美国基于互联网优势的“工业互联网”模式，都比其他国家具有优势。中国制造业的数字化战略开始于具备完善的产业基础但仍存在较大差距的机器人产业。2013 年 12 月，工业和信息化部发布的《关于推进工业机器人产业发展的指导意见》指出，“开发满足用户需求的工业机器人系统集成技术、主机设计技术及关键零部件制造技术，突破一批核心技术和关键零部件，提升量大面广主流产品的可靠性和稳定性指标，在重要工业制造领域推进工业机器人的规模化示范应用。”② 机器人产业

① 二十国集团数字经济发展与合作倡议［EB/OL］.（2016-09-20）. http：//www. g20chn. org/hywj/dncgwj/201609/t20160920_ 3474. html.

② 《关于推进工业机器人产业发展的指导意见》［EB/OL］.（2013-12-22）. https：//www. pkulaw. com/chl/7c71eb3389498465bdfb. html？ keyword＝%E6%9C%BA%E5%99%A8%E4%BA%BA%20.

隶属于装备制造产业中的通用设备制造业，是先进制造业发展的关键支撑装备产业，是中国政府打造制造业新优势，加速推动自动化、柔性化、智能化转型升级的重要抓手，被列为重点培育和发展的产业。但是，仅仅发展机器人产业不足以支撑传统产业体系的数字化变革。2016 年是中国制造业数字化、网络化、智能化全面开展的一年。中国政府围绕机器人、智能制造、新一代人工智能分别出台了《机器人产业发展规划（2016—2020 年）》、《智能制造发展规划（2016—2020 年）》和《“互联网+”人工智能三年行动实施方案》等政策文件。《智能制造发展规划（2016—2020 年）》明确指出，智能制造是新一代信息通信技术与先进制造技术贯穿制造业设计、生产、管理、服务等全过程的深度融合。其中，智能制造装备、关键共性技术创新、智能制造标准体系、工业互联网基础智能制造生态体系和区域智能制造协同发展等被作为重点发展任务。《“互联网+”人工智能三年行动实施方案》明确指出，要推动互联网技术及智能感知、模式识别、智能分析、智能控制等智能技术在机器人领域的深入应用，提升机器人产品在传感、交互、控制、协作、决策等方面的性能和智能化水平。机器人产业、人工智能、智能制造关乎中国制造业的发展与升级。2017 年，国务院发布《国务院关于深化“互联网+先进制造业”发展工业互联网的指导意见》①。工业互联网作为新一代信息通信技术与制造业深度融合的重要一环，成为中国制造业发展和升级的又一条主线。

从培育和发展机器人产业、战略布局智能制造发展、推动“互联网+”人工智能快速发展，到深化“互联网+先进制造业”的工业互联网发展等一系列政策部署，新一代信息通信技术与工业体系的渗透融合，为中国产业体系变革和经济社会发展积蓄了巨大的能量，逐步打通了系统中的关键节点，引发了连锁效应，推动了经济社会各个领域从数字化、网络化向智能化的加速跃升。2021 年 3 月，《中华人民共和国国民经济和社会发展第十四个五年规划和 2035 年远景目标纲要》明确指出，将云计算、大数据、物联网、工业互联网、区块链、人工智能、虚拟现实和增强现实作为数字经济重点产业，加强关键数字技术创新应用，加快推动数字产业化，推进产业数字化转型，打造数字经济新优势。2021 年 5 月，国家统计局发布《数字经济及其核心产业统计分类（2021）》，文件指出数字经济产业范围包括 01 数字产品制造业、02 数字产品服务业、03 数字技术应用业、04 数字要素驱动业、05 数字化效率提升业。其中，01～04 大类为数字产业化部

① 《国务院关于深化“互联网+先进制造业”发展工业互联网的指导意见》［EB/OL］.（2017-11-27）. http：//www. gov. cn/zhengce/zhengceku/2017-11/27/content_5242582. htm.

分，为数字经济核心产业，包括计算机通信和其他电子设备制造业、电信广播电视和卫星传输服务、互联网和相关服务、软件和信息技术服务业等，是数字经济发展的基础；第 05 类为产业数字化部分，指应用数字技术和数据资源为传统产业带来的产出增加和效率提升，是数字技术与实体经济的融合。[①] 2021 年 12 月，国务院印发的《“十四五”数字经济发展规划》指出，数字经济是继农业经济、工业经济之后的主要经济形态，是以数据资源为关键要素，以现代信息网络为主要载体，以信息通信技术融合应用、全要素数字化转型为重要推动力，促进公平与效率更加统一的新经济形态。[②] 新一轮信息技术革新不断向中国社会经济体系渗透，逐步激活经济社会系统中的关键性节点，产生不可预见的涟漪效应，乃至系统性的、变革性的影响。从中国智能制造到数字经济的发展与建设，相关政策的演进大体如下。

2016 年，工业和信息化部、国家发展和改革委员会、财政部印发《机器人产业发展规划（2016—2020 年）》。2021 年 12 月，十五部门印发《“十四五”机器人产业发展规划》。指出，开展“机器人+”应用行动，在已经形成较大规模应用的汽车、电子、机械、轻工、建材等领域，着力开发和推广机器人新产品，开拓高端应用市场；在航空、航天、船舶、铁路、矿山、石油、化工等初步应用和潜在需求领域，开发机器人产品和解决方案，开展试点示范，拓展应用空间。[③] 截至 2024 年 1 月 31 日，在北大法宝数据库搜索标题包含“机器人”的中央部门规范性文件（8 份）和工作文件（35 份）共 43 份，附表 2-1 展示了“机器人”产业相关的部分文件。

附表 2-1　机器人产业相关政策文件（部分文件）

印发时间	发布单位	机器人产业相关文件名称
2013 年 12 月	工业和信息化部	《关于推进工业机器人产业发展的指导意见》
2016 年 3 月	工业和信息化部、国家发展和改革委员会、财政部	《机器人产业发展规划（2016—2020 年）》

① 国家统计局令《数字经济及其核心产业统计分类（2021）》[EB/OL].（2021-05-27）. http://www.gov.cn/gongbao/content/2021/content_5625996.htm.

② 《“十四五”数字经济发展规划》[EB/OL].（2021-12-12）. http://www.gov.cn/zhengce/content/2022-01/12/content_5667817.htm.

③ 《“十四五”机器人产业发展规划》[EB/OL].（2021-12-21）. http://www.gov.cn/zhengce/zhengceku/2021-12/28/content_5664988.htm.

续表

印发时间	发布单位	机器人产业相关文件名称
2017 年 5 月	国家标准化管理委员会、国家发展和改革委员会、科学技术部、工业和信息化部	《国家机器人标准体系建设指南》
2021 年 12 月	十五部门	《“十四五”机器人产业发展规划》

注：(1) 十五部门为工业和信息化部、国家发展和改革委员会、科学技术部、公安部、民政部、住房和城乡建设部、农业农村部、国家卫生健康委员会、应急管理部、中国人民银行、国家市场监督管理总局、中国银行保险监督管理委员会（现为国家金融管理总局）、中国证券监督管理委员会、国家国防科技工业局、国家矿山安全监察局。

(2) 鉴于相关政策文件较多，表格仅展示紧密相关的主要文件。

资料来源：依据中国政府网国务院政策文件库和北大法宝检索的政策文件整理得到。

2016 年，工业和信息化部、财政部发布《智能制造发展规划（2016—2020 年）》。2018 年和 2021 年，工业和信息化部、国家标准化管理委员会先后印发《国家智能制造标准体系建设指南（2018 年版）》和《国家智能制造标准体系建设指南（2021 年版）》。2021 年 12 月，八部门印发的《“十四五”智能制造发展规划》指出，以新一代信息技术与先进制造技术深度融合为主线，深入实施智能制造工程，着力提升创新能力、供给能力、支撑能力和应用水平，加快构建智能制造发展生态，持续推进制造业数字化转型、网络化协同、智能化变革，为促进制造业高质量发展、加快制造强国建设、发展数字经济、构筑国际竞争新优势提供有力支撑。截至 2024 年 1 月 31 日，在北大法宝数据库搜索标题包含“智能制造”的中央部门规范性文件（3 份）和工作文件（48 份）共 51 份，涵盖标准体系、发展规划等方面，选择部分重要文件整理如附表 2-2 所示。

附表 2-2　智能制造相关政策文件

印发时间	发布单位	文件名称
2015 年 12 月	工业和信息化部、国家标准化管理委员会	《国家智能制造标准体系建设指南（2015 年版）》
2016 年 9 月	工业和信息化部、财政部	《智能制造发展规划（2016—2020 年）》
2018 年 3 月	工业和信息化部	《智能制造综合标准化与新模式应用项目管理工作细则》
2018 年 8 月	工业和信息化部、国家标准化管理委员会	《国家智能制造标准体系建设指南（2018 年版）》
2020 年 9 月	工业和信息化部	《建材工业智能制造数字转型行动计划（2021—2023 年）》

续表

印发时间	发布单位	文件名称
2021 年 11 月	工业和信息化部、国家标准化管理委员会	《国家智能制造标准体系建设指南（2021 年版）》
2021 年 12 月	八部门	《“十四五”智能制造发展规划》

注：（1）八部门为工业和信息化部、国家发展和改革委员会、教育部、科学技术部、财政部、人力资源和社会保障部、国家市场监督管理总局、国务院国有资产监督管理委员会。

（2）鉴于相关主题政策文件较多，表格仅展示主题紧密相关的主要文件。

资料来源：依据中国政府网国务院政策文件库和北大法宝检索的政策文件整理得到。

2016 年 5 月，国家发展和改革委员会等四部门印发《“互联网+”人工智能三年行动实施方案》。2017 年 7 月，国务院印发的《新一代人工智能发展规划》指出，“深入实施创新驱动发展战略，以加快人工智能与经济、社会、国防深度融合为主线，以提升新一代人工智能科技创新能力为主攻方向，发展智能经济，建设智能社会，维护国家安全，构筑知识群、技术群、产业群互动融合和人才、制度、文化相互支撑的生态系统”。[①] 人工智能成为推动制造业智能化发展的核心动力。2016 年至今，人工智能领域的行政法规文件 1 份、部门规章文件 65 份，附表 2-3 展示了部分重要文件。

附表 2-3　人工智能相关政策文件

印发时间	发布单位	“人工智能”相关文件名称
2016 年 5 月	国家发展和改革委员会、科学技术部、工业和信息化部、中央网络安全和信息化委员会办公室	《“互联网+”人工智能三年行动实施方案》
2017 年 7 月	国务院	《新一代人工智能发展规划》
2017 年 12 月	工业和信息化部	《促进新一代人工智能产业发展三年行动计划（2018—2020 年）》
2019 年 8 月	科学技术部	《国家新一代人工智能开放创新平台建设工作指引》
2020 年 7 月	五部门	《国家新一代人工智能标准体系建设指南》

注：（1）五部门为工业和信息化部、国家发展和改革委员会、国家标准化管理委员会、科学技术部、中央网络安全和信息化委员会办公室。

（2）鉴于相关政策文件较多，表格仅展示紧密相关的主要文件。

资料来源：依据中国政府网国务院政策文件库和北大法宝检索的政策文件整理得到。

① 国务院关于印发《新一代人工智能发展规划》的通知［EB/OL］.（2017-07-08）. http：//www.gov.cn/zhengce/content/2017-07/20/content_5211996.htm.

2017 年 10 月，党的十九大报告指出，加快建设制造强国，加快发展先进制造业，推动互联网、大数据、人工智能与实体经济深度融合发展。围绕工业互联网建设和发展，2017 年 11 月，国务院印发《国务院关于深化“互联网+先进制造业”发展工业互联网的指导意见》，指出“深入实施创新驱动发展战略，构建网络、平台、安全三大功能体系，增强工业互联网产业供给能力。促进行业应用，强化安全保障，完善标准体系，培育龙头企业，加快人才培养，持续提升我国工业互联网发展水平。努力打造国际领先的工业互联网，促进大众创业万众创新和大中小企业融通发展，深入推进‘互联网+’，形成实体经济与网络相互促进、同步提升的良好格局，有力推动现代化经济体系建设”。2018 年 5 月，工业和信息化部印发《工业互联网发展行动计划（2018—2020 年）》，指出“以全面支撑制造强国和网络强国建设为目标，着力建设先进网络基础设施，打造标识解析体系，发展工业互联网平台体系，同步提升安全保障能力，突破核心技术，促进行业应用，初步形成有力支撑先进制造业发展的工业互联网体系，筑牢实体经济和数字经济发展基础”。① 2020 年 12 月，工业和信息化部印发《工业互联网标识管理办法》。2020 年 12 月，工业和信息化部印发《工业互联网创新发展行动计划（2021—2023 年）》，指出“以支撑制造强国和网络强国建设为目标，顺应新一轮科技革命和产业变革大势，统筹工业互联网发展和安全，提升新型基础设施支撑服务能力，拓展融合创新应用，深化商用密码应用，增强安全保障能力，壮大技术产业创新生态，实现工业互联网整体发展阶段性跃升，推动经济社会数字化转型和高质量发展”。② 2019 年、2021 年，工业和信息化部、国家标准化管理委员会先后印发《工业互联网综合标准化体系建设指南》《工业互联网综合标准化体系建设指南（2021 版）》，切实发挥好标准对推动工业互联网高质量发展的支撑和引领作用。③ 2021 年 3 月发布的《中华人民共和国国民经济和社会发展第十四个五年规划和 2035 年远景目标纲要》明确指出，将工业互联网作为数字经济重点产业，培育形成具有国际影响力的工业互联网平台。④ 截至 2024 年 1 月 31 日，在北大法宝数据库搜索标题包含“工业互联网”的国务院规范性文件（1

① 《工业互联网发展行动计划（2018—2020 年）》［EB/OL］.（2018-05-31）. https://baijiahao.baidu.com/s?id=1602663558507687666&wfr=spider&for=pc.

② 《工业互联网创新发展行动计划（2021-2023 年）》［EB/OL］.（2020-12-22）. http://www.gov.cn/zhengce/zhengceku/2021-01/13/content_5579519.htm.

③ 《工业互联网综合标准化体系建设指南（2021 版）》［EB/OL］.（2021-12-24）. http://www.gov.cn/zhengce/zhengceku/2021-12/25/content_5664533.htm.

④ 《中华人民共和国国民经济和社会发展第十四个五年规划和 2035 年远景目标纲要》［EB/OL］.（2022-03-13）. http://www.gov.cn/xinwen/2021-03/13/content_5592681.htm.

份）、中央部门规范性文件（7 份）和工作文件（53 份）共 61 份，涵盖培育方案、创新发展和标准化体系建设等诸多方面，整理部分重要文件如附表 2-4 所示。

附表 2-4　工业互联网相关政策文件

印发时间	发布单位	文件名称
2017 年 11 月	国务院	《国务院关于深化“互联网+先进制造业”发展工业互联网的指导意见》
2018 年 4 月	工业和信息化部	《工业互联网 APP 培育工程实施方案（2018—2020 年）》
2018 年 5 月	工业和信息化部	《工业互联网发展行动计划（2018—2020 年）》《工业互联网专项工作组 2018 年工作计划》
2018 年 7 月	工业和信息化部	《工业互联网平台建设及推广指南》《工业互联网平台评价方法》
2018 年 12 月	工业和信息化部	《工业互联网网络建设及推广指南》
2019 年 1 月	工业和信息化部、国家标准化管理委员会	《工业互联网综合标准化体系建设指南》
2016 年 2 月	国家发展和改革委员会、国家能源局、工业和信息化部	《关于推进“互联网+”智慧能源发展的指导意见》
2019 年 12 月	十部门	《加强工业互联网安全工作的指导意见》
2020 年 12 月	工业和信息化部	《工业互联网创新发展行动计划（2021—2023 年）》
2020 年 12 月	工业和信息化部	《工业互联网标识管理办法》
2021 年 11 月	工业和信息化部、国家标准化管理委员会	《工业互联网综合标准化体系建设指南（2021 版）》

注：（1）十部门为工业和信息化部、教育部、人力资源和社会保障部、生态环境部、国家卫生健康委员会、应急管理部、国家市场监督管理总局、国务院国有资产监督管理委员会、国家能源局、国家国防科技工业局。

（2）鉴于相关政策文件较多，表格仅展示紧密相关的主要文件。

资料来源：依据中国政府网国务院政策文件库和北大法宝检索的政策文件整理得到。

随着新一代信息通信技术对经济社会各个层面的进一步渗透，2018 年 9 月，国家发展和改革委员会等 19 个部门联合印发《关于发展数字经济稳定并扩大就业的指导意见》，指出“要深入贯彻落实党中央、国务院的决策部署，抢抓发展机遇，大力发展数字经济稳定并扩大就业，促进经济转型升级和就业提质扩面互促共进”。[①] 2021 年 12 月，国务院印发《“十四五”数字经济发展规划》，将数字经济界定为继农业经济、工业经济之后的主要经济形态，指出“统筹发展和安全、统筹国内和国际，以数据为关键要素，以数字技术与实体经济深度融合为主线，加强数字基础设施建设，完善数字经济治理体系，协同推进数字产业化和产业数字化，赋能传统产业转型升级，培育新产业新业态新模式，不断做强做优做大我国数字经济，为构建数字中国提供有力支撑”。[②] 截至 2024 年 1 月 31 日，在北大法宝数据库搜索标题包含“数字经济”的国务院规范性文件（3 份）、中央部门规章（1 份）、规范性文件（2 份）和工作文件（5 份）共 11 份，整理部分重要文件，如附表 2-5 所示。

附表 2-5 数字经济政策文件

印发时间	发布单位	文件名称
2018 年 9 月	十九部门	《关于发展数字经济稳定并扩大就业的指导意见》
2021 年 5 月	国家统计局	《数字经济及其核心产业统计分类（2021）》
2021 年 12 月	国务院	《“十四五”数字经济发展规划》

注：十九部门为国家发展和改革委员会、教育部、科学技术部、工业和信息化部、公安部、财政部、人力资源和社会保障部、自然资源部、农业农村部、商务部、中国人民银行、国家税务总局、国家市场监督管理总局、国家统计局、中国银行保险监督管理委员会（现为国家金融管理总局）、中国证券监督管理委员会、国家知识产权局、中华全国总工会、中华全国工商业联合会。

资料来源：依据中国政府网国务院政策文件库和北大法宝检索的政策文件整理得到。

① 《关于发展数字经济稳定并扩大就业的指导意见》［EB/OL］.（2018-12-28）.http：//www.gov.cn/zhengce/zhengceku/2018-12/31/content_5435095.htm.

② 《“十四五”数字经济发展规划》［EB/OL］.（2022-01-12）.http：//www.gov.cn/zhengce/zhengceku/2022-01/12/content_5667817.htm.

参考文献

[1] Acemoglu D, Restrepo P. Robots and Jobs: Evidence from US Labor Markets [J]. Journal of Political Economy, 2020, 128 (6): 2188-2244.

[2] Acemoglu D, Restrepo P. The Race between Man and Machine: Implications of Technology for Growth, Factor Shares, and Employment [J]. American Economic Review, 2018, 108 (6): 1488-1542.

[3] Acs Z J, Autio E, Szerb L. National Systems of Entrepreneurship Measurement Issues and Policy Implications [J]. Research Policy, 2014, 43 (1): 473-494.

[4] Acs Z J, Braunerhjelm P, Audretsch D B, et al. The Knowledge Spillover Theory of Entrepreneurship [J]. Small Business Economics, 2009, 32 (1): 15-30.

[5] Adner R. Ecosystem as Structure: An Actionable Construct for Strategy [J]. Journal of Management, 2017, 43 (1): 39-58.

[6] Agrawal A K, Kapur D, McHale J, et al. Brain Drain or Brain Bank? The Impact of Skilled Emigration on Poor-Country Innovation [J]. Journal of Urban Economics, 2011, 69 (1): 43-55.

[7] Albino V, Garavelli A, Schiuma G. Knowledge Transfer and Inter-Firm Relationships in Industrial Districts: The Role of the Leader Firm [J]. Technovation, 1998, 19 (1): 53-63.

[8] Arnold J, Javorcik B. Gifted Kids or Pushy Parents? Foreign Direct Investment and Plant Productivity in Indonesia [J]. Journal of International Economics, 2009, 79 (1): 42-53.

[9] Arranz N, Fernandez de Arroyabe J C. Effect of Formal Contracts, Relational Norms and Trust on Performance of Joint Research and Development Projects [J]. British Journal of Management, 2012, 23 (4): 575-588.

[10] Bai C E, Li D D, Tao Z G, et al. A Multi-Task Theory of the State Enter-

prise Reform [J]. Journal of Comparative Economics, 2000, 28 (4): 716-738.

[11] Bartnik R, Park Y W. Technological Change, Information Processing and Supply Chain Integration: A Conceptual Model [J]. Benchmarking, 2018, 25 (6): 1279-1301.

[12] Belotti F, Ilardi G. Consistent Inference in Fixed-Effects Stochastic Frontier Models [J]. Journal of Econometrics, 2018, 202 (2): 161-177.

[13] Bergman E, Maier G, Vyborny M. Venturing Jointly: Vienna's Innovation Economy [J]. Transition Studies Review, 2006, 13 (2): 395-413.

[14] Boehme T, Aitken J, Turner N, et al. Covid-19 Response of an Additive Manufacturing Cluster in Australia [J]. Supply Chain Management, 2021, 26 (6): 767-784.

[15] Bougrain F, Haudeville B. Innovation, Collaboration and SMEs Internal Research Capacities [J]. Research Policy, 2002, 31 (5): 735-747.

[16] Chaoji P, Martinsuo M. Creation Processes for Radical Manufacturing Technology Innovations [J]. Journal of Manufacturing Technology Management, 2019, 30 (7):1005-1033.

[17] Chen Z, Lee S H, Xu W. R&D Performance in High-Tech Firms in China [J]. Asian Economic Papers, 2017, 16 (3): 193-208.

[18] Cho Y, Hwang J, Lee D. Identification of Effective Opinon Leaders in the Diffusion of Technological Innovation: A Social Network Approach [J]. Technological Forecasting & Social Change, 2012, 79 (1): 97-106.

[19] Coad A, Rao R. Innovation and Firm Growth in High-Tech Sectors: A Quantile Regression Approach [J]. Research Policy, 2008, 37 (4): 633-648.

[20] Cohen W, Levinthal D. Innovation and Learning: The Two Faces of R&D [J]. The Economic Journal, 1989, 99 (397): 569-596.

[21] Corallo A, Taifi N, Passiante Giuseppina. Strategic and Managerial Ties for the New Product Development [J]. The Open Knowlege Society, 2008, 19 (10): 398-405.

[22] Dallas M. Manufacturing Paradoxes: Foreign Ownership, Governance, and Value Chains in China's Light Industries [J]. World Development, 2014, 57 (C): 47-62.

[23] Dantsa E, Bell M. The Co-evolution of Firm-Centered Knowledge Networks

and Capabilities in Late Industrializing Countries: The Case of Petrobras in the Offshore Oil Innovation System in Brazil [J]. World Development, 2011, 39 (9): 1570-1591.

[24] Dixon J, Hong B, Wu L. The Employment Consequences of Robots: Firm-Level Evidence [J]. SSRN Electronic Journal, 2019. DOI: 10.2139/ssrn.3422581.

[25] Fujii H, Managi S. Productive Inefficiency Analysis and Toxic Chemical Substances in US and Japanese Manufacturing Sectors [J]. Asian Business & Management, 2012, 11 (3): 291-310.

[26] Gancarczyk M, Gancarczyk J. SME Supplier Upgrading during the Cooperation Life Cycle -Evidence from Central and Eastern Europe [J]. Journal for East European Management Studies, 2016, 21 (3): 318-351.

[27] Gereffi G, Korzeniewicz M. Commodity Chains and Global Capitalism [M]. CA: Praeger, 1994.

[28] Gereffi G, Lee J. Economic and Social Upgrading in Global Value Chains and Industrial Clusters: Why Governance Matters [J]. Journal of Business Ethics, 2016, 133 (1): 25-38.

[29] Gereffi G. Beyond the Producer-Driven/Buyer-Driven Dichotomy: The Evolution of Global Value Chains in the Internet Era [J]. 2001, 32 (3): 30-40. DOI: 10.1111/j.1759-5436.2001.mp32003004.x.

[30] Gereffi G. International Trade and Industrial Up-grading in the apparel commodity chain [J]. Journal of International Economics, 1999, 48 (1): 37-70.

[31] Görg H, Greenaway D. Much Ado about Nothing? Do Domestic Firms Really Benefit from Foreign Direct Investment [J]. World Bank Research Observer, 2004, 19 (2): 171-197.

[32] Gardet E, Mothe C. SME Dependence and Coordination in Innovation Networks [J]. Journal of Small Business and Enterprise Development, 2012, 19 (2): 263-280.

[33] Giuliani E, Pietrobelli C, Rabellotti R. Upgrading in Global Value Chains: Lessons from Latin American Clusters [J]. World Development, 2005, 33 (4): 549-573.

[34] Gong B. Agricultural Productivity Convergence in China [J]. China Economic Review, 2020, 60 (3): 101423.

[35] Graetz G, Michaels G. Robots at Work [J]. The Review of Economics and

Statistics, 2018, 100 (5): 753-768.

[36] Granovetter M. Economic Action and Social Structure: The Problem of Embeddedness [J]. American Journal of Sociology, 1985, 91 (3): 481-510.

[37] Häussler C, Patzelt H, Zahra S. Strategic Alliances and Product Development in High Technology New Firms: The Moderating Effect of Technological Capabilities [J]. Journal of Business Venturing, 2012, 27 (2): 217-233.

[38] Halinen A, Törnroos J Å. The Role of Embeddedness in the Evolution of Business Networks [J]. Scandinavian Journal of Management, 1998, 14 (3): 187-205.

[39] Holmstrom J, Partanen J. Digital Manufacturing-Driven Transformations of Service Supply Chains for Complex Products [J]. Supply Chain Management, 2014, 19 (4): 421-430.

[40] Hu X T, Ruan J Q, Zhang X B. Crisis-Induced Innovation: Quality Upgrading in Chinese Industrial Clusters [J]. The Journal of Law, Economics, and Organization, 2021, 37 (3): 571-606.

[41] Huizingh E K R E. Moving the Innovation Horizon in Asia [J]. Technovation, 2017, 60-61: 43-44.

[42] Humphrey J, Schmitz H. Governance and Upgrading: Linking Industrial Cluster and Global Value Chain Research [J]. IDS, 2000.

[43] Imai K, Baba Y. Systemic Innovation and Cross-Border Networks: Transcending Markets and Hierarchies to Create a New Techno-Economic System [M]// Technology and Productivity: The Challenge for Economic Policy. Paris: OECD Publishing, 1991: 389-405.

[44] Kaplinsky R. Spreading the Gains from Globalization: What Can Be Learned from Value-Chain Analysis? [J]. Problems of Economic Transition, 2004, 47 (2): 74-115.

[45] Kretschmer T, Claussen J. Generational Transitions in Platform Markets—The Role of Backward Compatibility [J]. Strategy Science, 2016, 1 (2): 90-104.

[46] Krugman P. Increasing Returns and Economic Geography [J]. Journal of Political Economy, 1991, 99 (3): 483-499.

[47] Lam L, Branstetter L, Azevedo I. China's Wind Industry: Leading in Deployment, Lagging in Innovation [J]. Energy Policy, 2017, 106 (C): 588-599.

[48] Landesmann M, Stollinger R. Structural Change, Trade and Global Produc-

tion Networks: An "Appropriate Industrial Policy" for Peripheral and Catching-up Economies [J]. Structural Change and Economic Dynamics, 2019, 48 (5): 7-23.

[49] Lee K, Malerba F. Catch-up Cycles and Changes in Industrial Leadership: Windows of Opportunity and Responses of Firms and Countries in the Evolution of Sectoral Systems [J]. Research Policy: A Journal Devoted to Research Policy, Research Management and Planning, 2017, 46 (2): 338-351.

[50] Li J T, Chen L, Yi J T, et al. Ecosystem-Specific Advantages in International Digital Commerce [J]. Journal of International Business Studies, 2019, 50 (9): 1448-1463.

[51] Lo S. Effects of Supply Chain Position on the Motivation and Practices of Firms Going Green [J]. International Journal of Operations and Production Management, 2014, 34 (1): 93-114.

[52] Lu R, Ruan M, Reve T. Cluster and Co-Located Cluster Effects: An Empirical Study of Six Chinese City Regions [J]. Research Policy, 2016, 45 (10): 1984-1995.

[53] Malanowski N, Tübke A, Dosso M, et al. Deriving New Anticipation-Based Policy Instruments for Attracting Research and Development and Innovation in Global Value Chains to Europe [J]. Futures, 2021, 128 (1): 102712.

[54] Malerba F. Sectoral Systems of Innovation: A Framework for Linking Innovation to the Knowledge Base, Structure and Dynamics of Sectors [J]. Economics of Innovation and New Technology, 2005, 14 (1-2): 63-82.

[55] Martinez-Covarrubias J, Lenihan H, Hart M. Public Support for Business Innovation in Mexico: A Cross-Sectional Analysis [J]. Regional Studies, 2017, 51 (12): 1-15.

[56] Meckling J, Nahm J. The Politics of Technology Bans: Industrial Policy Competition and Green Goals for the Auto Industry [J]. Energy Policy, 2019, 126 (3): 470-479.

[57] Mehri D. The Role of Engineering Consultancies as Network-Centred Actors to Develop Indigenous, Technical Capacity: The Case of Iran's Automotive Industry [J]. Socio-Economic Review, 2015, 13 (4): 747-769.

[58] Menrad K. Innovations in the Food Industry in Germany [J]. Research Policy, 2004, 33 (6): 845-878.

[59] Metcalfe S. Technology Systems and Technology Policy in an Evolutionary Framework [J]. Cambridge Journal of Economics, 1995, 19 (1): 25-46.

[60] Miles M, Huberman A, Saldaña J. Qualitative Data Analysis: A Methods Sourcebook [M]. CA: Sage Publications, 2013.

[61] Navas-Aleman L. The Impact of Operating in Multiple Value Chains for Upgrading: The Case of the Brazilian Furniture and Footwear Industries [J]. World Development, 2011, 39 (8): 1386-1397.

[62] Nelson R. How New is New Growth Theory? [J]. Challenge, 1997, 40 (5):29-58.

[63] Nelson R. National Innovation Systems: A Comparative Analysis [M]. Oxford: Oxford University Press, 1993.

[64] Nunn N, Qian N. The Potato's Contribution to Population and Urbanization: Evidence from a Historical Experiment [J]. The Quarterly Journal of Economics, 2011, 126 (2): 593-650.

[65] Oliva R, Kallenberg R. Managing the Transition from Products to Services [J]. International Journal of Service Industry Management. 2003, 14 (2): 160-172.

[66] Pipkin S, Fuentes A. Spurred to Upgrade: A Review of Triggers and Consequences of Industrial Upgrading in the Global Value Chain Literature [J]. World Development, 2017, 98: 536-554.

[67] Powell D. Quantile Treatment Effects in the Presence of Covariates [J]. The Review of Economics and Statistics, 2020, 102 (5): 994-1005.

[68] Qian H F, Acs Z, Stough R. Regional Systems of Entrepreneurship: The Nexus of Human Capital, Knowledge and New Firm Formation [J]. Journal of Economic Geography, 2012, 13 (4): 559-587.

[69] Ramachandran K, Krishnan V. Design Architecture and Introduction Timing for Rapidly Improving Industrial Products [J]. Manufacturing & Service Operations Management, 2008, 10 (1): 149-171.

[70] Relch R. The work of nations: Preparing Ourselves for 21st-century Capitalism [M]. New York: Vintage, 1991.

[71] Ren S, Hao Y, Wu H T. How Does Green Investment Affect Environmental Pollution? Evidence from China [J]. Environ Resource Econ, 2022, 81 (2): 25-51.

[72] Rentsch C, Finger M. Yes, No, Maybe: The Ambiguous Relationships

Between State-Owned Enterprises and the State [J]. Annals of Public and Cooperative Economics, 2015, 86 (4): 617-640.

[73] Rovigatti G, Mollisi V. Theory and Practice of Total-factor Productivity Estimation: The Control Function Approach Using Stata [J]. The Stata Journal, 2018, 18 (3): 618-662.

[74] Salvador F, Chandrasekaran A, Sohail T. Product Configuration, Ambidexterity and Firm Performance in the Context of Industrial Equipment Manufacturing [J]. Journal of Operations Management, 2014, 32 (4): 138-153.

[75] Sanguinet E, Alvim A, Atienza M. Trade Agreements and Participation in Global Value Chains: Empirical Evidence from Latin America [J]. World Economy, 2022, 45 (3): 702-738.

[76] Sass M, Szalavetz A. R&D-Based Integration and Upgrading in Hungary [J]. Acta Oeconomica, 2014, 64 (s1): 153-180.

[77] Sawers J, Pretorius M, Oerlemans L. Safeguarding SMEs Dynamic Capabilities in Technology Innovative SME-Large Company Partnerships in South Africa [J]. Technovation, 2008, 28 (4): 171-182.

[78] Saxenian A. Transnational Communities and the Evolution of Global Production Networks: The Cases of Taiwan, China and India [J]. Industry and Innovation, 2002, 9 (3): 183-202.

[79] Sharif N, Huang Y. Achieving Industrial Upgrading through Automation in Dongguan, China [J]. Science Technology and Society, 2019, 24 (2): 237-253.

[80] Smith D. Power-by-the-hour: the Role of Technology in Reshaping Business Strategy at Rolls-Royce [J]. Technology Analysis and Strategic Management, 2013, 25 (8): 987-1007.

[81] Song Z, Storesletten K, Zilibotti F. Growing Like China [J]. The American Economic Review, 2011, 101 (1): 196-233.

[82] Spralls S, Hunt S, Wilcox J. Extranet Use and Building Relationship Capital in Interfirm Distribution Networks: The Role of Extranet Capability [J]. Journal of Retailing, 2011, 87 (1): 59-74.

[83] Sternberg R, Litzenberger T. Regional Clusters in Germany—Their Ceography and Their Relevance for Entrepreneurial Activities [J]. European Planning Studies, 2004, 12 (6): 767-791.

[84] Sturgeon T. Upgrading Strategies for the Digital Economy [J]. Global Strategy Journal, 2019, 11 (1): 34-57.

[85] Su F, Khan Z, Lew Y K, et al. Internationalization of Chinese SMEs: The Role of Networks and Global Value Chains [J]. BRQ Business Research Quarterly, 2020, 23 (2): 141-158.

[86] Teece D, Pisano G, Shuen A. Dynamic Capabilities and Strategic Management [J]. Strategic Management Journal, 1997, 18 (7): 509-533.

[87] Teece D, Pisano G. The Dynamic Capabilities of Firms: An Introduction [J]. Industrial and Corporate Change, 1994, 3 (3): 537-556.

[88] Tian K, Dietzenbacher E, Jong-A-Pin R. Measuring Industrial Upgrading: Applying Factor Analysis in a Global Value Chain Framework [J]. Economic Systems Research, 2019, 31 (4): 642-664.

[89] Tomlinson P, Fai F. The Nature of SME Co—operation and Innovation: A Multi-Scalar and Multi-Dimensional Analysis [J]. International Journal of Production Economics, 2013, 141 (1): 316-326.

[90] Von H E. Economic of Product Development by Users: The Impact of Sticky Local Information [J]. Management Science, 1998, 44 (5): 629-644.

[91] Voudouris I, Lioukas S, Iatrelli M, et al. Effectiveness of Technology Investment: Impact of Internal Technological Capability, Networking and Investment's Strategic Importance [J]. Technovation, 2012, 32 (6): 400-414.

[92] Vu K. Effects of China and India on Manufactured Exports of the G7 Economics [J]. Contemporary Economic Policy, 2015, 33 (2): 265-278.

[93] Whitfield L, Staritz C, Melese A, et al. Technological Capabilities, Upgrading, and Value Capture in Global Value Chains: Local Apparel and Floriculture Firms in Sub-Saharan Africa [J]. Economic Geography, 2020, 96 (3): 1-24.

[94] Wu se-Hwa, Hsu F B. Toward A Knowledge-based View of OEM Relationship Building: Sharing of Industrial Experience in Taiwan [J]. International Journal of Technology Management, 2001, 22 (5): 503-524.

[95] Zhang Y, Li H Y, Schoonhoven C. Intercommunity Relationships and Community Growth in China's High Technology Industries 1988-2000 [J]. Strategic Management Journal, 2009, 30 (2): 163-183.

[96] 安虎森．新产业区理论与区域经济发展［J］．北方论丛，1998（2）：

21-26.

［97］白嘉，韩先锋，宋文飞．FDI 溢出效应、环境规制与双环节 R&D 创新——基于工业分行业的经验研究［J］．科学学与科学技术管理，2013（1）：56-66.

［98］柏晶菁，李俊峰．产业集群内企业创新网络与创新绩效关联性实证研究——以安徽高沟电缆产业集群为例［J］．世界地理研究，2021（1）：157-166

［99］蔡昉，王德文，曲玥．中国产业升级的大国雁阵模型分析［J］．经济研究，2009（9）：4-14.

［100］蔡莉，汤淑琴，马艳丽，等．创业学习、创业能力与新企业绩效的关系研究［J］．科学学研究，2014（8）：1189-1197.

［101］蔡宁，潘松挺．网络关系强度与企业技术创新模式的耦合性及其协同演化——以海正药业技术创新网络为例［J］．中国工业经济，2008（4）：137-144.

［102］蔡宁，杨闩柱．企业集群竞争优势的演进：从"聚集经济"到"创新网络"［J］．科研管理，2004（4）：104-109.

［103］蔡宁，杨闩柱．基于企业集群的工业园区发展研究［J］．中国农村经济，2003（1）：53-59.

［104］曹宁，任浩，王建军．核心企业治理能力对模块化组织价值创新的影响——环境动态性的调节作用［J］．科技进步与对策，2017（12）：70-77.

［105］曹兴，马慧．新兴技术创新网络下多核心企业创新行为机制的仿真研究［J］．中国软科学，2019（6）：138-149.

［106］陈爱贞，刘志彪，吴福象．下游动态技术引进对装备制造业升级的市场约束——基于我国纺织缝制装备制造业的实证研究［J］．管理世界，2008（2）：72-81.

［107］陈昌盛，许伟，兰宗敏，等．"十四五"时期我国发展内外部环境研究［J］．管理世界，2020（10）：1-15，40.

［108］陈国青，任明，卫强，等．数智赋能：信息系统研究的新跃迁［J］．管理世界，2022（1）：180-196.

［109］陈国青，张瑾，王聪，等．"大数据—小数据"问题：以小见大的洞察［J］．管理世界，2021（2）：14，203-213.

［110］陈继勇，盛杨怿．外商直接投资的知识溢出与中国区域经济增长［J］．经济研究，2008（12）：39-49.

［111］陈娟，王文平．知识型企业内部创新网络创新激励策略研究［J］．管

理学报，2008（4）：537-541.

［112］陈涛涛，陈娇．行业增长因素与我国 FDI 行业内溢出效应［J］．经济研究，2006（6）：39-47.

［113］陈伟，张永超，田世海．区域装备制造业产学研合作创新网络的实证研究——基于网络结构和网络聚类的视角［J］．中国软科学，2012（2）：96-107.

［114］陈玉娇，宋铁波，黄键斌．企业数字化转型："随行就市"还是"入乡随俗"？——基于制度理论和认知理论的决策过程研究［J］．科学学研究，2022（6）：1054-1062.

［115］陈钊，熊瑞祥．比较优势与产业政策效果——来自出口加工区准实验的证据［J］．管理世界，2015（8）：67-80.

［116］陈中飞，江康奇．数字金融发展与企业全要素生产率［J］．经济学动态，2021（10）：82-99.

［117］成新轩．东亚区域产业价值链的重塑——基于中国产业战略地位的调整［J］．当代亚太，2019（3）：29-46，157-158.

［118］程强，尹志锋，叶静怡．国有企业与区域创新效率——基于外部性的分析视角［J］．产业经济研究，2015（4）：10-20.

［119］池仁勇．区域中小企业创新网络的结点联结及其效率评价研究［J］．管理世界，2007（1）：105-112，121.

［120］池仁勇．区域中小企业创新网络形成、结构属性与功能提升：浙江省实证考察［J］．管理世界，2005（10）：102-112.

［121］戴鹏毅，杨胜刚，袁礼．资本市场开放与企业全要素生产率［J］．世界经济，2021（8）：154-178.

［122］戴翔，金碚．服务贸易进口技术含量与中国工业经济发展方式转变［J］．管理世界，2013（9）：21-31，54，187.

［123］党兴华，孙永磊．技术创新网络位置对网络惯例的影响研究——以组织间信任为中介变量［J］．科研管理，2013（4）：1-8.

［124］邓晰隆，易加斌．中小企业应用云计算技术推动数字化转型发展研究［J］．财经问题研究，2020（8）：101-110.

［125］邓向荣，曹红．产业升级路径选择：遵循抑或偏离比较优势——基于产品空间结构的实证分析［J］．中国工业经济，2016（2）：52-67.

［126］丁玲，吴金希．核心企业与商业生态系统的案例研究：互利共生与捕

食共生战略［J］. 管理评论，2017（7）：244-257.

［127］董晓庆，赵坚，袁朋伟. 国有企业创新效率损失研究［J］. 中国工业经济，2014（2）：97-108.

［128］董媛媛，卢斌斌，梁艳艳. 核心企业知识转移效果对供应链绩效影响实证研究［J］. 华东经济管理，2018（10）：174-180.

［129］董直庆，王辉. 城市财富与绿色技术选择［J］. 经济研究，2021（4）：143-159.

［130］窦红宾，王正斌. 网络结构、吸收能力与企业创新绩效——基于西安通讯装备制造产业集群的实证研究［J］. 中国科技论坛，2010（5）：25-30.

［131］杜大伟，若泽·吉勒尔梅·莱斯，王直. 全球价值链发展报告（2017）——全球价值链对经济发展的影响：测度与分析［M］. 北京：社会科学文献出版社，2017.

［132］杜大伟，Ganne Emmanuelle，Stolzenburg Victor，等. 全球价值链发展报告（2019）——技术革新、供应链贸易和全球化下的工人［M］. 北京：对外经贸大学出版社，2019.

［133］段海燕，肖依静，丁哲，等. 区域人口、经济、能源环境协调发展情景预测研究［J］. 人口学刊，2017（2）：47-56.

［134］范太胜. 基于产业集群创新网络的协同创新机制研究［J］. 中国科技论坛，2008（7）：26-30.

［135］方先明，那晋领. 创业板上市公司绿色创新溢酬研究［J］. 经济研究，2020，55（10）：106-123.

［136］冯军政，王海军，周丹，等. 数字平台架构与整合能力的价值创造机制研究［J］. 科学学研究，2022（7）：1244-1253.

［137］冯荣凯，尹博，侯军利. 国有企业技术红利现象消失了吗？——基于上市国有企业与非国有企业的研究［J］. 中国科技论坛，2016（12）：48-53.

［138］傅元海，唐未兵，王展祥. FDI 溢出机制、技术进步路径与经济增长绩效［J］. 经济研究，2010（6）：92-104.

［139］顾桂芳，季旭彤，李文元. 创新生态系统核心企业权力对伙伴企业情感性承诺的影响研究——以组织间依赖为调节变量［J］. 科学学与科学技术管理，2020（9）：55-68.

［140］顾小龙，张勇，吴远婷，等. “政府行为”在全要素生产率中的作用——来自中国创新试点城市的证据［J］. 经济问题，2021（4）：41-48.

［141］郭克莎，田潇潇．加快构建新发展格局与制造业转型升级路径［J］．中国工业经济，2021（11）：2-16

［142］郭克莎．工业化新时期新兴主导产业的选择［J］．中国工业经济，2003（2）：5-14.

［143］郭克莎．中国产业结构调整升级趋势与“十四五”时期政策思路［J］．中国工业经济，2019（7）：24-41.

［144］韩璐，陈松，梁玲玲．数字经济、创新环境与城市创新能力［J］．科研管理，2021（4）：35-45.

［145］韩炜，杨俊，胡新华，等．商业模式创新如何塑造商业生态系统属性差异？——基于两家新创企业的跨案例纵向研究与理论模型构建［J］．管理世界，2021（1）：7，88-107.

［146］何秋琴，郭美晨，汪同三．品牌资本、R&D 资本和全要素生产率［J］．科学学研究，2019（3）：462-469.

［147］何兴强，欧燕，史卫，等．FDI 技术溢出与中国吸收能力门槛研究［J］．世界经济，2014（10）：52-76.

［148］贺俊．从效率到安全：疫情冲击下的全球供应链调整及应对［J］．学习与探索，2020（5）：79-89，192.

［149］贺正楚，刘亚茹．集群创新网络、核心企业与轨道交通装备制造业的发展［J］．湖南科技大学学报（社会科学版），2019（1）：162-174.

［150］洪银兴．WTO 条件下贸易结构调整和产业升级［J］．管理世界，2001（2）：21-26，219-220.

［151］胡海波，卢海涛．企业商业生态系统演化中价值共创研究——数字化赋能视角［J］．经济管理，2018（8）：55-71.

［152］胡京波，欧阳桃花，曾德麟，等．创新生态系统的核心企业创新悖论管理案例研究：双元能力视角［J］．管理评论，2018（8）：291-305.

［153］胡京波，欧阳桃花，谭振亚，等．以 SF 民机转包生产商为核心企业的复杂产品创新生态系统演化研究［J］．管理学报，2014（8）：1116-1125.

［154］黄群慧，倪红福．中国经济国内国际双循环的测度分析——兼论新发展格局的本质特征［J］．管理世界，2021（12）：40-58.

［155］黄群慧，贺俊．中国制造业的核心能力、功能定位与发展战略——兼评《中国制造 2025》［J］．中国工业经济，2015（6）：5-17.

［156］黄速建，余菁．国有企业的性质、目标与社会责任［J］．中国工业经

济，2006（2）：68-76.

［157］黄险峰，李平．国有企业效率、产出效应与经济增长：一个分析框架和基于中国各省区的经验研究［J］．产业经济评论，2009（1）：39-56.

［158］纪成君，陈迪．工业 4.0 与工业互联网：比较、启示与应对策略［J］．当代经济管理，2016（2）：50-55.

［159］纪玉俊，李超．创新驱动与产业升级——基于我国省际面板数据的空间计量检验［J］．科学学研究，2015（11）：1651-1659.

［160］贾妮莎，申晨．中国对外直接投资的制造业产业升级效应研究［J］．国际贸易问题，2016（8）：143-153.

［161］贾卫峰，楼旭明，党兴华，等．基于知识匹配视角的技术创新网络中核心企业成长研究［J］．管理学报，2018（3）：375-381.

［162］贾晓霞，赵萌萌．组织间网络联结对企业转型升级影响的实证研究——基于海洋装备制造企业的考察［J］．科技进步与对策，2014（21）：87-93.

［163］贾晓霞．资源联结与企业网络化成长路径关系——以海洋装备制造企业为例［J］．中国科技论坛，2016（8）：38-44.

［164］江小涓，孟丽君．内循环为主、外循环赋能与更高水平双循环［J］．管理世界，2021（1）：1-18.

［165］江小涓．市场化进程中的低效率竞争——以棉纺织行业为例［J］．经济研究，1998（3）：42-51，77.

［166］姜博，马胜利，唐晓华．产业融合对中国装备制造业创新效率的影响：结构嵌入的调节作用［J］．科技进步与对策，2019（9）：77-86.

［167］姜尚荣，乔晗，张思，等．价值共创研究前沿：生态系统和商业模式创新［J］．管理评论，2020（2）：3-17.

［168］焦豪，杨季枫，王培暖，等．数据驱动的企业动态能力作用机制研究——基于数据全生命周期管理的数字化转型过程分析［J］．中国工业经济，2021（11）：174-192.

［169］金碚．论国有企业改革再定位［J］．中国工业经济，2010（4）：5-13.

［170］金培振，殷德生，金桩．城市异质性、制度供给与创新质量［J］．世界经济，2019（11）：99-123.

［171］金玮，石春生，李道然．企业组织创新演化的混沌特性——基于 4 家

典型装备制造企业样本数据［J］. 中国科技论坛，2021（6）：66-76.

［172］G. L. 克拉克，M. P. 菲尔德曼，M. S. 格特勒．牛津经济地理学手册［M］. 刘卫东，等译．北京：商务印书馆，2005.

［173］雷家骕，程源，杨湘玉．技术经济学等基础理论与方法［M］. 北京：高等教育出版社，2005.

［174］黎继子，刘春玲，蔡根女．全球价值链与中国地方产业集群的供应链式整合——以苏浙粤纺织服装产业集群为例［J］. 中国工业经济，2005（2）：118-125.

［175］黎文靖，郑曼妮．实质性创新还是策略性创新？——宏观产业政策对微观企业创新的影响［J］. 经济研究，2016（4）：60-73.

［176］李柏洲，周森．企业外部知识获取方式与转包绩效关系的研究——以航空装备制造企业为例［J］. 科学学研究，2012（10）：1564-1572.

［177］李春涛，宋敏．中国制造业企业的创新活动：所有制和 CEO 激励的作用［J］. 经济研究，2010（5）：55-67.

［178］李江龙，徐斌．“诅咒”还是“福音”：资源丰裕程度如何影响中国绿色经济增长？［J］. 经济研究，2018（9）：151-167.

［179］李金华．德国“工业 4.0”与“中国制造 2025”的比较及启示［J］. 中国地质大学学报（社会科学版），2015（9）：71-79.

［180］李凯，李世杰．装备制造业集群耦合结构：一个产业集群研究的新视角［J］. 中国工业经济，2005（2）：51-57.

［181］李凯，李世杰．装备制造业集群网络结构研究与实证［J］. 管理世界，2004（12）：68-76.

［182］李坤，于渤，李清均．“躯干国家”制造向“头脑国家”制造转型的路径选择——基于高端装备制造产业成长路径选择的视角［J］. 管理世界，2014（7）：1-11.

［183］李磊，王小霞，包群．机器人的就业效应：机制与中国经验［J］. 管理世界，2021（9）：104-119.

［184］李青原，肖泽华．异质性环境规制工具与企业绿色创新激励——来自上市企业绿色专利的证据［J］. 经济研究，2020（9）：192-208.

［185］李随成，姜银浩．装备制造企业自主创新能力探索性因素分析及其实证研究［J］. 科学学研究，2009（8）：1255-1262.

［186］李艳，杨汝岱．地方国企依赖、资源配置效率改善与供给侧改革［J］.

经济研究，2018（2）：80-94.

［187］李宇，郝尚琪，卜慧迪．核心企业领导风格对集群创新绩效的影响——基于费德勒模型的拓展性研究［J］．科技进步与对策，2021（18）：74-83.

［188］李政，陆寅宏．国有企业真的缺乏创新能力吗——基于上市公司所有权性质与创新绩效的实证分析与比较［J］．经济理论与经济管理，2014（2）：27-38.

［189］李志刚，杜鑫，张敬伟．裂变创业视角下核心企业商业生态系统重塑机理——基于“蒙牛系”创业活动的嵌入式单案例研究［J］．管理世界，2020（11）：80-96.

［190］李志刚，汤书昆，梁晓艳，等．产业集群网络结构与企业创新绩效关系研究［J］．科学学研究，2007（4）：777-782.

［191］林桂军，何武．中国装备制造业在全球价值链的地位及升级趋势［J］．国际贸易问题，2015（4）：3-15.

［192］林毅夫，蔡昉，李周．比较优势与发展战略——对“东亚奇迹”的再解释［J］．中国社会科学，1999（5）：4-20，204.

［193］林毅夫，刘明兴，章奇．政策性负担与企业的预算软约束：来自中国的实证研究［J］．管理世界，2004（8）：81-89，127-156.

［194］林毅夫，刘明兴．经济发展战略与中国的工业化［J］．经济研究，2004（7）：48-58.

［195］刘斌，魏倩，吕越，等．制造业服务化与价值链升级［J］．经济研究，2016（3）：151-162.

［196］刘丹，闫长乐．协同创新网络结构与机理研究［J］．管理世界，2013（12）：1-4.

［197］刘凤朝，潘雄锋，刘玉奎．东北老工业基地四大产业创新群建设研究［J］．经济纵横，2005（4）：39-43.

［198］刘和旺，郑世林，王宇锋．所有制类型、技术创新与企业绩效［J］．中国软科学，2015（3）：28-40.

［199］刘莉亚，金正轩，何彦林，等．生产效率驱动的并购——基于中国上市公司微观层面数据的实证研究［J］．经济学（季刊），2018（4）：1329-1360.

［200］刘明宇，芮明杰，姚凯．生产性服务价值链嵌入与制造业升级的协同演进关系研究［J］．中国工业经济，2010（8）：66-75.

[201] 刘启雷，张媛，雷雨嫣，等. 数字化赋能企业创新的过程、逻辑及机制研究 [J]. 科学学研究，2022 (1)：150-159.

[202] 刘瑞明，石磊. 国有企业的双重效率损失与经济增长 [J]. 经济研究，2010 (1)：127-137.

[203] 刘瑞明，石磊. 上游垄断、非对称竞争与社会福利——兼论大中型国有企业利润的性质 [J]. 经济研究，2011 (12)：86-96.

[204] 刘瑞明. 中国的国有企业效率：一个文献综述 [J]. 世界经济，2013 (11)：136-160.

[205] 刘守英，杨继东. 中国产业升级的演进与政策选择——基于产品空间的视角 [J]. 管理世界，2019 (6)：81-94，194-195.

[206] 刘淑春，闫津臣，张思雪，等. 企业管理数字化变革能提升投入产出效率吗 [J]. 管理世界，2021 (5)：13，170-190.

[207] 刘维林. 产品架构与功能架构的双重嵌入——本土制造业突破 GVC 低端锁定的攀升途径 [J]. 中国工业经济，2012 (1)：152-160.

[208] 刘小玄. 中国工业企业的所有制结构对效率差异的影响——1995 年全国工业企业普查数据的实证分析 [J]. 经济研究，2000 (2)：17-25，78-79.

[209] 刘学元，丁雯婧，赵先德. 企业创新网络中关系强度、吸收能力与创新绩效的关系研究 [J]. 南开管理评论，2016 (1)：30-42.

[210] 刘洋，董久钰，魏江. 数字创新管理：理论框架与未来研究 [J]. 管理世界，2020 (7)：198-217，219.

[211] 刘友金. 产业集群竞争力评价量化模型研究——GEM 模型解析与 GEMN 模型构建 [J]. 中国软科学，2007 (9)：104-110，124.

[212] 刘元才，戚璇，郭爽. 装备制造企业自主技术创新能力的构成要素 [J]. 科技进步与对策，2007 (12)：87-90.

[213] 刘元春. 国有企业宏观效率论——理论及其验证 [J]. 中国社会科学，2001 (5)：69-81，206.

[214] 刘志彪，吴福象. "一带一路"倡议下全球价值链的双重嵌入 [J]. 中国社会科学，2018 (8)：17-32.

[215] 刘志彪. 产业升级的发展效应及其动因分析 [J]. 南京师大学报（社会科学版)，2000 (2)：3-10.

[216] 柳卸林，周聪，葛爽. 客户异质性与稳定性对核心企业创新绩效的影响研究 [J]. 科学学与科学技术管理，2018 (8)：53-68.

［217］卢锋．产品内分工［J］．经济学（季刊），2004（4）：55-82.

［218］鲁晓东，连玉君．中国工业企业全要素生产率估计：1999—2007［J］．经济学（季刊），2012（2）：541-558.

［219］陆铭．东北问题的评判视角、真正隐忧与解决思路［J］．东北财经大学学报，2017（6）：82-84，79.

［220］路风，余永定．“双顺差”、能力缺口与自主创新——转变经济发展方式的宏观和微观视野［J］．中国社会科学，2012（6）：91-114，207.

［221］路风．产业升级与中国经济发展的政策选择［J］．文化纵横，2016（4）：60-68.

［222］吕国庆，曾刚，顾娜娜．基于地理邻近与社会邻近的创新网络动态演化分析——以我国装备制造业为例［J］．中国软科学，2014（5）：97-106.

［223］吕铁．传统产业数字化转型的趋向与路径［J］．人民论坛，2019（9）：13-18.

［224］吕卫国，陈雯．江苏省制造业产业集群及其空间集聚特征［J］．经济地理，2009（10）：1677-1684.

［225］吕文晶，陈劲，刘进．工业互联网的智能制造模式与企业平台建设——基于海尔集团的案例研究［J］．中国软科学，2019（7）：1-13.

［226］吕越，罗伟，刘斌．融资约束与制造业的全球价值链跃升［J］．金融研究，2016（6）：81-96.

［227］罗序斌，黄亮．中国制造业高质量转型升级水平测度与省际比较——基于“四化”并进视角［J］．经济问题，2020（12）：43-52.

［228］马永开，李仕明，潘景铭．工业互联网之价值共创模式［J］．管理世界，2020（8）：211-222.

［229］毛盛志，张一林．金融发展、产业升级与跨越中等收入陷阱——基于新结构经济学的视角［J］．金融研究，2020（12）：1-19.

［230］孟凡生，赵刚，徐野．基于数字化的高端装备制造企业智能化转型升级演化博弈研究［J］．科学管理研究，2019（5）：89-97.

［231］倪渊．核心企业网络能力与集群协同创新：一个具有中介的双调节效应模型［J］．管理评论，2019（12）：85-99.

［232］聂辉华，谭松涛，王宇锋．创新、企业规模和市场竞争：基于中国企业层面的面板数据分析［J］．世界经济，2008（7）：57-66.

［233］潘秋晨．全球价值链嵌入对中国装备制造业转型升级的影响研究［J］.

世界经济研究，2019（9）：78-96，135-136.

［234］潘为华，潘红玉，陈亮，等．中国制造业转型升级发展的评价指标体系及综合指数［J］．科学决策，2019（9）：28-48.

［235］戚湧，刘军．创新网络对装备制造企业创新绩效的影响［J］．中国科技论坛，2017（8）：69-78.

［236］戚聿东，肖旭．数字经济时代的企业管理变革［J］．管理世界，2020（6）：135-152，250.

［237］齐绍洲，林屾，崔静波．环境权益交易市场能否诱发绿色创新？——基于我国上市公司绿色专利数据的证据［J］．经济研究，2018（12）：129-143.

［238］奇达夫·马汀，蔡文彬．社会网络与组织［M］．王凤彬，等译．北京：中国人民大学出版社，2007.

［239］綦良群，李兴杰．区域装备制造业产业结构升级机理及影响因素研究［J］．中国软科学，2011（5）：138-147.

［240］綦良群，于颖，朱添波．高新技术产业政策评估要素的系统分析［J］．中国科技论坛，2008（4）：11-15.

［241］钱雨，孙新波．数字商业模式设计：企业数字化转型与商业模式创新案例研究［J］．管理评论，2021（11）：67-83.

［242］全裕吉，陈益云．从非核心技术创新到核心技术创新：中小企业创新的一种战略［J］．科学管理研究，2003（3）：5-8，27.

［243］任胜钢，郑晶晶，刘东华，等．排污权交易机制是否提高了企业全要素生产率——来自中国上市公司的证据［J］．中国工业经济，2019（5）：5-23.

［244］任曙明，吕镯．融资约束、政府补贴与全要素生产率——来自中国装备制造企业的实证研究［J］．管理世界，2014（11）：10-23，187.

［245］任曙明，原毅军，王洪静．损失厌恶、需求萎缩与装备制造业技术升级［J］．科学学研究，2012（3）：387-393.

［246］任宗强，吴海萍，丁晓．中小企业内外创新网络协同演化与能力提升［J］．科研管理，2011（9）：7-14.

［247］阮建青，石琦，张晓波．产业集群动态演化规律与地方政府政策［J］．管理世界，2014（12）：79-91.

［248］阮建青，张晓波，卫龙宝．危机与制造业产业集群的质量升级——基于浙江产业集群的研究［J］．管理世界，2010（2）：69-79.

［249］邵朝对，苏丹妮．产业集聚与企业出口国内附加值：GVC 升级的本

地化路径［J］. 管理世界，2019（8）：9-29.

［250］邵帅，范美婷，杨莉莉．经济结构调整、绿色技术进步与中国低碳转型发展——基于总体技术前沿和空间溢出效应视角的经验考察［J］. 管理世界，2022（2）：4-10，46-69.

［251］施昱年，张秀智．产业园区与城乡结合部产业集群的共生关系——以北京中关村丰台科技园为案例［J］. 经济管理，2012（7）：21-31.

［252］宋娟，张莹莹，谭劲松．创新生态系统下核心企业创新“盲点”识别及突破的案例分析［J］. 研究与发展管理，2019（4）：76-90.

［253］宋敏，周鹏，司海涛．金融科技与企业全要素生产率——“赋能”和信贷配给的视角［J］. 中国工业经济，2021（4）：138-155.

［254］宋怡茹，魏龙，潘安．价值链重构与核心价值区转移研究——产业融合方式与效果的比较［J］. 科学学研究，2017（8）：1179-1187.

［255］苏丹妮．全球价值链嵌入如何影响中国企业环境绩效？［J］. 南开经济研究，2020（5）：66-86.

［256］苏杭，郑磊，牟逸飞．要素禀赋与中国制造业产业升级——基于WIOD和中国工业企业数据库的分析［J］. 管理世界，2017（4）：70-79.

［257］孙国强，于燕琴，吉迎东．技术权力、组织间信任影响领导行为的跨案例研究——核心企业心理定位视角［J］. 科技进步与对策，2017（4）：90-96.

［258］孙晓华，田晓芳．装备制造业发展对工业的带动作用及溢出效应——基于两部门模型的实证检验［J］. 科研管理，2011（8）：98-104.

［259］孙新波，张明超，王永霞．工业互联网平台赋能促进数据化商业生态系统构建机理案例研究［J］. 管理评论，2022（1）：322-337.

［260］孙早，侯玉琳．工业智能化与产业梯度转移：对“雁阵理论”的再检验［J］. 世界经济，2021（7）：29-54.

［261］锁箭，张霓，白梦湘．中小企业开放式创新真的有效吗？——基于共同专利的视角［J］. 首都经济贸易大学学报，2021（3）：101-112.

［262］谭智佳，魏炜，朱武祥．商业生态系统的构建与价值创造——小米智能硬件生态链案例分析［J］. 管理评论，2019（7）：172-185.

［263］唐东波．贸易开放、垂直专业化分工与产业升级［J］. 世界经济，2013（4）：47-68.

［264］唐晓华，迟子茗．工业智能化提升工业绿色发展效率的实证研究［J］. 经济学家，2022（2）：43-52.

［265］唐晓华，李绍东．中国装备制造业与经济增长实证研究［J］．中国工业经济，2010（12）：27-36

［266］田毕飞，陈紫若．FDI 对中国创业的空间外溢效应［J］．中国工业经济，2016（8）：40-57.

［267］田毕飞，梅小芳，杜雍，等．外商直接投资对东道国国际创业的影响：制度环境视角［J］．中国工业经济，2018（5）：43-61.

［268］田利辉，刘廷华，随洪光．外资如何提高内资企业生产效率——“己厂效应”还是企业间溢出？［J］．世界经济研究，2014（1）：66-72，89.

［269］田茂利，杨波，王核成．集群核心企业网络位移研究——以吉利为例［J］．科技管理研究，2012（5）：111-115.

［270］田正．日本中小企业非研发创新政策支持体系研究——以“机振法”产业政策体系为例［J］．现代日本经济，2021（5）：54-67.

［271］王成东，李光斌，蔡渊渊．中国高端装备制造业自主技术创新效率稳定性及影响因素研究［J］．科技进步与对策，2021（22）：58-67.

［272］王桂军，卢潇潇．“一带一路”倡议与中国企业升级［J］．中国工业经济，2019（3）：43-61.

［273］王国新．集群要素禀赋、集群间关系与集群成长——基于 54 个高新技术开发区的实证研究［J］．科研管理，2010（5）：131-140.

［274］王国跃，李海海．我国装备制造业产业集群发展模式及对策［J］．经济纵横，2008（12）：71-73.

［275］王华，祝树金，赖明勇．技术差距的门槛与 FDI 技术溢出的非线性——理论模型及中国企业的实证研究［J］．数量经济技术经济研究，2012（4）：3-18.

［276］王慧，安立仁，张晓明．创新网络非核心企业学习意图对知识反哺的作用机制研究［J］．经济体制改革，2018（3）：97-104.

［277］王缉慈．知识创新和区域创新环境［J］．经济地理，1999（1）：12-16.

［278］王建军，曹宁，叶明海．核心企业治理机制对模块化网络创新绩效的影响——知识转移的中介作用［J］．科技进步与对策，2020（3）：115-123.

［279］王节祥，杨洋，邱毅，等．身份差异化：垂直互联网平台企业成长战略研究［J］．中国工业经济，2021（9）：174-192.

［280］王雷，池巧珍．本地网络联系和全球网络联系与集群企业创新绩效的

关系——吸收能力的中介作用［J］. 技术经济，2014（8）：1-9.

［281］王黎萤，吴瑛，朱子钦，等. 专利合作网络影响科技型中小企业创新绩效的机理研究［J］. 科研管理，2021（1）：57-66.

［282］王石磊，王飞，彭新敏. 深陷“盘丝洞”：网络关系嵌入过度与中小企业技术创新［J］. 科研管理，2021（5）：116-123.

［283］王伟光，冯荣凯，尹博，等. 沈阳铁西装备制造产业集群技术创新体系研究［J］. 中国科技论坛，2011（6）：94-100.

［284］王伟光，冯荣凯，尹博. 产业创新网络中核心企业控制力能够促进知识溢出吗？［J］. 管理世界，2015（6）：99-109.

［285］王伟光，由雷，臧红敏. 高技术产业创新网络中非核心企业技术创新能力研究——以沈阳市为例［J］. 科技进步与对策，2017（2）：45-50.

［286］王永进，刘灿雷. 国有企业上游垄断阻碍了中国的经济增长？——基于制造业数据的微观考察［J］. 管理世界，2016（6）：10-21，187.

［287］王永钦，董雯. 机器人的兴起如何影响中国劳动力市场？——来自制造业上市公司的证据［J］. 经济研究，2020（10）：159-175.

［288］王昀，孙晓华. 政府补贴驱动工业转型升级的作用机理［J］. 中国工业经济，2017（10）：99-117.

［289］魏津瑜，李翔. 基于工业互联网平台的装备制造企业价值共创机理研究［J］. 科学管理研究，2020（1）：106-112.

［290］魏龙，党兴华. 网络闭合、知识基础与创新催化：动态结构洞的调节［J］. 管理科学，2017（3）：83-96.

［291］吴丰华，刘瑞明. 产业升级与自主创新能力构建——基于中国省际面板数据的实证研究［J］. 中国工业经济，2013（5）：57-69.

［292］吴松强，孙波，王路. 集群中核心企业网络权力对配套企业合作行为的影响——关系资本的调节效应［J］. 科技进步与对策，2017（13）：81-88.

［293］吴延兵. 国有企业双重效率损失研究［J］. 经济研究，2012（3）：15-27.

［294］吴育辉，张欢，于小偶. 机会之地：社会流动性与企业生产效率［J］. 管理世界，2021（12）：74-93.

［295］吴昀桥. 模块化组织中核心企业核心能力体系研究［J］. 科技进步与对策，2016（21）：90-96.

［296］夏海力，李卿，吴松强. 装备制造业技术创新效率及其影响因素研

究——以苏州为例［J］. 科技进步与对策，2016（6）：65-70.

［297］项后军. 产业集群中竞—合关系的演化与核心企业创新［J］. 科学学与科学技术管理，2011（2）：71-77.

［298］肖红军. 责任型平台领导：平台价值共毁的结构性治理［J］. 中国工业经济，2020（7）：174-192.

［299］肖文，薛天航. 劳动力成本上升、融资约束与企业全要素生产率变动［J］. 世界经济，2019（1）：76-94.

［300］谢乔昕. 环境规制、绿色金融发展与企业技术创新［J］. 科研管理，2021，42（6）：65-72.

［301］谢小云，左玉涵，胡琼晶. 数字化时代的人力资源管理：基于人与技术交互的视角［J］. 管理世界，2021（1）：13，200-216.

［302］谢永平，王晶，李尧，等. 核心企业领导风格、网络承诺对网络绩效的影响［J］. 科技进步与对策，2018（7）：88-96.

［303］解学梅，朱琪玮. 创新支点还是保守枷锁：绿色供应链管理实践如何撬动企业绩效？［J］. 中国管理科学，2022（5）：131-143.

［304］解学梅，朱琪玮. 企业绿色创新实践如何破解“和谐共生”难题？［J］. 管理世界，2021（1）：9，128-149.

［305］解学梅，左蕾蕾. 企业协同创新网络特征与创新绩效：基于知识吸收能力的中介效应研究［J］. 南开管理评论，2013（3）：47-56.

［306］邢小强，汤新慧，王珏，等. 数字平台履责与共享价值创造——基于字节跳动扶贫的案例研究［J］. 管理世界，2021（12）：152-176.

［307］徐佳，崔静波. 低碳城市和企业绿色技术创新［J］. 中国工业经济，2020（12）：178-196.

［308］徐建中，贯大风，李奉书，等. 装备制造企业低碳技术创新对企业绩效的影响研究［J］. 管理评论，2018（3）：82-94.

［309］徐建中，曲小瑜. 低碳情境下装备制造企业技术创新行为的影响因素分析［J］. 科研管理，2015（3）：29-37.

［310］徐建中，曲小瑜. 团队跨界行为、知识交易与团队创造力关系研究——基于装备制造企业的实证分析［J］. 科学学与科学技术管理，2014（7）：151-161.

［311］徐建中，王曼曼，贯君. 动态内生视角下能源消费碳排放与绿色创新效率的机理研究——基于中国装备制造业的实证分析［J］. 管理评论，2019（9）：

81-93.

［312］徐康宁，冯伟．基于本土市场规模的内生化产业升级：技术创新的第三条道路［J］．中国工业经济，2010（11）：58-67.

［313］许强，应翔君．核心企业主导下传统产业集群和高技术产业集群协同创新网络比较——基于多案例研究［J］．软科学，2012（6）：10-15.

［314］许召元，张文魁．国企改革对经济增速的提振效应研究［J］．经济研究，2015（4）：122-135.

［315］严子淳，李欣，王伟楠．数字化转型研究：演化和未来展望［J］．科研管理，2021（4）：21-34.

［316］杨高举，黄先海．内部动力与后发国分工地位升级——来自中国高技术产业的证据［J］．中国社会科学，2013（2）：25-45，204.

［317］杨浩昌，李廉水，张发明．高技术产业集聚与绿色技术创新绩效［J］．科研管理，2020（9）：99-112.

［318］杨莉莎，朱俊鹏，贾智杰．中国碳减排实现的影响因素和当前挑战——基于技术进步的视角［J］．经济研究，2019（11）：118-132.

［319］杨帅．工业4.0与工业互联网：比较、启示与应用对策［J］．当代财经，2015（8）：99-107.

［320］杨伟，刘健，武健．"种群—流量"组态对核心企业绩效的影响——人工智能数字创新生态系统的实证研究［J］．科学学研究，2020（11）：2077-2086.

［321］杨毅，党兴华，成泷．技术创新网络分裂断层与知识共享：网络位置和知识权力的调节作用［J］．科研管理，2018（9）：59-67.

［322］杨震宁，侯一凡，李德辉，等．中国企业"双循环"中开放式创新网络的平衡效应——基于数字赋能与组织柔性的考察［J］．管理世界，2021（11）：12，184-205.

［323］杨治，闫泽斌，余林徽，等．国有企业研发投入对民营企业创新行为的影响［J］．科研管理，2015（4）：82-90.

［324］姚洋，郑东雅．外部性与重工业优先发展［J］．南开经济研究，2007（2）：3-19.

［325］姚洋．非国有经济成分对我国工业企业技术效率的影响［J］．经济研究，1998（12）：29-35.

［326］叶静怡，林佳，张鹏飞，等．中国国有企业的独特作用：基于知识溢

出的视角［J］. 经济研究，2019（6）：41-54.

［327］易加斌，张梓仪，杨小平，等. 互联网企业组织惯性、数字化能力与商业模式创新：企业类型的调节效应［J］. 南开管理评论，2021（1）：1-27.

［328］尹博，韩红，冯荣凯. 东北地区国有企业发展研究［J］. 党政干部学刊，2018（10）：58-65.

［329］尹博. 大企业主导型产业创新网络创新绩效研究［D］. 沈阳：辽宁大学，2012.

［330］应瑛，刘洋，魏江. 开放式创新网络中的价值独占机制：打开“开放性”和“与狼共舞”悖论［J］. 管理世界，2018（2）：144-160，188.

［331］由雷，王伟光. 创新网络中非核心企业技术创新能力评价［J］. 经济问题探索，2017（7）：54-63.

［332］喻坤，李治国，张晓蓉，等. 企业投资效率之谜：融资约束假说与货币政策冲击［J］. 经济研究，2014（5）：106-120.

［333］袁淳，肖土盛，耿春晓，等. 数字化转型与企业分工：专业化还是纵向一体化［J］. 中国工业经济，2021（9）：137-155.

［334］詹晓宁，欧阳永福. 数字经济下全球投资的新趋势与中国利用外资的新战略［J］. 管理世界，2018（3）：78-86.

［335］张宝建，裴梦丹，陈劲，等. 价值共创行为、网络嵌入与创新绩效——组织距离的调节效应［J］. 经济管理，2021（5）：109-124.

［336］张辉. 全球价值链理论与我国产业发展研究［J］. 中国工业经济，2004（5）：38-46.

［337］张辉. 全球价值链下地方产业集群升级模式研究［J］. 中国工业经济，2005（9）：11-18.

［338］张杰，李勇，刘志彪. 出口促进中国企业生产率提高吗？——来自中国本土制造业企业的经验证据：1999—2003［J］. 管理世界，2009（12）：11-26.

［339］张杰，刘东. 我国地方产业集群的升级路径：基于组织分工架构的一个初步分析［J］. 中国工业经济，2006（5）：48-55.

［340］张杰，刘元春，郑文平. 为什么出口会一直中国企业增加值率——基于政府行为的考察［J］. 管理世界，2013（6）：12-27.

［341］张培，李楠. 核心企业开放式服务创新平台构建过程机理——基于扎根理论［J］. 科研管理，2022（6）：132-141.

［342］张其仔．比较优势的演化与中国产业升级路径的选择［J］．中国工业经济，2008（9）：58-68.

［343］张其仔．中国能否成功地实现雁阵式产业升级［J］．中国工业经济，2014（6）：18-30.

［344］张强，高柏．东北新经济如何破局［J］．文化纵横，2019（6）：54-67，142.

［345］张少军，刘志彪．全球价值链模式的产业转移——动力、影响与对中国产业升级和区域协调发展的启示［J］．中国工业经济，2009（11）：5-15.

［346］张天华，张少华．中国工业企业全要素生产率的稳健估计［J］．世界经济，2016（4）：44-69.

［347］张莹，韩立民，徐杰．海水养殖创新生态系统的演化机理——基于核心企业视角的单案例研究［J］．中国农村经济，2021（7）：121-138.

［348］张宇．制度约束、外资依赖与 FDI 的技术溢出［J］．管理世界，2009（9）：14-23，187.

［349］张羽飞，原长弘，张树满．产学研融合程度对科技型中小企业创新绩效的影响［J］．科技进步与对策，2022（9）：64-74.

［350］张振刚，沈鹤，余传鹏．外部知识搜寻及其双元性对科技型中小企业管理创新的影响［J］．科技进步与对策，2020（20）：99-106.

［351］张钟元，李腾．非核心企业知识增长效应研究——基于 IVC 与 IONE 双元结构视角的系统仿真分析［J］．科技进步与对策，2019（24）：118-127.

［352］张卓，魏杉汀．基于双网络视角的众创空间合作创新网络演化机制研究［J］．科技进步与对策，2020（7）：10-19.

［353］赵剑波．推动新一代信息技术与实体经济融合发展：基于智能制造视角［J］．科学学与科学技术管理，2020（3）：3-16.

［354］赵健宇，陆正飞．养老保险缴费比例会影响企业生产效率吗？［J］．经济研究，2018（10）：97-112.

［355］赵莉，张玲．媒体关注对企业绿色技术创新的影响：市场化水平的调节作用［J］．管理评论，2020（9）：132-141.

［356］赵庆．国有企业真的低效率吗？——基于区域创新效率溢出效应的视角［J］．科学学与科学技术管理，2017（3）：107-116.

［357］郑胜华，池仁勇．核心企业合作能力、创新网络与产业协同演化机理研究［J］．科研管理，2017（6）：28-42.

［358］郑素丽，鲁思嘉，余江，等．信息通信技术产业合作创新网络的结构、演化路径与模式特征：基于上市公司的实证分析［J］．科技管理研究，2021（4）：9-18.

［359］郑秀恋，马鸿佳，肖彬．创业供应链视角下的机会—资源一体化：汽车供应链成员企业多案例研究［J］．管理评论，2020（10）：307-323.

［360］中国社会科学院工业经济研究所课题组．工业稳增长：国际经验、事实挑战与政策导向［J］．中国工业经济，2022（2）：5-26.

［361］钟昌标．外商直接投资地区间溢出效应研究［J］．经济研究，2010（1）：80-89.

［362］周灿，曹贤忠，曾刚．中国电子信息产业创新的集群网络模式与演化路径［J］．地理研究，2019（9）：2212-2225.

［363］周黎安，张维迎，顾全林，等．企业生产率的代际效应和年龄效应［J］．经济学（季刊），2007（4）：1297-1318.

［364］周茂，陆毅，符大海．贸易自由化与中国产业升级：事实与机制［J］．世界经济，2016（10）：78-102.

［365］周青，聂力兵，毛崇峰，等．中小企业微创新实现路径及其关键机制研究［J］．科学学研究，2020（2）：323-333.

［366］朱春阳，曾培伦．基于网络平台的动画产业集群创新网络再造与虚拟化转型——以美日中为例［J］．同济大学学报（社会科学版），2020（10）：26-35.

［367］朱国军，孙军，张宏远．互联网核心企业成长的逻辑机理与要素框架——基于扎根理论的多案例探索性研究［J］．江海学刊，2019（5）：247-253.

［368］朱国军，孙军．智能制造核心企业的形成机理——创新生态圈与互联网融合视域下双案例研究［J］．当代经济管理，2021（2）：24-31.

［369］朱国军，王修齐，孙军．工业互联网平台企业成长演化机理——交互赋能视域下双案例研究［J］．科技进步与对策，2020（24）：108-115.

［370］祝建辉，史恒新，尤俊锐．航空装备制造产业专利合作的网络结构与演化［J］．科技管理研究，2021（12）：114-122.

［371］左文明，丘心心．工业互联网产业集群生态系统构建——基于文本挖掘的质性研究［J］．科技进步与对策，2022（5）：83-93.